EL ZOHAR

EL ZOHAR

Traducido, explicado
y comentado
Vol. V

EDICIONES OBELISCO

Colección Cábala y Judaísmo

El Zohar
Vol. V

1.ª edición: octubre de 2008
3.ª edición: julio de 2024

Título original: *Sefer ha Zohar*

Traducción: *Proyecto Amós*
Corrección: *Paco Saula*
Maquetación: *Natàlia Campillo*
Diseño de cubierta: *Enrique Iborra*

Edita: Ediciones Obelisco, S. L.
Collita, 23-25. Pol. Ind. Molí de la Bastida
08191 Rubí - Barcelona - España
Tel. 93 309 85 25
E-mail: info@edicionesobelisco.com

ISBN: 978-84-9777-493-2
Depósito Legal: B-35.253-2008

Printed in India

DEDICATORIA DE EL ZOHAR

A Jana Miriam, que llegó a leer parte de estos textos y los amó con toda su alma. Para ella, que develó el misterioso modo de estudiar la Torah desde las profundidades de su ser y de entregarse a Dios sin reservas, y que se fue de este mundo en dirección a su amada Jerusalén Celestial con la paz interior y el sosiego que caracterizan a aquellos que tienen la certeza de haber cumplido su misión en su paso por la vida.

Aquellos que tuvimos el mérito y la suerte de conocerla sabemos que su luz espiritual y su sonrisa pura nos acompañarán e iluminarán hasta el reencuentro final.

ZIJRONÁ LIBRAJÁ

¡Que su recuerdo sea una bendición!

PALABRAS INTRODUCTORIAS

He aquí que vendrán días, dice El Eterno, Dios, en que enviaré hambre a la Tierra, pero no hambre de pan, ni sed de agua, sino de la palabra de El Eterno

AMÓS 8:11

Los motivos que nos llevan a traducir esta edición de El Zohar son los siguientes:

1. Todo lo relacionado con la Cábala se encuentra tan popularizado y divulgado que prácticamente se halla al alcance de cualquiera.
2. Las traducciones pardales que normalmente suelen encontrarse en el mercado son incompletas, inexactas y confusas, y en la mayoría de los casos no se basan en el idioma original de El Zohar.
3. Existen personas que, sin saber hebreo ni arameo, e incluso sin vivir de acuerdo con las normas de la Torah, se dedican a la enseñanza de estos textos sagrados motivados por intereses exclusivamente personales y comerciales.

Por consiguiente y tras consultar a grandes e importantes cabalistas en Israel, nos propusimos presentar una traducción absolutamente fiel al texto sagrado original, incluyendo comentarios breves y aclaraciones con la intención de facilitar una comprensión mínima de aquellos pasajes que se consideran de carácter más abierto y revelado. Estas aclaraciones escritas en letra más fina, no son nunca opiniones personales de los traductores, sino una síntesis de las enseñanzas de los sabios que han comentado El Zohar. Con todo, el lector atento notará que muchos pasajes han sido traducidos de modo literal y sin explicación alguna, ya que debido a su misterio y hermetismo simplemente no pueden ser revelados al inexperto aprendiz.

Las características técnicas de la presente obra son las siguientes:

1. La letra enfatizada en negrita es la traducción palabra por palabra de El Zohar.
2. La letra intercalada en redonda son los comentarios y agregados.
3. Se han añadido fuentes bíblicas y talmúdicas.
4. Se acompaña un glosario al final de cada volumen.

Por último, queremos aclarar que todas las personas que participan en la traducción de esta obra excepcional viven de acuerdo con las enseñanzas clásicas de la Torah y se esfuerzan por complacer y cumplir la Voluntad del Creador.

Sería injusto dejar de agradecer al Rabino Daniel ben Itzjak, ya que sin su ayuda esta obra jamás hubiera llegado a ser publicada.

Quiera el Dios de Abraham, Itzjak y Jacob hacer cumplir nuestra voluntad: que las almas sedientas de espiritualidad beban de la Luz de Su Torah.

Y como dice la Mishná de Pirkei Avot (2:6):
En un lugar donde no hay hombres, esfuérzate en ser un hombre.

LOS TRADUCTORES

TOLDOT

(GÉNESIS 25:19 – 28:9)

Está escrito en el primer versículo de la sección denominada Toldot: **«Y éstas son las crónicas** –*toldot*– **de Itzjak (Isaac), hijo de Abraham. Abraham engendró a Itzjak (Isaac)»** (Génesis 25:19). Con el fin de comenzar el análisis de los siguientes pasajes bíblicos **Rabí Jia abrió** su enseñanza **y dijo** acerca del siguiente versículo: **«¿Quién puede expresar los poderosos actos de El Eterno o declarar todas Sus alabanzas?»** (Salmos 106:2). **Ven** y **observa: cuando El Santo, Bendito Sea, quiso y ascendió en Su voluntad ante Él crear el mundo, Él observó la Torah** como si se tratase de un plano espiritual que incluye todos los detalles y los datos **y lo creó. Y para todo acto y acto que creó El Santo, Bendito Sea, en el mundo,** primero **observaba en la Torah y**... después **lo creaba, como está escrito** en nombre de ella: **«Yo,** la Torah, **fui un *amón* junto a Él, y era su (134b) regodeo día a día,** jugaba junto a Él en todo momento» (Proverbios 8:30), texto acerca del cual los sabios enseñan: **no leas** la anterior palabra hebrea como ***amón*** **sino** como ***umán,* artesano.** Es decir, a partir de las mismas letras, simplemente pronúnciala de otro modo. En resumen: la Torah sirvió a El Eterno como el plano de la Creación, de lo cual también cabe deducir que a un nivel espiritual, todo lo que se encuentra en el mundo también se encuentra en la Torah.

Tal vez de este modo pueda entenderse la enseñanza de los sabios acerca de que los Patriarcas cumplían todos los preceptos de la

134b

Torah, incluso antes de que fuese entregada en el Monte de Sinaí a través de Moisés (Tratado de Ioma 28b). Ya que si existe una correspondencia tan absoluta entre el mundo y la Torah y viceversa, hasta el punto en que Dios la utilizó como el plano espiritual del mundo, entonces a partir del mundo también se puede llegar al conocimiento espiritual de la Torah. Por consiguiente, los Patriarcas, meditando sobre el mundo y todos los detalles de la creación bien pudieron alcanzar el conocimiento que les permitió cumplir con todo lo indicado por la Torah.

Cuando Él quiso durante el sexto día **crear al hombre, la Torah,** que ya existía antes que el mundo, **dijo ante El** Eterno: **«si un ser humano es creado y luego transgrede, y Tú lo juzgas, ¿por qué los actos de tus manos han de ser** y resultar **vanos? ¡Ya que él,** el hombre, **será incapaz de soportar Tu** riguroso y estricto **juicio!»** Esta idea debe asociarse con la enseñanza de los sabios de que «en un principio Dios quiso crear al mundo a través de su medida de Juicio –Din– pero vio que el mundo no podría continuar su existencia debido al Juicio divino, razón por la cual lo asoció a la medida de Misericordia –Rajamim–». En pocas palabras, no existe persona que pueda enfrentarse al rigor del Juicio celestial.

El Santo, Bendito Sea, le dijo a la Torah a modo de respuesta: **ya he establecido la *teshuvá*,** –la posibilidad de que el hombre se arrepienta y de que retorne al camino correcto y al Creador–, **antes** mismo **de crear el mundo.** Es decir, es cierto que el hombre puede pecar y desviarse del Plan General de la Creación, pero puede también arrepentirse y retornar al camino verdadero.

El Santo, Bendito Sea, le dijo al mundo al momento de crearlo y de crear al hombre. Le dijo: «¡Mundo, mundo! Tú y tus leyes no estáis basados y fundamentados **sino solamente en la Torah. Y por ello creé al hombre en ti, para que él pueda ocuparse de ella, y si no,** en caso de no hacerlo, **Yo te hago retornar a la informidad y al vacío** originales –*tohu vavohu*–.» Es decir: el mundo es nada más que el escenario en el cual el ser humano debe seguir el camino indicado por la Torah y así cumplir con su misión espiritual. **Y todo existe por el hombre** y la subsistencia del mundo recae bajo su responsabilidad, **como está escrito** y sugerido por el orden del versículo: **«Yo hice la Tierra y creé al hombre sobre ella»** (Isaías 45:12). **Y la Torah se presenta y proclama ante los hombres para que se ocupen y se esfuercen en ella,** en estudiarla, comprenderla y aplicar sus enseñanzas, **Y no hay quien preste atención** a esta llamada ya que cada uno se encuentra ocupado en su persona de un modo egoísta, seducido por los placeres del mundo material y sus vanidades.

Ven y **observa: quienquiera que se dedique a** el estudio de **la Torah, él sostiene al mundo** gracias a este mérito –ya que el mundo fue creado y se sostiene de acuerdo con el modelo de la Torah– **y sostiene a cada obra y obra** de la creación **perfectamente, como corresponde. Y** además, si queremos analizarlo también en el plano personal, **no hay ningún miembro** del cuerpo **que se encuentre en el hombre con el cual no posea correspondencia** estricta **una** de las obras de la **creación** que existen **en el mundo.** Tal como enseñan los sabios: el hombre es un mundo en miniatura. **Porque así como el hombre está dividido en miembros, y todos se ubican grado sobre grado, establecidos uno sobre el otro** siguiendo un modelo concreto y proyectado, **y todos conforman un solo cuerpo** a pesar de ser múltiples, **así también** sucede con **el mundo: y todas esas criaturas** del mundo también **son miembros** y **miembros, establecidos uno sobre el otro, y cuando todos están establecidos** de modo apropiado y ordenado, entonces **conforman concretamente un** solo **cuerpo,** que es a lo que nosotros denominamos «mundo».

Y todo, tanto el mundo como el hombre, **sigue el modelo de la Torah, pues he aquí que toda la Torah está compuesta de miembros y secciones, y se ubican uno sobre el otro, y cuando todos están establecidos** correctamente **conforman un solo cuerpo.** Y **cuando** el rey **David observó esta obra,** y aprehendió el paralelismo estricto y esencial que existe entre la Torah, el hombre y el mundo, **abrió** su cántico de alabanza **y dijo: ¡El Eterno, cuán numerosas son tus obras! Tú hiciste todas ellas con sabiduría; la Tierra está llena de Tus criaturas»** (Salmos 104:24).

134b - 135a

Es importante aclarar que el paralelismo y la correspondencia a la que aluden los sabios entre la Torah, el hombre y el mundo, debe servirnos también para entender que cada uno de ellos asume un sentido verdadero cuando tal correlación se consigue y se mantiene. Sin ella, la Torah es aprehendida como un libro desconectado del hombre y del mundo, y el hombre un extraño y un extranjero en la Tierra. Además, cuando olvidamos el orden de los grados y eslabones de cada uno de ellos en particular, cuando cada «miembro» y cada «sección» son analizadas por separado, perdemos de vista la idea del conjunto, del todo, y todo asume un significado meramente técnico y práctico.

A continuación se alude a los Cuatro Mundos –El Mundo de Atzilut, el Mundo de Briá, el Mundo de Ietzirá y el Mundo de Asiá– y a su correspondencia con la Torah. **En la Torah,** en paralelismo con el Mundo de Atzilut, **residen todos los misterios supremos, sellados,** herméticos, **que los hombres no pueden aprehender. En la Torah,** en paralelismo con el Mundo de Briá, **residen todas esas cosas supremas que se revelan y las que no se revelan.** Es decir, que no son reveladas sino a todo aquel que realmente lo merece ya que se ha dedicado día y noche al estudio de la Torah escrita y de la Torah oral. **En la Torah,** en paralelismo con el Mundo de Creación, **residen todas las cosas de lo Alto y de lo bajo.** Y además, en la Torah encontramos un paralelismo con **todas las cosas** físicas **de este mundo, y todas las cosas** espirituales que conforman las descripciones **del Mundo Venidero se encuentran en la Torah. Y no hay (135a) quien repare en ellas y las conozca,** es decir, a estos niveles de profundidad, **y debido a ello está escrito: «¿Quién puede expresar los poderosos actos de El Eterno o declarar todas Sus alabanzas?»** En pocas palabras, sin la comprensión de los niveles de profundidad ocultos en la Torah resulta imposible «expresar los poderosos actos de El Eterno o declarar todas Sus alabanzas». Ya que ¿puede una persona apreciar realmente al mar observando solamente su mera extensión, sus aguas celestes y sus olas? Evidentemente que no, ya que sólo capta lo más externo, lo más superficial. De igual modo, una persona que estudia la Torah debe siempre tener presente que el relato bíblico encierra infinidad de niveles y misterios en cada frase, en cada palabra y en cada una de sus letras.

Ven y **observa: vino** el rey **Salomón,** considerado el más sabio de todos los hombres, autor de libros bíblicos como Proverbios, el Eclesiastés y el Cantar de los Cantares, **y buscó comprender las palabras de la Torah** en su máxima profundidad **y las** más **finas** y delicadas **enseñanzas de la Torah, pero no pudo** lograrlo. Entonces, al tomar conciencia de su fondo insondable, **dijo: «Yo dije: 'Yo seré sabio,' pero está más allá de mí»** (Eclesiastés 7:23). Por su parte, el rey **David,** autor del libro de los Salmos, **dijo** a modo de ruego: **«¡Descubre mis ojos, para que yo pueda ver las maravillas de Tu Torah!»** (Salmos 119:18), con relación a los niveles de enseñanza que no dependen del esfuerzo humano y que simplemente no pueden ser aprehendidos sin la ayuda del Creador. Resulta importante notar que el corazón del rezo hebreo, la Amidá, comienza con bendiciones de alabanza al Creador, seguidas por peticiones personales. Y muy curiosamente la primera de estas bendiciones de petición se refiere a la solicitud de conocimiento *–daat–* y entendimiento *–biná–*, lo cual hace hincapié en los niveles de comprensión con los que agracia El Eterno a la persona y a los cuales no se accede solamente a través del esfuerzo personal.

Ven y **observa: acerca de Salomón,** el rey, **está escrito: «Él dijo tres mil proverbios y sus cánticos se numeraban en mil cinco»** (1 Reyes 5:12). **Y he aquí que ha sido explicado que mil cinco sentidos había en cada proverbio y proverbio que pronunciaba** sobre los versículos de cada uno de sus libros (Talmud, Tratado de Eruvin 21b). **Y si** el rey **Salomón, que** no **era** sino **un hombre de carne y hueso,** a pesar de su inmensa sabiduría y de su enorme nivel espiritual, **éstas fueron sus palabras** en lo referente a los misterios que escondían, **¡cuánto más** entonces **con** respecto a **las palabras de la Torah pronunciadas por El Santo, Bendito Sea, en las que en cada palabra y palabra existen innumerables parábolas, innumerables cánticos, innumerables alabanzas, innumerables secretos supremos, innumerables sabidurías! Y sobre esto está escrito**

135a
y sugerido en el versículo: **«¿Quién puede expresar los poderosos actos de El Eterno?»**

Regresamos al análisis del texto bíblico. **Ven** y **observa: ¿qué está escrito arriba,** es decir, anteriormente? **«Éstos son los descendientes de Ishmael (Ismael),** hijo de Abraham, al que Hagar la egipcia, sirvienta de Sara, dio a luz a Abraham» (Génesis 25:12), **que son doce príncipes.** Y **después dijo** la Torah: **«Y éstas son las crónicas de Itzjak (Isaac),** hijo de Abraham. Abraham engendró a Itzjak (Isaac)». Ahora bien: **¿te cabe suponer que debido a que está escrito sobre Ismael que engendró doce príncipes, mientras que Isaac engendró a dos hijos, que éste asciende** en su nivel por esto **y éste,** Itzjak, **no asciende** al grado de su hermano? **Sobre esto está escrito: «¿Quién puede expresar los poderosos** *–gevurot–* **actos de El Eterno?»,** versículo que **refiere a Isaac,** asociado con la Gevurá, **quien engendró a Jacob y a Esaú,** quienes representan a las dos categorías de la Gevurá: del lado de la Santidad y su contrario. **E Isaac generó a Jacob, quien él solo era superior a todos,** el más consumado de los Patriarcas, y **quien engendró a las doce tribus, que son las que proveen existencia en lo Alto y lo bajo.** Ahora bien: si supones que debido a que los dos aspectos de la Gevurá surgieron de Isaac esto puede contársele como una cierta carencia, **pero** entonces debes saber que el patriarca se encontraba **arriba en santidad suprema y Esaú abajo** ya que éste último surgió de las sobras espirituales de Itzjak. **Y sobre esto está escrito: «¿Quién puede expresar los poderosos actos de El Eterno?»,** en referencia a los distintos niveles de Gevurá del patriarca Itzjak; **«o declarar todas Sus alabanzas»** en **referencia a Jacob, cuando el Sol se adhiere a la Luna, y entonces innumerables estrellas irradian de ellos.**

El versículo enseña: **«Y éstas son las crónicas de Itzjak (Isaac), hijo de Abraham.** Abraham engendró a Itzjak (Isaac)». **Rabí Iosei dijo: «¿qué diferencia existe que hasta aquí no está escrito** que Isaac era el **«hijo de Abraham» y ahora,** una vez que Abraham fallece, que el texto **lo dijo** explícitamente? **Porque a pesar de que** ya **está**

escrito también después de su muerte que **«Dios bendijo a Isaac su hijo»** (Génesis 25:11), el hecho de que Itzjak es hijo de Abraham es mencionado y no aclarado y establecido como en este versículo. Mas la respuesta es la siguiente: **ahora que Abraham había muerto, su imagen se encontraba en él y permanecía en Isaac, porque todo el que veía a Itzjak decía: ¡ése es ciertamente Abraham!. Y entonces** por esta razón el texto bíblico **atestigua y dice: «Abraham engendró a Isaac»** (Ibíd., 19)." ¿Y por qué se requiere de un versículo de la Torah para aclarar esta confusión acerca del parecido del padre con su hijo? Porque los burlones de la generación murmuraban que Abimelej era realmente el padre de Itzjak, debido a que Sara fue tomada y llevada junto a él (Midrash Tanjuma).

Una noche Rabí Itzjak se levantó (135b) para ocuparse del estudio **de la Torah, y Rabí Iehuda se levantó en su palacio a la misma hora. Dijo Rabí Iehuda: «Me incorporaré e iré a lo de Rabí Itzjak y me ocuparé** del estudio **de la Torah, y nos uniremos como uno** a través del estudio sagrado.» **Fue con él Jizkia, su hijo, que era un niño.**

Cuando se aproximó a la puerta, escuchó a Rabí Itzjak que decía en voz alta su interpretación de un pasaje de la Torah e intentaba comprender un versículo que está compuesto por tres partes que, aparentemente, nada tienen en común una con la otra: **«Y fue tras la muerte de Abraham, y Dios bendijo a su hijo Itzjak (Isaac), e Itzjak (Isaac) se estableció junto a Beer–Lajai–Roí»** (Génesis 25:11). **En este versículo, su comienzo no es como su final,** es decir, no existe una relación aparente entre el comienzo y el final, **y su final no es como su comienzo. ¿En qué se diferencia** esa situación determinada en la **que El Santo, Bendito Sea, tuvo que bendecir a Isaac? Porque Abraham no lo bendijo** a su hijo y entonces, al morir su padre, El Eterno debió bendecir a Itzjak. Y **¿por qué razón** no lo bendijo? **Para que Esaú,** hijo de Itzjak, **no fuera bendecido,** pues en caso de otorgarle una bendición a Itzjak, la bendición recaería sobre toda su persona y su descendencia posterior. **Y por lo tanto, esas bendiciones ascendieron a El Santo, Bendito Sea, como ya ha**

135b

sido explicado. Es decir, Abraham se las traspasó a El Eterno para que Él bendijera la parte de Itzjak relacionada con Jacob y no la parte asociada con Esaú, lo cual únicamente puede realizar el Creador. Hasta aquí, entonces, se aclara la relación existente entre la primera y la segunda parte del versículo. Ahora se aclara el final del mismo versículo: **«E Isaac se estableció junto a Beer–Lajai–Roi». ¿Qué es Beer–Lajai–Roi?** Es decir, ¿por qué la fuente lleva el nombre de Lajai Roi, el cual, en hebreo, está relacionado con una cierta visión? **Sino que** Itzjak **se unió a la Shejiná** que moraba en esa fuente, razón por la cual recibió la bendición de El Eterno. Además, era **la fuente** *–beer–* **sobre la cual apareció** y fue visto **el Ángel del Pacto,** en relación a la Shejiná, tal **como** lo enseña **su traducción** al idioma arameo. **Y por lo tanto,** y como se ha explicado, **lo bendijo** El Eterno. Y de este modo se logra encontrar el sentido y la relación entre las distintas partes del versículo.

Mientras tanto Rabí Iehuda golpeó a la puerta y entró a la casa, **y ellos se unieron** en su profundo estudio de Torah. **Rabí Itzjak dijo: «¡ahora el acoplamiento de la** ***Shejiná*** **se encuentra con nosotros!»**

Rabí Iehuda dijo: ese comentario y explicación sobre **Beer Lajai Roi** que escuché de tu boca, **bien** y correctamente **lo dijiste. Pero eso** que has enseñado **surge de la misma palabra** del texto bíblico. Entonces **abrió** Rabí Iehuda su enseñanza **y dijo** citando otro versículo: **«Una fuente de jardines, un pozo de aguas vivientes fluyen desde el Líbano»** (Cantar de los Cantares 4:15). Sobre **este versículo ya ha sido mencionada** su explicación, **pero he aquí que fue interpretado** también su sentido más profundo: **«Una fuente de jardines» se refiere a Abraham; «un pozo de aguas vivientes» se refiere a Isaac; «fluyen desde el Líbano» se refiere a Jacob.** Ahora bien, y tal cual lo dicho: **«un pozo de aguas vivientes» se refiere a Isaac, como está escrito: «E Isaac se estableció junto a Beer–Lajai–Roi». Y ¿qué es una fuente** *–beer–* en niveles más profundos de comprensión? **Es la Shejiná; Lajai, es el Viviente de los Mundos,** en alusión al Iesod, **El Justo Viviente de los Mundos, y no deben ser separados. Él,** el Iesod, **vive en dos mundos: vive en lo Alto, que es el Mundo**

superior del cual toma y absorbe abundancia espiritual; **y vive en el mundo inferior** al transmitir la abundancia tomada en el Maljut. **Y el mundo inferior debido a él existe e ilumina.**

Ven y **observa: la Luna,** en referencia al aspecto femenino inferior, **no se ilumina sino cuando ve al Sol; y cuando lo ve,** entonces **ilumina. Y entonces la Fuente** es denominada **Lajai Roi, ciertamente,** pues cuando el aspecto femenino inferior **ve** *–roí–* **al Viviente** *–laJai–*, recibe su influencia espiritual **y entonces ilumina y se mantiene por las aguas vivientes** que representan la abundancia espiritual que llegan hasta ella. Además la expresión **«Lajai Roi»** –observa al Viviente–, enseña precisamente que lo observa **para ser colmada e iluminada por este Viviente.**

Ven y **observa: está escrito** en el libro de los Profetas: **(136a) «Benaiahu hijo de Iehoiada, hijo de un hombre vivo»** (2 Samuel 23:20), **porque era un justo e iluminaba a su generación, tal como el Viviente de lo Alto ilumina al mundo. Y todo el tiempo este Beer Lajai observa y ve para iluminar, como hemos dicho.**

Cabe aclarar que el versículo que enseña: **«E Isaac se estableció junto a Beer–Lajai–Roi»,** no se refiere simplemente a que el patriarca se asentó allí de modo temporal sino que **es como está escrito:** «Itzjak (Isaac) tenía cuarenta años **cuando tomó** por mujer **a Rivka (Rebeca),** hija de Betuel el arameo de Padán Aram, hermana de Labán el arameo» (Génesis 25:20), **y se estableció con ella y se unió a ella,** es decir, **la oscuridad,** en referencia a la Gevurá, **con la noche,** en alusión al Maljut, **como está escrito: «Su mano izquierda debajo de mi cabeza»** (Cantar de los Cantares 2:6).

De igual modo **ven** y **observa: Itzjak estaba en Kiriat Arba después que murió Abraham.** Entonces **¿qué significa** que **Isaac se estableció junto a Beer Lajai Roi?** ¡Sobra aclarar que no se reduce a un comentario geográfico! Sino **que se acopló a ella y se unió a ella en ese pozo para despertar amor, tal como ha sido dicho.**

Rabí Itzjak abrió su enseñanza **y dijo** el siguiente versículo: **«El Sol brilla y el Sol se pone, y a su lugar aspira** a regresar, **a donde**

brilla hoy nuevamente como ayer» (Eclesiastés 1:5). A continuación se interpreta este pasaje: **«El Sol brilla» se refiere al Sol que ilumina a la Luna, porque cuando es visto con ella, entonces brilla e ilumina, y brilla desde el sitio supremo que se encuentra sobre ella, y desde allí brilla constantemente; «y el Sol se pone»: uniéndose a la Luna.** Ahora bien, lo escrito que **«Marcha hacia el sur»** (Ibíd., 6), se refiere a la dirección **que es** asociada con **la derecha, y depositando su fuerza en el** flanco derecho. **Y debido a que su potencia yace en él, todo el poder del cuerpo está a la derecha, y de él depende.**

La explicación continúa: **«Y luego gira hacia el Norte»** (Ibíd.), **iluminando a este lado e iluminando** también **a este** otro **lado; «da vueltas y vueltas y marcha el viento».** Sobre esto se enseña: **al principio está escrito Sol, y ahora viento, pero todo es** todo **uno,** encerrado **en un** mismo y único **misterio. Y todo esto** acontece **porque la Luna es iluminada por Él y ellos dos se unen.**

Ven y **observa: cuando** el patriarca **Abraham vino al mundo, abrazó a la Luna y la acercó a Él. Cuando Isaac llegó, la tomó a Ella y se aferró a Ella apropiadamente, atrayéndola con amor, tal como está dicho** en el versículo del Cantar de los Cantares: **«Su mano izquierda debajo de mi cabeza». Cuando Jacob vino** al mundo, **entonces el Sol se unió a la Luna, y se iluminó. Entonces Jacob resulta completo en todos los flancos; y la Luna fue iluminada y establecida con doce tribus:** las doce tribus de Israel.

Rabí Iehuda abrió su enseñanza **y dijo** citando un versículo: **«¡He aquí, bendigan a El Eterno, todos los sirvientes de El Eterno** quienes permanecen por la noche en la casa de El Eterno!» (Salmos 134:1). **Este versículo** ya **fue explicado** en varias ocasiones por los sabios, **pero ven** y **observa** su sentido más profundo. Sobre el inicio del mismo, **«¡He aquí, bendigan a El Eterno!»,** se pregunta: **¿y quiénes son dignos de bendecir a El Santo, Bendito Sea?** Se responde: **«todos los sirvientes de El Eterno», porque toda persona (136b) en el mundo, de** los integrantes de **Israel, a pesar de que**

136b

todos son realmente **dignos de bendecir a El Santo, Bendito Sea, ¿qué bendición produce** una verdadera **bendición en lo Alto y en lo bajo? La ofrecida por los «sirvientes de El Eterno», y no la de todos** ellos. Mas **¿la bendición de quién es una bendición digna?** La de **«aquellos que permanecen por la noche en la casa de El Eterno»: ellos son los que se levantan a la medianoche y se despiertan para leer** y estudiar **la Torah. Estos «permanecen por la noche en la casa de El Eterno», porque entonces,** a esa hora en particular, **El Santo, Bendito Sea, viene a regocijarse con los justos en el Jardín del Edén. Y nosotros, que estamos aquí** levantados a medianoche **para despertarnos** de nuestro sueño y adormecimiento espiritual **por las palabras de la Torah** que nos disponemos a estudiar, **hablemos** y profundicemos en las enseñanzas que refieren la grandeza **de Isaac, de quien estamos** precisamente **ocupados.**

Rabí Itzjak abrió su enseñanza **y dijo** el siguiente versículo: **«Itzjak (Isaac) tenía cuarenta años cuando tomó por mujer a Rivka (Rebeca),** hija de Betuel el arameo de Padán Aram, hermana de Labán el arameo» (Génesis 25:20). Ahora se intenta comprender la especificación de que **«tenía cuarenta años». ¿Por qué viene a contarlos** a sus años **aquí,** es decir, **que él tenía cuarenta años cuando se casó con Rebeca?** ¿Qué relación existe entre un hecho y otro? **Porque ciertamente he aquí que Isaac está incluido en el** misterio del **Norte y en** el misterio del **Sur,** asociados con el **fuego y** con el **agua** respectivamente, y estos cuatro aspectos, a su vez, están conformados cada uno por otros diez. **Y entonces** se enseña precisamente que **«Isaac tenía cuarenta años cuando tomó por mujer a Rebeca», como la imagen del arco iris,** conformada por los tres colores **verde, blanco, rojo,** lo cual también está asociado con el hecho de que Isaac, **cuando** Rivka **tenía tres años se unió a ella. Cuando se unió a ella, a Rivka,** ella tenía tres años, **y cuando él engendró, engendró a los sesenta años, para engendrar de modo apropiado, para que Jacob surgiese completo** e íntegro, tal como encontramos que el tercer patriarca es descrito en la Torah, fruto **de una persona de sesenta años, como corresponde.** Sobra aclarar que el número sesenta alude a los diez aspectos de cada una de las seis sefirot que

136b

conforman el aspecto masculino inferior. **Y a todos** estos aspectos y niveles los **tomó Jacob luego y,** por consiguiente, **se convirtió en un hombre completo.**

Regresamos al versículo anterior: «Itzjak (Isaac) tenía cuarenta años cuando tomó por mujer a Rivka (Rebeca), **hija de Betuel el arameo de Padán Aram, hermana de Labán el arameo»** (Génesis 25:20). **¿Y qué nos importa todo esto? Pues he aquí que ya fue dicho** dos capítulos antes que **«Betuel engendró a Rebeca»** (Ibíd. 22:23), **y ahora** vuelve la Torah y **dice: «hija de Betuel, el arameo», y después** agrega otro detalle: **«de Padan Aram», y después** otro más: **«hermana de Labán el arameo». Pero he aquí que explicaron que** todos estos datos aparentemente superfluos vienen a hacer hincapié en que la futura matriarca **se encontraba** y habitaba **entre malvados y,** con todo esto, **ella no actuó de acuerdo con sus actos** sino como una mujer justa. **Porque** logró mantener su nivel de excelencia en su comportamiento a pesar de que **ella era «hija de Betuel» y** aunque provenía **«de Parán Aram» y** siendo la **«hermana de Labán», y** a pesar de que **todos eran malvados** y dedicaban sus pensamientos **para hacer el mal. Pero ella ascendió por actos dignos** propios que realizó **y no hizo de acuerdo con sus actos** ni se dejó influir por ellos.

Y si bien aquí El Zohar señala esta desconexión positiva entre Rivka y su familia a partir de su extraordinario crecimiento espiritual, los orígenes de tal fenómeno los podemos encontrar en la misma palabra hebrea «patriarcas»: *avot,* palabra que claramente señala al nivel de padre, al *av,* quien comienza un ciclo completamente nuevo, un cambio de generación. En el caso del primer patriarca, Abraham, esto resulta evidente: nace en una tierra extranjera y en el seno de un hogar inclinado hacia la idolatría. Los sabios del Midrash nos enseñan que el padre de Abraham, Teraj, vendía imágenes idolátricas, pero que Abraham, en cierta ocasión, quedándose solo en el comercio de su padre, «rompió las imágenes». Es decir, Abraham se separa por completo de su educación y de su medio, lo cual es reflejado por las primeras palabras que escucha de boca del Creador: «El Eterno le dijo a Abram: «Vete de tu tierra, de tus familiares y de la casa de tu padre, a la tierra que he de mostrarte. Y Yo te convertiré en una gran nación; te bendeciré y engrandeceré tu nombre, y tú serás una bendición. Bendeciré al que te bendiga, y al que te maldiga, lo maldeciré; y todas las familias de la Tierra se bendecirán en ti»» (Génesis 12:1–3). Pasaje bíblico que debe ser comprendido del siguiente modo: Yo te convertiré en una gran nación, etc, bajo tres condiciones: que te marches de tu tierra, de tus familiares y de la casa de tu padre.

Y retornando al pasaje bíblico que El Zohar se encuentra analizando, se aclara que la explicación anterior no es suficiente porque **ahora cabe meditar** en esto y preguntar: **si Rebeca hubiese tenido veinte años o más, o** incluso **trece,** edad que la Torah considera un paso fundamental hacia la adultez espiritual, **entonces la alabanza** de sus buenos actos **sería** y debería ser considerada **de ella** misma y como un alto mérito personal **por no haber actuado como ellos,** los miembros de su familia; **pero, ahora,** considerando que **tenía tres años, ¿cuál es su alabanza** que se le puede adjudicar realmente como un acto y un nivel propio?

Rabí Iehuda dijo a modo de explicación y respuesta: **ella tenía** solamente **tres años y** a pesar de ello ya **era capaz de realizar todo este acto** de separarse de la conducta malvada de su familia, ya que poseía el nivel espiritual y la madurez para poder comprenderlo.

Rabí Itzjak, por su parte, **dijo: a pesar de que ella hizo todo esto no sabemos si sus acciones eran aptas o no.** Es decir, no sabemos si los hacía como actos propios que pudieran ser atribuidos a ella. **(137a) Pero ven** y **observa** la siguiente enseñanza basada en el Cantar de los Cantares: **está escrito: «Como una rosa entre las espinas, así es mi amada entre las doncellas»** (2:2): **«Como una rosa» se refiere a la Congregación de Israel, quien yace entre la gente** de las demás naciones **como una rosa entre las espinas,** lo cual también puede ser aplicado al caso de Rivka creciendo en medio de una familia vil.

Y el misterio del asunto que se analiza es el siguiente: **Isaac proviene del lado de Abraham, que es el Jesed supremo,** es decir,

137a
la Bondad suprema, **quien hizo bondad con todas las criaturas, a pesar de ser** Itzjak **un** representante del **Juicio severo.** Significa: no debemos olvidar que el Juicio esencial de Itzjak surge de la Bondad esencial de Abraham. **Y Rebeca,** por su parte, **proviene del lado del Juicio severo, pero se apartó de entre ellos y se unió a Isaac; porque a pesar de que ella proviene del lado del Juicio severo, era leve, y un hilo de gracia pendía de ella.** Es decir: **Isaac era Juicio severo y ella,** Rebeca, **era juicio leve, era «como una rosa entre las espinas». Porque si no hubiese sido leve, el mundo no hubiese podido soportar el Juicio severo de Isaac.**

De manera similar, El Santo, Bendito Sea, une parejas en el mundo: uno fuerte y una suave, para que todo sea rectificado y para que el mundo sea armonizado.

Rabí Iehuda abrió su enseñanza **después de él y dijo** y preguntó tras citar el siguiente versículo: **«Itzjak (Isaac) suplicó ante El Eterno frente a su mujer,** pues ella era estéril. El Eterno aceptó su plegaria y su mujer Rivka (Rebeca) concibió» (Génesis 25:21). **¿Qué significa** la expresión hebrea **«suplicó»** *–vaieetar–?* Significa **que le ofreció a Él,** a El Eterno, **un sacrificio y rezó por ella** para que concibiera un hijo. **¿Y qué sacrificio ofreció? Una ofrenda ígnea ofreció, pues está escrito: «El Eterno aceptó** *–vaieater–* su plegaria...» (Ibíd.). Es decir: **aquí,** en este versículo, **está escrito** el término hebreo ***vaieater,* y allí,** en otro versículo, **está escrito: «*Vaieater lo* El Eterno a la tierra...»** (2 Samuel 24:25): y **así como allí,** en el caso del libro de Samuel el término hace referencia a **una ofrenda, aquí** también se refiere a **una ofrenda.** También **está escrito: *Vaieetar Itzjak*** **y está escrito *Vaieater lo,* porque surgió el fuego de lo Alto en correspondencia con el fuego de lo bajo.**

Otra cosa y nueva enseñanza: la expresión ***Vaieetar Itzjak*** significa **que** el patriarca **pronunció su rezo e hizo** y trazó como **un surco espiritual en lo Alto al mazal de los** futuros **hijos, porque de ese lugar dependen los hijos, como está escrito** acerca de Jana, quien tampoco podía tener hijos: **«Y le rezó a El Eterno»** (1 Samuel 1:10) **y entonces** este es el motivo por el que está escrito: ***«Vaieater lo***

El Eterno»; y la indicación de los sabios a esto es la siguiente: **no lean** el versículo pronunciando y puntualizando la expresión hebrea como ***vaieater lo,*** con la letra hebrea Ain, **sino *vaiejater,*** con la letra Jet, lo que alude al acto de cavar, ya que las letras hebreas Alef, Jet, Hei y Ain se intercambian mutuamente, es decir, que **El Santo, Bendito Sea, le cavó un surco espiritual y la aceptó** a su plegaria; **entonces «y su mujer Rivka (Rebeca) concibió»** (Génesis, Ibíd.).

Ven y **observa: por veinte años Isaac permaneció con su esposa y ella no dio a luz hasta que él pronunció su rezo, ya que El Santo, Bendito Sea, desea las oraciones de los justos cuando ellos ruegan a través de sus rezos ante Él por aquello que necesitan. ¿Por qué razón? Para que aumente y se incremente la abundancia** espiritual denominada «aceite de unción sagrado», **para aquellos que (137b) la requieran a través de las oraciones de los justos** ya que la abundancia espiritual se suma en las alturas y puede entonces recaer sobre los más necesitados.

Y si bien notamos la importancia que El Zohar le otorga al rezo y a la plegaria, resulta fundamental aclarar que los sabios nos enseñan que en la Torah encontramos diez palabras o expresiones hebreas distintas que designan y señalan diferentes modos de rezar. Significa: no basta solamente con dirigirse al Creador sino que también se requiere saber y conocer de qué modo rezar para cada situación particular. ¿A qué se parece esto? A una persona que tiene un manojo de llaves y, sin embargo, desconoce qué llave se corresponde con cada una de las puertas de su casa. Quien ruega por hijos debe utilizar la «llave» que abre la puerta celestial correspondiente; quien reza por sustento debe recurrir a una «llave» diferente, y así en cada uno de los casos.

Ven y **observa:** el patriarca **Abraham no le rezó a El Santo, Bendito Sea, para que le diera hijos, a pesar de que Sara era estéril. Y si dijeras que he aquí que está escrito** en su nombre a modo de ruego y de plegaria: **«He aquí que no me has dado descendencia»** (Ibíd. 15:3), lo cual aparenta ser un rezo por hijos, **pero eso no fue dicho en oración sino como alguien que habla ante su Señor,** lo cual refuerza lo que aclaramos anteriormente acerca de las «llaves»

137b

del rezo. **Pero,** curiosamente, **Isaac rezó por su esposa, ya que él sabía que él no era estéril sino su esposa. Porque Isaac sabía a través de un misterio de sabiduría que Jacob estaba destinado a emanar de él con doce tribus** y que, por lo tanto, era imposible que él fuera infértil. **Pero** a pesar de contar con este «misterio de sabiduría» **él no sabía si a través de esta esposa u otra** surgirían de él Jacob y las doce tribus, y **entonces** por eso está escrito literalmente **«frente a su esposa»** y no frente a Rivka.

Ese niño, hijo de Rabí Iehuda, quien también se encontraba allí, **dijo** y preguntó acerca de lo enseñado: **«si es así, ¿por qué** la Torah escribe que **Isaac no amaba a** su hijo **Jacob tanto como a** su hijo **Esaú? ¡Ya que él sabía que en un futuro se establecerían a partir de él doce tribus,** las doce tribus de Israel!

Le dijo: «¡bien has dicho! Pero el secreto oculto en esto es que **toda especie ama a su misma especie, y** siempre **se ve atraída y marcha una especie tras su misma especie,** es decir, Itzjak fue atraído por Esaú.

Ven y **observa: Esaú surgió** y llegó al mundo de color **rojo, como está escrito: «El primero salió todo rubicundo...»** (Ibíd. 25:25), lo cual alude a **que es la especie de Isaac, que es el Juicio severo de lo Alto. Y salió de él Esaú, Juicio severo abajo, que se parece a su especie. Y toda especie marcha tras su misma especie, y por eso** Itzjak **amaba a Esaú más que a Jacob, como está escrito: «Isaac amaba a Esaú porque había caza en su boca»** (Ibíd., 28). **Aquí,** sobre nuestro tema **está escrito: «porque había caza** *–tzaid–* **en su boca», y está escrito allí,** con respecto a Nimrod: **«Por eso se dirá: Como Nimrod, valiente cazador** *–tzaiad–,* **ante El Eterno»** (Génesis 10:9).

Rabí Itzjak dijo y enseñó acerca del siguiente pasaje bíblico: **está escrito** acerca de Rivka: **«Los hijos reñían en sus entrañas y ella dijo: «De ser así, ¿por qué me sucede esto?». Y fue a interrogar** *–lidrosh–* **a El Eterno»** (Ibíd. 25:22). **¿Adónde fue ella** a interrogar a El Eterno? **A la Academia** *–Beit Midrash–,* **de Shem y Ever.**

Además: **«Los hijos reñían en sus entrañas» porque allí,** en su vientre, **estaba el malvado de Esaú entablando batalla contra Jacob.**

La expresión **«reñían»** señala que **se destrozaban** mutuamente, **como decimos: «destroza su cabeza».** Es decir, **se destrozaban uno al otro,** o más precisamente, intentaban destrozarse uno al otro, **y** entonces **se separaron.**

Ven y **observa: éste,** Esaú, pertenece al flanco de Samael, que **es el lado del que monta sobre la serpiente; y éste,** Jacob, pertenece al flanco del Tiferet, que **es el lado del que monta sobre el Trono perfecto, sagrado,** asociado con la Shejiná, **del lado del Sol (138a),** relacionado con el aspecto masculino, **para unirse con la Luna,** símbolo de lo femenino.

Ven y **observa: como Esaú fue atraído hacia esa serpiente, Jacob se comportó con él tortuosamente como una serpiente que es astuta y ella marcha de modo tortuoso, como está dicho: «Y la serpiente era astuta...»** (Génesis 3:1), lo cual alude a que era **astuta** en todo lo referente al Mal, lo cual se manifiesta en el modo en que logró provocar la caída del Primer Hombre y su mujer. **Y los actos de Jacob para con él eran como los de una** astuta **serpiente, y esto era lo** correcto y lo **necesario de hacer, para atraer a Esaú tras esa serpiente y para que él**, Esaú, **se separara** completamente **de él,** de Jacob, **y no tuviera ninguna porción con él,** no **en este mundo y** tampoco **en el Mundo Venidero. Y hemos aprendido** (Talmud, Tratado de Sanhedrín 72a): **«Si alguien viene a matarte, anticípate y mátalo primero.»** Es decir, si Esaú hubiese recibido en sus manos el poder de la primogenitura y el de las bendiciones de su padre, entonces hubiese prevalecido sobre Jacob, poniendo en peligro su existencia. Y a esto alude claramente la enseñanza talmúdica mencionada.

También cabe destacar que El Zohar entiende que el comportamiento tortuoso y retorcido obliga a una conducta acorde. Es decir, Jacob actuó tal como debía actuar ante esta situación determinada y esto es considerado «lo correcto» y «lo verdadero» para un caso semejante. Tal como se enseñará más adelante: «A los engañosos, trátalos tortuosamente (2 Samuel 22:27).

138a

En el mismo tono **está escrito** en el versículo del profeta: **«En el seno materno a través del talón aferró a su hermano»** (Oseas 12:4), lo **que** indica que Jacob **lo arrojó hacia abajo, hacia ese talón,** ya que el Otro Lado también es denominado Talón, *Akev,* ya que se encuentra en el punto más bajo de la Santidad, **tal como está escrito: «su mano se aferraba al talón de Esaú»** (Génesis 25:26), lo cual es interpretado por los sabios como que «aferraba a Esaú que se encontraba en el nivel del talón, el Otro Lado». Y debido a esto es **que colocó sus manos en ese talón para someterlo** una vez que logró hacerlo descender al nivel más hondo.

Otra cosa se enseña desde una perspectiva diferente: **«su mano se aferraba...»,** es decir, el Maljut, también denominada «mano» por su capacidad de hacer traspasar de la potencia al acto, lo cual indica que Jacob era **incapaz de escapar de él por completo. Sino que «su mano** –que es el Maljut, la cual también se ve acosada por las fuerzas del mal, permanecía y **se aferraba al talón de Esaú».** Es decir: **ésta es la Luna cuya luz se ocultó a causa del talón de Esaú y por eso necesitó comportarse con él astutamente para empujarlo hacia abajo y adherirlo a su sitio,** el que realmente le correspondía: el Otro Lado y no la Santidad.

El versículo enseña: **«Y llamó su nombre Jacob»** (Ibíd.). Mas ¿quién realmente le puso el nombre? **El Santo, Bendito Sea, lo llamó Jacob, ciertamente. Ven** y **observa: está escrito: «...así llamó su nombre Jacob...»** (Ibíd. 27:36). **No está escrito: «era llamado su nombre» sino «llamó su nombre».**

A continuación está escrito en la Torah: «Él dijo... **me engañó** –*vaiakeveni*– estas dos veces»: **ciertamente** El Eterno lo denominó de este modo. ¿Por qué? Debido a que **El Santo, Bendito Sea, vio que esa serpiente primordial era astuta para el mal,** tal como lo demuestra su comportamiento y cada una de sus palabras en su trato con Adán y Eva. **Y apenas Jacob llegó** al mundo, **Él dijo: «éste,** Jacob, **es por cierto capaz de ser igual de astuto** y podrá rectificar el pecado de Adán.» **Y debido a esto Él lo llamó Jacob:** nombre cuya raíz alude a la capacidad del patriarca de comportarse astutamente contra Esaú, como ya se ha explicado.

Ya hemos establecido que en todo lugar donde el que aparece el verbo **«llamó», sin especificar** quién es el que llama y convoca, **refiere al grado último,** que es el Maljut, **como está escrito: «Y llamó a Moisés»** (Levíticos 1:1). Y también **aquí** está escrito: **«y llamó su nombre Jacob».** Además, **en todo lugar su nombre no es llamado a través de un ser humano** pues **en otro lugar, ¿qué está escrito? «...y lo llamó: «Dios, el Dios de Israel»** (Génesis 33:20). Significa: **El Santo, Bendito Sea, lo llamó Dios a Jacob, diciendo: «Yo soy Dios en lo Alto; tú eres** como un **Dios en lo bajo.»**

Ven y **observa: Jacob sabía que a Esaú le correspondía adherirse a esa serpiente tortuosa,** pues ésa es su raíz y porque de ella proviene, **y entonces en todos sus actos se comportaba como** si se tratase de **otra serpiente tortuosa,** aunque de su flanco, del lado de la Santidad: **(138b) tortuosamente, astutamente, y así era lo necesario** ya que Jacob debía hacer todo lo que estaba a su alcance para que Esaú no afectara a la Santidad y para que sus actos quedaran reducidos al ámbito de lo impuro. **Y esto es de acuerdo con lo que dijo Rabí Shimón** acerca de **lo que está escrito** sobre la Creación del mundo, lo cual, una vez más, demuestra que toda la historia posterior se encuentra encerrada y sugerida en el principio: **«Dios creó las grandes serpientes de mar»** (Ibíd. 1:21), lo cual es interpretado como que se **refiere a Jacob y Esaú,** uno del lado de la Santidad y el otro perteneciente al Otro Lado; **«y todo ser viviente que repta»** (Ibíd.), lo cual se **refiere al resto de los grados** espirituales **que se encuentran entre ellos,** en referencia a los ángeles y a los *heijalot* o palacios que median entre la Santidad y las Klipot. **Ciertamente Jacob se hizo astuto con respecto a esa otra serpiente, y así era necesario** que sucediese.

Y debido a esto, cada mes y mes, durante la Luna nueva, se ofrecía por sacrificio en el Templo **un macho cabrío** para separar a Samael del Maljut, **para atraerlo a su lugar** original **y separarlo de**

138b

la Luna a través de este alimento. **De manera similar en Iom Kipur,** el Día del Perdón, se logra apartarlo **ofreciendo ese macho cabrío, astutamente, para ejercer dominio sobre el mismo y para que no pueda hacer daño** al pueblo de Israel, **como está escrito: «El macho cabrío cargará sobre sí todas sus iniquidades hacia una Tierra no habitada,** y debe enviar al macho cabrío al desierto» (Levíticos 16:22); **y fue explicado que** este animal **se refiere** y alude **a Esaú, quien es un macho cabrío** *–sair–*, un hombre **peludo,** de la misma raíz hebrea que pelo o cabello *–sear–* **y todo** esto se realiza actuando **astutamente y engañosamente con él. ¿Cuál es la razón? Porque está escrito: «A los engañosos, trátalos tortuosamente** (2 Samuel 22:27). **Porque él es la serpiente mala: de espíritu torcido, y sabio para el mal, acusa Arriba y seduce abajo. Entonces Israel se le anticipa y se comporta con sabiduría** también **de un modo tortuoso, para que no pueda dañar ni ejercer dominio** alguno.

Por lo tanto, Jacob, que es el misterio de la fe, todos sus actos se oponen a Esaú para no darle lugar a esa serpiente a impurificar el Santuario y para que **no se acerque hacia el** Templo **y no ejerza su dominio en el mundo.**

Debido a esta razón vemos que **no necesitó Abraham comportarse** de modo **tortuoso, y no** fue necesario tampoco que **Isaac** se comportara de este modo, **ya que Esaú, que proviene del flanco de la serpiente, todavía no había llegado al mundo. Pero Jacob, amo de la casa,** esposo espiritual de la Shejiná, **tenía que enfrentarse a esa serpiente para no darle dominio en absoluto, para que no impurificara el Templo de Jacob. Entonces Jacob tuvo que actuar así más que todos los** demás **hombres del mundo,** adaptando su comportamiento al del malvado de su hermano. **Y debido a ello,** a que Jacob logró desplazar a Esaú del flanco de la Santidad hacia el Otro Lado, los integrantes de **Israel, santos, fueron seleccionados como la porción de El Santo, Bendito Sea, como está escrito: «Pues la porción de El Eterno es su pueblo; Iaacov (Jacob) es la medida de Su herencia»** (Deuteronomio 32:9)."

El pasaje bíblico continúa relatando acerca del crecimiento y las diferentes tendencias de los dos hermanos: **«Los jóvenes crecieron** y Esav (Esaú) se hizo cazador, hombre de campo; pero Iaacov (Jacob) era un hombre íntegro que habitaba en tiendas» (Génesis 25:27). El versículo viene a explicar **que el flanco de Abraham** relacionado con el Jesed, la Bondad, energía espiritual que provoca el engrandecimiento y la expansión, **les provocó** a los jóvenes **que crecieran, y su mérito los ayudó. Él los educaba con respecto a los preceptos** de la Torah y su cumplimiento, **tal como está escrito: «Pues lo he amado, porque él ordena a** *–et–* **sus hijos** y a su familia que sigan el camino de El Eterno, haciendo caridad y justicia, para que El Eterno traiga sobre Abraham aquello de lo que le había hablado» (Génesis 18:19). Y en este versículo la expresión hebrea ***et*** **viene a incluir a Jacob y a Esaú.** Vemos, entonces, que la influencia de Abraham duró por un corto tiempo, ya que toda educación cuando no ingresa hasta la esencia misma del individuo genera un comportamiento superficial que, ante la primera gran dificultad, cambia de rumbo y se corrompe. Por ello, una vez que los jóvenes crecieron, lo que Abraham enseñó a Esaú fue olvidado, mientras que a Jacob le estampó su marca espiritual para siempre.

La Torah nos cuenta: **«Los jóvenes crecieron y Esav (Esaú) se hizo cazador,** hombre de campo; pero Iaacov (Jacob) era un hombre íntegro que habitaba en tiendas» (Génesis 25:27). ¿Acaso este versículo viene a indicarnos las distintas tareas que cada uno realizaba? ¿Acaso nos determina sus vocaciones? **Rabí Elazar dijo** que este pasaje bíblico nos enseña que **cada uno y uno divergió en su camino: (139a) uno,** Jacob, **para el lado de la fe, el otro,** Esaú, **para el lado de la idolatría. Y así fue en el interior de Rebeca,** en su vientre, tal como hemos aprendido que también allí reñían, y **donde cada uno se inclinaba hacia su lado. Porque cuando ella se ocupaba de** la realización de **actos aptos** *–kasher–* **o pasaba cerca de un buen sitio para cumplir un precepto de la Torah, Jacob se alegraba y empujaba para salir** del vientre; **y cuando ella pasaba cerca de un sitio de idólatra, ese malvado** de Esaú **golpeaba para salir, tal como ha sido explicado. Y debido a esto, cuando fueron creados y salieron al mundo, cada uno se separó y marchó** hacia su propio rumbo,

y fue atraído por el sitio que esencialmente **le corresponde. Por eso** se especifica: **«Los jóvenes crecieron y Esav (Esaú) se hizo cazador,** hombre de campo; pero Iaacov (Jacob) era un hombre íntegro que habitaba en tiendas» (Génesis 25:27). En pocas palabras, la Torah nos relata que las inclinaciones que ya existían durante el embarazo se ponen de manifiesto con más énfasis una vez que ellos crecieron.

Otra enseñanza absolutamente sorprendente de la Torah es que **«Itzjak (Isaac) amaba a Esav (Esaú) porque tenía presa en su boca;** mas Rivka (Rebeca) amaba a Iaacov (Jacob)» (Ibíd., 28). **He aquí que esto ha sido explicado (139b), como está escrito** en un versículo: **«...y Esav (Esaú) se hizo cazador, hombre de campo»; y está escrito allí,** en otro versículo: **«Él fue un cazador** *–tzaiad–* poderoso ante El Eterno, por eso hay un dicho: «¡como Nimrod, el poderoso cazador ante El Eterno!» (Génesis 10:9). En ambos casos, el de Nimrod y Esaú, los sabios enseñan que cazaban las mentes de los hombres a través de sus filosas y envolventes palabras, inclinando a las criaturas a rebelarse ante El Eterno.

¿Qué significa la expresión **«hombre de campo»?** Que pasaba todas las horas del día **robando a la gente y matándola** en el campo –ya que se trata de un sitio aislado y nadie puede salvar a la víctima–, **mientras él decía que había estado rezando, cazándolo** y embaucando a su padre a través de mentiras y engañándolo **con** los dichos de **su boca.**

También Esaú es definido como un **«hombre de campo» porque su parte asignada no era en tierra habitada sino en lugares desolados, en el desierto y en el campo. Por eso** es llamado de este modo: **«hombre de campo».**

Y si dices y preguntas: **¿cómo** puede ser que su padre **Isaac no supiese** acerca de **todos los malos actos de Esaú? ¡He aquí que la Shejiná se encontraba con él! Porque si** supusiéramos que **la Shejiná no moraba con él, ¿cómo pudo bendecir a Jacob cuando lo bendijo?** Es decir, si su cercanía con la Shejiná era tan grande, por qué Ella no le comunicó el comportamiento corrupto y las mentiras de su hijo Esaú.

Sino que ciertamente la Shejiná habitaba con él en su casa y habitaba con él constantemente. Pero Ella no se lo comunicó, los actos ilícitos de Esaú, **para que Jacob fuera bendecido no por su consentimiento,** el de Itzjak, el cual estaría señalado por su esencia, el Din o Juicio, **sino a través del consentimiento de El Santo, Bendito Sea,** y recibiera también del Jesed y del Rajamim, **tal como era necesario.** Es decir, luego su padre estuvo de acuerdo con las bendiciones, pero surgieron directamente de El Eterno. **Y** la demostración de esto es que **en ese momento en el que Jacob entró ante la presencia de su padre, la Shejiná entró con él, y entonces Isaac percibió en su mente que correspondía bendecir** a Jacob, **y** resulta entonces que **fue bendecido con el consentimiento de la Shejiná.**

Ven y **observa: en cierta ocasión se encontraban sentados Rabí Shimón y el resto de sus compañeros, e ingresó ante él Rabí Elazar, su hijo. Le dijeron a Rabí Shimón: algo importante tenemos para preguntarte sobre el asunto de Jacob y Esaú. ¿Cómo** puede ser que **no quiso Jacob darle a Esaú un guiso de lentejas hasta que** su hermano **le vendió su primogenitura? Y además: que le dijo Esaú a Itzjak, su padre: «me engañó** *–vaiakeveni–* **estas dos veces»,** es decir, cómo puede ser que Jacob, asociado esencialmente con el atributo de la verdad, engañó a su hermano. **Les dijo a ellos** a modo de respuesta: **en este momento vosotros debéis recibir azotes pues creísteis las palabras de Esaú** que dijo **«me engañó** *–vaiakeveni–* **estas dos veces y** además **mentisteis,** acerca de **las palabras de Jacob. Pues he aquí que el** mismo **texto** de la Torah **atestigua sobre él: «pero Iaacov (Jacob) era un hombre íntegro». Y además está escrito: «Otorga verdad a Jacob»** (Miqueas 7:20). **Sino que así fue el asunto de Jacob y Esaú:** todo sucedió **debido a que Esaú odiaba a la primogenitura todavía desde antes** de estos hechos, **y le pedía a Jacob que la tomara de él, incluso sin** pagar **dinero** alguno. **Tal como está escrito** detalladamente en la Torah: **«y él comió y bebió, se levantó y se fue; y Esav (Esaú) despreció la primogenitura»,** de lo cual se aprende que a Esaú no le importaba entregar o vender su primogenitura porque simplemente no le otorgaba importancia al-

139b
guna, y por consiguiente, en la primera oportunidad que tuvo, Jacob, quien conocía el valor espiritual de la misma, la tomó de su hermano.

Se retorna al relato bíblico: **«Iaacov (Jacob) preparó un guiso, y Esav (Esaú) llegó del campo y estaba exhausto»** (Ibíd. 25:29). **Rabí Elazar dijo** acerca de estos hechos: **«Iaacov (Jacob) preparó un guiso», he aquí que ya ha sido explicado que debido al duelo por Abraham era** esta comida, ya que es costumbre comer en honor al fallecido; **pero** el versículo no debería nombrar a Jacob sino que **«Itzjak preparó un guiso» debería decir,** pues él, Itzjak, el hijo de Abraham, era quien se encontraba de duelo. **Sino que** ciertamente **«Jacob preparó (139b) un guiso» pues él conocía que su raíz,** es decir, la de Esaú, **provenía del Otro Lado, al cual se había apegado y por ello hizo una comida roja, lentejas, que son una comida roja, debido a que esta comida quebranta el poder y la fuerza de la sangre roja, para quebrantar su poder y su fuerza,** la de Esaú. **Y debido a esto actuó con sabiduría** y astucia preparando comida **de ese color rojo, y por ese plato** Esaú **se le vendió como esclavo y vendió su primogenitura a Jacob.**

Y en ese momento Jacob sabía y conocía el misterio **que debido a un macho cabrío que** los hijos de **Israel ofrecerían** en Iom Kipur **para** saciar **su grado, él se convertiría en un esclavo** para actuar como defensor **de sus hijos y no los acusaría. Y con respecto a todo actuó Jacob con Esaú con sabiduría** y astucia, **debido a ese grado de sabiduría** y astucia **de Esaú, y para que él no pudiera ejercer su dominio y se sometiera** ante Jacob **y no impurificara su casa, y** para que además **él lo defendiera.**

El versículo enseña: **«Esav (Esaú) le dijo a Iaacov (Jacob): «Coloca en mi boca un poco de ese potaje rojo rojo** *–adom–*, pues estoy exhausto». Por ello le fue dado el nombre de Edom». Ahora bien: **¿por qué está escrito** en este versículo **dos veces** la palabra **rojo? Sino debido a que todo lo que él posee,** Esaú, **es rojo, tal como está dicho: «Y el primero salió rubicundo»,** en referencia a su aspecto externo. **Y su comida era roja, tal como está escrito:** «Coloca en mi boca **un poco de ese** potaje **rojo rojo** *–adom–*, pues estoy exhausto». Por ello le fue dado el nombre de Edom». **Y también su tierra era roja, tal como está escrito: «La tierra de Seir, el campo de Edom»** (Génesis 32:4), nombre que vuelve a referirse al color rojo: *adom*. **Y sus hombres eran rojos, tal como está escrito: «Es Esaú, el padre de Edom»** (Génesis 36:43), es decir, era el padre de los edomitas: hombres rojos. **Y quien en un futuro lo castigará es rojo, tal como está escrito: «Mi Amado es puro y rojo»** (Cantar de los Cantares 5:10). **Y Su vestimenta es roja, tal como está escrito: «¿Por qué roja es Tu vestimenta?»** (Isaías 63:2). Y además está escrito: **«¿Quién es ese que llega de Edom...?»** (Isaías 63:1).

Rabí Iehuda dijo y enseñó: **y también con Labán esto era apropiado,** en referencia al comportamiento astuto que mantuvo Jacob con su hermano Esaú, **porque he aquí que él era un hechicero, como está escrito:** «Mas Labán le dijo: «Si he hallado gracia en tus ojos, he sabido, **por hechicería, que El Eterno me ha bendecido por tu causa»»** (Génesis 30:27). **Y a pesar de que Jacob es llamado «un hombre íntegro»,** precisamente **debido a esto era** considerado **completo: con quien era necesario comportarse con piedad, así se conducía, y con quien era necesario comportarse con juicio severo y tortuosidad, así se conducía. Porque dos partes había en él,** también el Jesed y también el Din, **y sobre él está escrito: «Con un piadoso, compórtate con piedad, y si es tortuoso, compórtate tortuosamente»** (2 Samuel 22:26–27). **Con un piadoso** se comportaba **del lado de la Bondad, y con un tortuoso** se conducía **del lado del Juicio severo, todo apropiadamente** y como realmente corresponde."

De un modo similar a lo relatado en la Torah acerca del primer hambre que afectó la Tierra de Israel al llegar Abraham, ahora se nos cuenta que **«había hambre en la Tierra, además de la primera hambre** que hubo en los días de Abraham; e Itzjak (Isaac) fue a Abimelej, rey de los filisteos, a Guerar» (Génesis 26:1). **Rabí Iehuda abrió** su enseñanza **y dijo** acerca de un versículo del libro de los Salmos: **«El Eterno examina al justo, pero al malvado y al que ama la injusticia odia su alma»** (11:5): **¡cuán perfectos son los actos de El Santo, Bendito Sea! Y todo lo que Él hace, todo es de acuerdo al juicio y a la verdad, como está escrito: «¡La Roca! Perfecta es Su obra, pues todos Sus senderos son justicia; un Dios de fe sin iniquidad, justo y recto es Él»** (Deuteronomio 32:4). **Ven** y **observa: El Santo, Bendito Sea, no juzgó al Primer Hombre hasta que Él le ordenó** no comer del Árbol del conocimiento del Bien y del Mal, **para su propio bien,** para **que no desviara su corazón y su voluntad hacia otro camino,** el del Otro Lado, **para que no se impurificara. Pero él** Primer Hombre **no fue cuidadoso y traspasó la orden de su Amo, y** sólo **después lo juzgó** El Eterno y le determinó el castigo corrector que rectificaría espiritualmente su trasgresión **(140a). No obstante, Él no lo juzgó tal como lo merecía** en correspondencia directa con su pecado, **y pospuso Su enojo, y perduró un día** de El Eterno, **que son** equivalentes a **mil años,** tal como lo aprendemos del libro de los Salmos (90:4), **excepto de esos setenta años que él le dio al Rey David, quien no tenía ninguno** año de vida **propio.** Esta es la razón por la cual Adán vivió 930 años y el rey David 70 años.

De manera similar, Él Eterno **no juzga a una persona de acuerdo con los actos malos que ésta realiza constantemente, porque de ser así el mundo no podría existir,** ya que, tal como lo explicamos, nadie podría enfrentarse a la rigurosidad del Juicio divino. **Más bien, El Santo, Bendito Sea, pospone Su enojo con los justos, y con los malvados aún más que con los justos** para que ellos tengan tiempo y oportunidad de retornar al camino de la verdad. Es decir, **con los malvados, para que ellos retornen completamente** a El Eterno a través de la *teshuvá,* **y para que perduren en este mundo y en el Mundo Venidero, como está escrito: «Por Mi vida –declara el Señor– no deseo** la muerte de los malvados, **sino que los malvados regresen de su camino y vivan...»** (Ezequiel 33:11): **«y vivan» en este mundo «y vivan» en el Mundo Venidero.** Lo cual debe ser entendido del siguiente modo: al vivir en este mundo y al cumplir los preceptos de la Torah y realizar buenas acciones merecerán la vida en el Mundo Venidero. **Y debido a esto les pospone Su enojo constantemente** a los malvados, es decir, para que retornen al camino correcto, **o porque** en un futuro **ha de salir de ellos una buena descendencia al mundo, tal como Abraham salió de Teraj, que es una buena descendencia y** una buena **raíz y una buena porción para el mundo.**

Resulta sumamente sorprendente meditar en esto: de un justo no necesariamente surge una buena descendencia, como en el caso de Ismael que nació de Abraham o Esaú de Jacob; y de igual modo, de un malvado puede surgir un justo, como en el caso citado por El Zohar: de Teraj nació Abraham. Esto nos lleva a pensar en que, si bien existe el mérito de los antepasados, el mérito espiritual individual depende de la persona misma y de sus acciones y no de una herencia espiritual.

Sin embargo, El Santo, Bendito Sea, es minucioso permanentemente con los justos en cada acto que ellos realizan, cual es el caso, por ejemplo, de Moisés, el cual por una trasgresión aparentemente menor fue privado de entrar a la Tierra de Israel, **debido a que** El Eterno **sabe que** los justos **no se desviarán a la derecha o a la izquierda** en lo más mínimo. **Y debido a esto los pone a prueba, no por Él, ya que Él sabe su inclinación y la fortaleza de la fe que ellos poseen, sino para elevarlos.** Es decir, la prueba y el desafío elevan al justo y le permiten revelar fuerzas ocultas que poseía pero que hasta ese momento no habían sido necesarias. Es curioso notar que la palabra «prueba» o «desafío», en hebreo, *nisaión,* comparte raíz idiomática con la palabra *nes,* estandarte, el cual precisamente señala algo que se encuentra elevado y a gran altura, tal como se explica también a continuación. **Así Él le hizo a Abraham** para elevarlo, **porque está escrito: «Y Dios puso a prueba** *–nisá–* **a Abraham»** (Génesis 22:1). **¿Qué significa** ***nisá?*** **La elevación de un estandarte, como está dicho: ¡Eleven un estandarte!** (Isaías 62:10), y también está escrito: **¡Elevad un estandarte!** (Ibíd. 13:2). Y la explicación de la palabra hebrea *nes,* tal como se ha dicho, **es que** El Eterno **elevó Su estandarte por todo el mundo, y a pesar de que esto ya ha sido dicho** y explicado que también, por ejemplo, la prueba del sacrificio

140a
a Itzjak fue para que cada uno de los patriarcas tomara de la esencia espiritual del otro (119b), también se agrega aquí que **debido a esto,** a la prueba a la que fue impuesto, **El Santo, Bendito Sea elevó el estandarte de Abraham ante los ojos de todos, como está escrito: «Puso a prueba** *–nisá–* **a Abraham»** o, de acuerdo con esta última explicación: «Elevó como un estandarte a Abraham». **De manera similar, El Santo, Bendito Sea, para elevar el estandarte de los justos los pone a prueba para elevarlos por todo el mundo.**

Si analizamos la vida de los grandes hombres de la Biblia notaremos que cada uno de ellos fue puesto a prueba. Pero El Zohar se refiere especialmente a Abraham ya que los sabios nos enseñan que tuvo que pasar diez pruebas antes de convertirse en el primer patriarca y el inicio del Pueblo de Israel. De acuerdo con el *Pirkei DeRabí Eliezer* (26–31), las diez pruebas que debió superar Abraham durante su vida fueron las siguientes:

1. Siendo aún un niño el Rey Nimrod quiso matarlo debido a su fe, y entonces Abraham se ocultó durante trece años sin siquiera ver la luz del Sol.
2. Después de este período el Rey Nimrod lo encarceló por el término de diez años y luego decidió colocarlo ante un horno de fuego y le dio la opción de aceptar la idolatría o, de lo contrario, lo arrojaría al horno. Obviamente Abraham se mantuvo en su fe, fue arrojado al horno hirviendo, pero El Eterno lo rescató milagrosamente. Y sobre esto está dicho: «Yo soy El Eterno que te saqué de Ur Kasdim» (Génesis 15:7), palabra hebrea, *ur,* que alude al fuego.
3. El Eterno le pidió que abandonara todo su pasado, tal como es detallado al comienzo del capítulo doce del libro del Génesis.
4. Inmediatamente tras llegar a la Tierra de Israel comenzó allí una gran hambruna, después que el Creador le había prometido bendiciones y abundancias en su nueva Tierra.
5. Al escaparse del hambre de la Tierra de Israel llegó a Egipto y su esposa, Sara, fue tomada a la casa del Faraón.

6. Cuando regresó luego a la Tierra de Israel los enfrentaron cuatro reyes poderosos y tomaron a Lot, su sobrino, por cautivo.
7. El Eterno le mostró en una visión profética las terribles desgracias que acontecerían al Pueblo de Israel durante su largo exilio (Génesis 15).
8. El Eterno le ordenó circuncidarse a sí mismo a la edad de noventa y nueve años, circuncidar a su hijo y a todos sus sirvientes.
9. El Eterno le ordenó expulsar a su hijo Ismael junto a su madre.
10. El Eterno le ordenó sacrificar a su hijo amado, a Itzjak.

Es importante aclarar también que la cantidad de pruebas y desafíos, diez, tampoco es casual, ya que siempre este número señala el estado completo de un proceso o dinámica determinados. Por ejemplo, las Diez Locuciones, las Diez Plagas, los Diez Mandamientos, etc. En este caso, y siguiendo la misma enseñanza de los sabios, debemos decir que Abraham fue probado de un modo completo, íntegro, a través de diez pruebas y logró superarlas, elevarse a un altísimo nivel espiritual y enraizar su fe con una firmeza absoluta.

Continuando con el tema anterior El Zohar agrega otra interpretación citando nuevamente el versículo: «El Eterno **examina al justo...»**. Se pregunta: **¿por qué razón** lo hace si se trata de un hombre justo? ¡En todo caso que examine y revise a los malvados! **Rabí Shimón dijo: «porque cuando El Santo, Bendito Sea, desea a ellos,** a los justos, **¿qué está escrito** al respecto? **«El Eterno desea, lo aflige con una enfermedad»** (Isaías 53:10), para someter los poderes y el dominio de su cuerpo y permitir que sus niveles espirituales más profundos surjan a la luz, **tal como ha sido explicado** (Tratado de Berajot 5a) en lo referente al concepto del sufrimiento y a los distintos tipos y categorías de pesadumbre. Y la razón de este modo divino de comportarse con los justos es **debido a que la voluntad de El Santo, Bendito Sea, no quiere sino** fortificar y elevar **el alma, pero no el cuerpo; porque el alma** de la persona **se parece al Alma de lo Alto,** la Shejiná, **mientras que el cuerpo no puede aferrarse a lo Alto, a pesar de que la imagen del cuerpo se encuentra** basada **en**

140b

el misterio supremo, ya que el mismo se encuentra bajo los efectos permanentes de fuerzas malignas e impuras.

(140b) Ven y **observa: cuando El Santo, Bendito Sea, desea el alma de una persona, para iluminar en ella, Él golpea al cuerpo para que domine el alma. Porque he aquí que cuando el alma se encuentra** al mismo nivel **con el cuerpo,** y los dos poseen el mismo poder, **el alma no puede dominar; pero una vez que el cuerpo se ve afectado** y quebrantado, **el alma ejerce dominio.** Sobra aclarar que muy bajo es entonces el nivel y muy mala la porción que aguarda a la persona cuya alma no ejerce dominio alguno, sometida completamente por los deseos materiales del cuerpo.

Se intenta ahora revelar nuevos niveles de comprensión: «Él Eterno **examina al justo». ¿Qué significa «examina** *–ivjan–* **al justo? Como está dicho: «una piedra de examen** *–even bojan–*» (Isaías 28:16). **De manera similar el justo es examinado,** es decir, **fortaleciéndolo** a través de las pruebas y los sufrimientos **como esta piedra de examen, que es una «piedra angular»** (Ibíd.). **Así también** debe entenderse que El Eterno **«examina al justo»** y fortalece a su alma a través de los desafíos.

Se continúa el análisis: «El Eterno examina al justo, **pero al malvado y al que ama la injusticia odia Su alma»** (Salmos 11:5). **¿Qué significa «odia Su alma»? ¿Puedes suponer que se refiere a El Santo, Bendito Sea, que Su alma odia a ese malvado? Más bien, se refiere a ese grado del cual dependen todas las almas:** ese grado, la Shejiná, **odia el alma de ese malvado y no la quiere para nada: no la quiere no en este mundo y no en el Mundo Venidero. Y por eso está escrito: «pero al malvado y al que ama la injusticia odia Su alma», ciertamente.**

Otra cosa y una nueva enseñanza: **«odia Su alma», como está dicho: «Ha jurado mi Señor, Elohim, por Su alma»** (Amós 8:6). **Y debido a esto** está escrito que **«examina al justo».**

Ven y **observa: cuando El Santo, Bendito Sea, creó a Adán, Él le ordenó** de qué modo comportarse **por su propio bien y lo dotó de sabiduría, y ascendió por grados** espirituales **hacia arriba.**

140b

Cuando descendió a lo bajo, vio el deseo del Mal Instinto y se aferró a él, y olvidó todo lo que había ascendido y lo que observó de la gloria suprema de su Señor.

Cuando **llegó Noé, al comienzo está escrito:** «Éstas son las crónicas de Noaj (Noé): **Noaj (Noé) fue un hombre justo, íntegro** entre los de sus generaciones; Noaj (Noé) anduvo con Dios» (Génesis 6:9). **Y luego descendió abajo y vio un vino fuerte, entremezclado con su borra, de ese día,** es decir, elaborado ese mismo día, **y bebió del mismo y se emborrachó y se descubrió, tal como está escrito:** «Noaj (Noé), el hombre de la tierra, se degradó y plantó un viñedo. **Bebió del vino y se emborrachó, y se descubrió dentro de su tienda»** (Génesis 9: 20–21).

Más tarde **llegó Abraham. Ascendió en sabiduría, y contempló la gloria de su Señor. Después** nos cuenta el relato bíblico: **«Había hambre en la Tierra y Abram descendió a Egipto para habitar allí, pues el hambre era grave en la Tierra»...** (Génesis 12:10). **Posteriormente ¿qué está escrito? «Y Abram ascendió de Egipto, él y su mujer y todo lo que era suyo, y Lot con él, y se dirigió hacia el sur»...** (Ibíd. 13:1), **y ascendió a su grado** espiritual **original, en el cual se encontraba al comienzo, y entró en paz y salió en paz.**

Luego **llegó Itzjak. ¿Qué está escrito? «Había hambre en la Tierra, además de la primera hambre** que hubo en los días de Abraham», **e Itzjak fue** a Guerar solamente, como lo relata el texto bíblico, **y ascendió de allí más tarde en paz.**

Y todos los justos, todos, son puestos a prueba por El Santo, Bendito Sea, para elevarlos en este mundo y en el Mundo Venidero.

Véase al final del volumen: Midrash Haneelam (anexo 1)

Acerca de Itzjak está escrito: **«Cuando los hombres del lugar le inquirieron acerca de su mujer, él dijo: "Es mi hermana",** pues tenía miedo de decir "mi mujer", no fuera cosa que los lugareños me mataran a causa de Rivka (Rebeca), pues es de hermosa apariencia» (Ibíd. 26:7). **Tal como dijo Abraham, porque la Shejiná estaba con**

140b

él y con su esposa, y a causa de la Shejiná lo dijo, como está escrito: «Dile a la sabiduría: Tú eres mi hermana» (Proverbios 7:4). **Entonces se fortaleció y dijo: Ella es mi hermana.** Y es importante aclarar que la Shejiná es denominada por los sabios cabalistas como la «sabiduría inferior».

Además, Abraham e Isaac así correspondía que denominaran a la Shejiná: «mi hermana», **ciertamente por el versículo** siguiente en el que el Zeir Anpín se refiere así a la Shejiná, **tal como está escrito: «¡Mi hermana, mi amada, mi paloma, mi perfecta!»** (Cantar de los Cantares 5:2). **Y debido a esto ciertamente era apropiado para ellos decir: «Ella es mi hermana». Y debido a esto,** es decir, por su apego a la Shejiná, **los justos se fortalecieron con El Santo, Bendito Sea.**

Continúa el relato de la Torah: **«Y sucedió que cuando se prolongaron sus días allí,** Abimelej, rey de los filisteos, miró por la ventana y vio a Itzjak (Isaac) riéndose en la intimidad **con** *–et–* **su mujer Rivka (Rebeca)»** (Génesis, Ibíd. 8): «con su mujer Rivka» **precisamente.** *«Et»,* **se refiere a la Shejiná que estaba con Rivka.**

Otra cosa y una nueva enseñanza: **¿y es que cabe suponer que Itzjak mantenía relaciones íntimas** con su esposa **durante el día? Pues he aquí que aprendimos: «los** miembros de **Israel son santos y no mantienen relaciones íntimas durante el día»** (Tratado de Shabat 86). **E Itzjak, que era santo, ¿mantendría relaciones íntimas de día? Más bien, Abimelej era sabio y él miró a través de su** estudio de **astrología que es** como si fuera **una ventana.** Y la prueba de la anterior enseñanza es lo siguiente: **aquí,** en el presente versículo, **está escrito: «por la ventana», y allí,** en otro versículo bíblico, **está escrito: «por la ventana miró la madre de Sisera y se lamentó»** (Jueces 5:28): y **así como allí** la madre de Sisera vio **a través de la astrología, aquí también** sucedió **a través de la astrología. Él vio que no era como había dicho Isaac, sino que él mantenía relaciones íntimas con ella y ella era su esposa. Entonces «Abimelej convocó a Itzjak (Isaac) y le dijo**: «¡Pero es tu mujer! ¿Cómo pudiste decir "Es mi hermana"?» (Génesis Ibíd., 9).

Rabí Iosei dijo: «correcto era que Abimelej le hubiese hecho a Isaac lo que le hizo a Abraham, es decir, tomar a su esposa, **si no fuera porque El Santo, Bendito Sea, lo había amonestado previamente».**

Ven y **observa: está escrito:** «Y Abraham dijo: **«Porque dije: "No hay temor de Dios en este sitio** y me matarán a causa de mi mujer" (Ibíd. 20:11). **Rabí Aba dijo** y enseñó que **por lo tanto** Abraham **dijo: «Ella es mi hermana», para adherirse a la Shejiná, como está escrito: «Dile a la sabiduría: Tú eres mi hermana». ¿Por qué razón? Porque en ellos no había fe, pues si la fe se hubiese encontrado entre ellos hubiese resultado innecesario** decir que era su hermana, **pero como no había entre ellos fe, él dijo así. Y por lo tanto, él dijo: «...«Porque dije: "No hay temor de Dios (141a) en este sitio** y me matarán a causa de mi mujer" (Ibíd. 20:11): **«no hay temor a Dios» refiere a la fe,** la cual alude a la Shejiná.

Rabí Elazar dijo: como la Shejiná no habita fuera de la Tierra de Israel, por eso está escrito: **«no hay temor a Dios en este sitio», porque no es su sitio y no habita aquí. Pero Isaac se fortificó a través de la fe, pues vio que la Shejiná habitaba con su esposa.**

El relato continúa: **«Entonces Abimelej ordenó a todo el pueblo, diciendo: "Todo el que toque a este hombre o a su mujer, ciertamente morirá"».**

Ven y **observa: ¡cuánto les pospuso** el castigo **El Santo, Bendito Sea, a los malvados debido a ese bien que** Abimelej **hizo con los primeros patriarcas,** es decir, con Abraham y con Itzjak! **Porque debido a esto Israel no los dominó a ellos hasta muchas generaciones más tarde. Correctamente hizo Abimelej haciendo el bien con Itzjak,** al ordenar que «Todo el que toque a este hombre o a su mujer, ciertamente morirá» y cuando también **le dijo** a Abraham: **«Y dijo Abimelej: «He aquí que mi tierra está delante de ti: establécete donde mejor te parezca»** (Ibíd. 20:15)."

Rabí Iehuda dijo: ¡ay de los malvados cuyo bien no es completo! Ven y **observa: Efrón al comienzo dijo** dirigiéndose a Abraham:

141a

«No, señor mío, ¡escúchame! Te he dado el campo, y en cuanto a la cueva que éste contiene allí, te la he dado a ti, a la vista de los hijos de mi pueblo te la he dado a ti; entierra a tu muerta» (Ibíd. 23:11). **Pero después** modificó su discurso y **dijo: «¡Señor mío, escúchame! Tierra que vale cuatrocientos siclos de plata,** entre tú y yo, ¿qué son? Y entierra a tu muerta» (Ibíd., 15). **Y está escrito:** «Abraham oyó lo dicho por Efrón **y Abraham pesó ante Efrón** la plata que había mencionado a oídos de los hijos de Jet, cuatrocientos siclos de plata **en moneda corriente»** (Ibíd., 16).

Aquí también está escrito al principio: «He aquí que mi tierra está delante de ti: establécete donde mejor te parezca» (Ibíd. 20:15)", **pero más tarde** Abimelej **le dijo** a Itzjak: **«Vete de nosotros...»** (Ibíd. 26:16).

Rabí Elazar dijo: éste fue el bien que hizo con él: que Abimelej no tomó de lo de él, del patriarca, **y lo envió con todas sus posesiones, y luego fue tras él para establecer con él un pacto.**

Y Rabí Elazar dijo: de modo **correcto hizo Isaac, porque como sabía el misterio de la sabiduría, se esforzó y cavó un pozo de agua,** el cual alude a la Shejiná, **para fortificarse apropiadamente en la fe. Y así** también **Abraham se esforzó y cavó un pozo de agua. Jacob,** por su parte, **lo encontró preparado y se sentó junto a él. Y todo ellos lo siguieron,** es decir, fueron tras la Shejiná, **y se esforzaron para fortificarse apropiadamente con perfecta fe.**

Y ahora los integrantes de Pueblo de **Israel se fortifican con el** mismo pozo de agua, **con los misterios de los preceptos de la Torah, como cuando cada día una persona se fortifica con los *tzitzit,* que es un precepto** que cumple **y** que al hacerlo **la persona se recubre con ellos; y así también con las filacterias que coloca en su cabeza y en su brazo, que son un misterio supremo, tal como corresponde. Porque El Santo, Bendito Sea, se encuentra con la persona que se adorna con las filacterias y se envuelve con los *tzitzit,* y todo es un misterio de la fe suprema. Y por esto quien no se envuelve con esto,** es decir, con los tzitzit, **y no se adorna para fortificarse con las filacterias cada día, es como si la fe no**

morara con él y se hubiese apartado de él el temor por su Amo. **Y** entonces **su rezo no es un rezo tal como corresponde.**

Y debido a esto los patriarcas se fortificaban en la fe suprema a través del pozo supremo, sobre el cual mora el misterio de perfecta fe.

Luego se nos relata en Torah: «**Se trasladó de allí y cavó otro pozo;** no disputaron por ese pozo, y él lo llamó Rejovot, y dijo: «Pues ahora El Eterno nos ha dado un lugar amplio *–hirjiv–* y podemos fructificar en la tierra»» (Génesis 26:22).

Rabí Jia abrió su enseñanza **y dijo: «El Eterno te guiará continuamente** *–tamid–* **y satisfará tu alma en regiones secas y dará vigor a tus huesos...»** (Isaías 58:11). **Este versículo ha sido explicado y pronunciado, pero con este versículo se fortifican los poseedores de fe pues les promete** recompensa **acerca del Mundo Venidero.**

Se analiza: **«El Eterno te guiará»: ya que el versículo dijo «El Eterno te guiará» ¿por qué** dice **continuamente** *–tamid–?* **Pero esto se refiere a** la ofrenda denominada **tamid** –continúa– **de la tarde,** y alude a **que** el Maljut **se fortifica bajo el brazo de Isaac, y ésta es la parte del Mundo Venidero. ¿De dónde** lo sabemos? **Por David, como está escrito** que le ruega al Maljut: **«Guíame por los caminos de justicia por Su Nombre»** (Salmos 23:3); **«y satisfará tu alma en regiones secas** *–tzajtzejot–»:* **éste** término hebreo alude a que **es el lente resplandeciente** que satisfará tu alma con su luz resplandeciente, **en el cual todas las almas al observar en su interior disfrutan y se deleitan; «y da vigor a tus huesos»** (Isaías, Ibíd.): **este versículo** que estamos analizando e intentando comprender, **he aquí que su comienzo no es como su final.** Porque **si el alma del justo disfruta de ese deleite de lo Alto, ¿qué es** y qué significa que **«da vigor a tus huesos»** en referencia al cuerpo? **Pero he aquí que ha sido explicado: esto se refiere a la Resurrección de los muertos, porque El Santo, Bendito Sea, en un futuro resucitará a los muertos y reparará los huesos del hombre para ser como al principio: un cuerpo entero. Y el alma recibirá un agregado de luz desde el**

interior del lente resplandeciente, para iluminar con el cuerpo para una existencia plena, como corresponde. Es decir, el versículo se refiere al cuerpo y al alma en conjunto.

Y debido a esto está escrito: «Tú serás como un jardín regado» (Ibíd.). **¿Qué significa «como un jardín regado»? Que sus aguas supremas,** las que recibe el Maljut denominado «jardín», **no se interrumpen jamás por toda la eternidad.** De igual modo: **y ese cuerpo** del justo **será humedecido** por la luz del alma que fue a su vez iluminada **por él,** el Malut, **e irrigado por él constantemente.**

(141b) «Como un surgente de agua» (Ibíd.): **se refiere al mismo río que fluye y sale del Edén, cuyas aguas nunca cesan** y jamás se interrumpen.

Ven y **observa: un pozo de agua fluyendo es un misterio supremo dentro del misterio de la fe y es un pozo que se colma de ese surgente de agua, y ellos son dos grados que son uno: masculino y femenino como uno, apropiadamente.**

Ven y **observa: ese surgente de agua y ese pozo son uno, y todo es llamado «pozo»,** *beer,* **porque he aquí que es la fuente que ingresa y nunca cesa y el pozo se colma. Y quien observa este pozo observa el misterio supremo de la fe. Ésta es la señal de los patriarcas que se esforzaron para cavar un pozo de agua dentro del misterio supremo. Y no se debe generar una separación entre la fuente** *–mekor–* **y el pozo** *–beer–,* **y todo es uno.**

Continúa el relato de la Torah: «Se trasladó de allí y cavó otro pozo; no disputaron por ese pozo, **y él lo llamó Rejovot,** y dijo: "Pues ahora El Eterno nos ha dado un lugar amplio *–hirjiv–* y podemos fructificar en la tierra"» (Génesis, Ibíd.).

Este texto **alude a que en un futuro sus descendientes trabajarían y prepararían este pozo, tal como corresponde, de acuerdo con el misterio de los sacrificios y las ofrendas. De manera similar** se alude en el versículo: **«Y lo colocó en el Jardín del Edén para trabajarlo y preservarlo»** (Génesis 2:15): **esto** a través de **sacrificios y ofrendas. Y debido a esto se expandieron sus manantiales hacia todas las direcciones, tal como está dicho: «Tus manantiales**

se desbordarán hacia afuera, arroyos de agua en los lugares amplios *–rejovot–*» (Proverbios 5:16). **Por lo tanto** se enseña: **«y él lo llamó Rejovot».**

Rabí Shimón abrió su enseñanza **y dijo: «Las sabidurías** *–jojmot–* de la Torah **claman afuera,** en las Casas de Estudio; **en los lugares amplios,** es decir, allí donde se la difunde, **ella levanta su voz»** (Proverbios 1:20). **Este versículo es un misterio supremo. ¿Qué es** y qué significa ***jojmot?*** **Éstas son la Sabiduría suprema y la Sabiduría menor comprendida en la** Sabiduría **suprema y que mora en ella.**

El versículo continúa: **«claman afuera»: ven** y **observa: la Sabiduría suprema es la oculta de todo lo oculto y no es conocida y no se encuentra revelada, tal como está dicho: «Ningún humano conoce su valor»** (Job 28:13). **Y cuando se expande para iluminar, ilumina de acuerdo con el misterio del Mundo Venidero, y el Mundo Venidero fue creado a partir de ella, tal como hemos aprendido: «El Mundo Venidero fue creado a partir de la letra Iud». Y esta Sabiduría se ocultó allí,** en el grado espiritual denominado Ima, **y ellos son uno. Cuando todo está dispuesto según el misterio del Mundo Venidero, como hemos dicho, entonces hay alegría para irradiar,** ya que el grado de Ima se une con el grado de Aba, **y todo en silencio, para que no se escuche afuera jamás.**

Resulta importante aclarar que una alusión a la afirmación de los sabios de que «el Mundo Venidero fue creado a partir de la letra Iud», la encontramos en las mismas leyes lingüísticas del idioma hebreo. ¿De qué modo? Siempre que se quiere transformar un verbo de tiempo pasado o presente a futuro, se le agrega al inicio de la palabra la letra Iud. Es decir, la letra Iud se refiere al futuro y, por consiguiente, al Mundo Venidero.

Además, busca expandirse más, y emana de ese sitio fuego, agua y aire, como ha sido dicho, y cada uno se convierte en una sola voz compuesta de fuego, agua y aire, **emana hacia afuera y es oída, como ha sido dicho. Entonces desde allí en adelante** se con-

141b

sidera que se encuentra **afuera, porque adentro está en silencio, y jamás se escucha. Y ahora que el misterio es oído, es denominado «afuera». De aquí** en adelante, del Zeir Anpín hacia abajo, **debe requerir la persona rectificarse en su servicio** espiritual **e inquirir** ya que la Biná *–Mi–* es asociada con la pregunta sin respuesta, tal cual lo explicado al comienzo de El Zohar.

El versículo de Proverbios continúa: **«en los lugares amplios** *–rejovot–*». **¿Quién es Rejovot? Es ese firmamento en el cual se encuentran todas las estrellas que iluminan, y es un manantial cuyas aguas nunca cesan, como está dicho: «Un río sale desde Edén para regar el jardín»** (Génesis 2:10). **Ese es Rejovot. Y allí da su voz, superior e inferior, y todo es uno.**

Y debido a esto dijo Salomón: «Prepara tu trabajo afuera, déjalo listo para ti en el campo...» (Proverbios 24:27). **«Prepara afuera», tal como ha sido dicho, como está escrito: «claman afuera», ya que desde aquí se prepara el trabajo de rectificarse, y la palabra es susceptible de cuestionamiento** y respuesta, **como está escrito: «Pues inquirid ahora acerca de los días primeros** que os precedieron, desde el día en que Dios creó al hombre sobre la Tierra **y desde un confín de los Cielos hasta el otro confín de los Cielos:** ¿ha habido alguna vez algo parecido a esta gran cosa o se ha oído alguna vez algo parecido?» (Deuteronomio 4:32).

«Déjalo listo para ti en el campo»: éste es «un campo que fue bendecido por El Eterno» (Génesis 27:27), en referencia al Maljut.

Y una vez que la persona conoce el misterio de la Sabiduría y se rectifica a sí misma a través de ella, ¿qué está escrito? «Después construye tu casa» (Proverbios, Ibíd.): **ésta es el alma del hombre en su cuerpo, que se rectifica y se convierte en un hombre íntegro.**

Entonces cuando Isaac cavó e hizo un pozo en paz, ya que sobre este pozo no hubo disputa alguna, **a esa paz llamó Rejovot, todo apropiadamente** y con un profundo sentido. **Felices son los justos cuyas acciones ante El Santo, Bendito Sea, son para mantener el mundo,** es decir, lograr la unificación de Zein Anpín con el Maljut, **como está escrito: «Porque los rectos resistirán sobre la**

Tierra» (Proverbios 2:21): **provocarán que la Tierra resista, como ha sido establecido.**

La Torah continúa su relato: **«Y sucedió que cuando Itzjak (Isaac) envejeció** y se le nublaron los ojos, que llamó a Esav (Esaú), su hijo mayor, y le dijo: «Hijo mío». Y él le dijo: «Heme aquí». Y le dijo: «Verás que he envejecido; no sé cuál es el día de mi muerte. Ahora, por favor, afila tus armas, tu espada y tu arco, y sal al campo a cazarme una presa. Luego, prepárame manjares como a mí me gustan y tráemelos y comeré, para que mi alma pueda bendecirte antes de que muera» (Génesis 27:1–4).

Rabí Shimón dijo al respecto: **está escrito: «Dios llamó a la luz "Día" y a la oscuridad la llamó "Noche"»** (Génesis 1:5). **Este versículo ha sido establecido y dicho, pero ven** y **observa: todas las acciones de El Santo, Bendito Sea, todas son cosas verdaderas, y todo es según el misterio supremo. Y todas las palabras de las palabras de la Torah, todas son palabras de fe, según los misterios supremos, apropiadamente.**

Y ven y **observa: Isaac no tuvo el mérito de Abraham, cuyos ojos no estaban cegados ni oscurecidos. Pero aquí hay un misterio supremo: el misterio de la fe, como hemos dicho, porque está escrito: «Dios llamó a la luz "Día"»...** (Génesis 1:5), lo cual **se refiere a Abraham que es la luz del día, y su luz marchó e iluminó y se fortificó con el establecimiento (142a) del día. Y debido a esto, ¿qué está escrito? «Abraham era anciano, bien entrado en días** *–ba baiamim–*, y El Eterno lo había bendecido en todo» (Génesis 24:1): **con esas luces que iluminaban. Y él era anciano: entonces marchó e iluminó, como está dicho: «marcha e ilumina hasta el completo día»** (Proverbios 4:18). **Y debido a esto** está escrito: **«Dios llamó a la luz "Día"...»**

«Y a la oscuridad la llamó "Noche"»: se refiere a Isaac, quien es oscuridad, debido a su esencia de Gevurá, **y ella marchó a recibir la noche,** el Maljut, **en su interior. Y debido a esto, mientras él envejecía, ¿qué está escrito? «Y sucedió que cuando Itzjak (Isaac) envejeció y se le nublaron los ojos», así es, ciertamente. Pues él**

142a
requería oscurecerse y apegarse a su grado espiritual, **apropiadamente.**

Vino Rabí Elazar, su hijo, y besó sus manos. Le dijo: «bien, Abraham ilumina desde el flanco de su grado; Isaac se oscurece desde el flanco de su grado. Pero **Jacob ¿por qué está escrito: «Los ojos de Israel estaban ahora pesados por la vejez...?»** (Génesis 48:10)? **Le dijo** a modo de respuesta: **así es, ciertamente: «pesados» está escrito,** lo cual implica que incluían también luz y también oscuridad, **y no «se oscurecieron»** como en el caso de Itzjak. Y el texto bíblico lo demuestra, ya que Itzjak no lograba distinguir entre sus hijos, Jacob y Esaú, mientras que no fue éste el caso de Jacob. Más aún: **«por la vejez» está escrito,** en referencia a «la vejez de Itzjak» **y no «por su vejez»: por la vejez de Isaac, desde ese flanco se volvieron pesados.**

El versículo enseña: **«Él no podía ver»** (Ídem): **no podía observar correctamente, pero** sus ojos **no se oscurecieron; mientras que los de Isaac ciertamente se oscurecieron, totalmente, y se hizo oscuridad, pues entonces se aferró a él la noche,** el Maljut, **y se cumplió** la parte del versículo que dicta: **«Y a la oscuridad la llamó "Noche"».**

El relato continúa: **«Llamó a Esav (Esaú), su hijo mayor»:** (Ibíd. 27:1): y lo llama de este modo, «mayor», **porque fue incluido del lado del Juicio severo. Y le dijo: «Verás que he envejecido; no sé cuál es el día de mi muerte».**

Rabí Elazar abrió su enseñanza **y dijo** citando un versículo: **«Feliz es el hombre cuya fortaleza está en Ti,** senderos en su corazón» (Salmos 84:6). Significa: **feliz es el hombre que se fortifica en El Santo, Bendito Sea, y pone** y deposita **su confianza en Él.** Mas **¿acaso** puede alcanzar el nivel de confianza *–bitajón–* **como Jananiá, Mishael y Azariá, quienes se fortificaron y dijeron: ¡he aquí, hay un Dios, que es nuestro Dios, al que nosotros servimos, que Él puede salvarnos del horno de fuego hirviente, y de tu mano, rey, salvará!** (Daniel 3:17)? **Ven** y **observa: que si El Santo, Bendito Sea, no los hubiera salvado y no les hubiera otorgado existencia, entonces el Nombre del Santo, Bendito Sea, no hubiera sido**

santificado a los ojos de todos, tal como dijeron y enseñaron. **Más bien, debido a que supieron que no habían hablado correctamente, volvieron y dijeron: «Y si no, sepas, rey...» –si nos salva o si no nos salva** Dios– **sepas, rey,** que no serviremos a tus dioses, ni tampoco adoraremos la estatua que has levantado» (Ibíd., 18).

Y aprendimos que una cosa les hizo saber Ezequiel, y que escucharon y aceptaron de él: que El Santo, Bendito Sea, no permanecería junto a ellos para que ellos recibieran recompensa. Es decir, El Eterno le dijo al profeta que si ellos confiaban por completo y se entregaban por completo, entonces los salvaría, pero no en el caso que se arriesgaran confiando en que Él los salvaría milagrosamente ya que está prohibido confiar en milagros. **Y entonces volvieron y dijeron: «el rey ha de saber** que no serviremos a tu dios».

Sino que una persona no debe fortificarse y decir: «El Santo, Bendito Sea, me salvará,» o «Él hará esto por mí.» Más bien, debe depositar su confianza en El Santo, Bendito Sea, que lo ayudará cuando él además **se esfuerza en los preceptos de la Torah y en marchar por un camino de verdad. Porque cuando una persona viene a purificarse** y ésta es su intención, **lo ayudan** desde lo Alto, **ciertamente. Y en esto** y de este modo **ha de fortificarse** apoyándose **en El Santo, Bendito Sea, para que Él pueda ayudarlo a él: fortificarse en Él y no depositar su confianza en otro. Y debido a esto** está escrito: **«cuya fortaleza está en Ti».**

El versículo antes citado también enseña: **«senderos en su corazón»,** es decir, **que refine** y purifique **los pensamientos de su corazón sin otro pensamiento** extraño, **sino que sea como un sendero rectificado, dispuesto a pasar por todo lugar que sea necesario. Así también aquí** en lo referente a su confianza exclusiva en El Eterno.

Otra cosa y una nueva enseñanza: **«Feliz es aquel cuya fortaleza está en Ti».** Y la palabra **fortaleza** debe entenderse **como está dicho: «El Eterno le da fortaleza a Su pueblo»** (Salmos 29:11), **porque la persona debe ocuparse de** el estudio de **la Torah por el Nombre de El Santo, Bendito Sea, ya que todo el que se ocupa de la Torah pero no en el Nombre de ella,** de la Torah, **¡mejor para él si no hubiera sido creado!**

142a - 142b

Y acerca de la segunda parte del versículo se enseña: **«senderos –** *mesilot–* **en su corazón». ¿Qué significa** *mesilot?* **Como está dicho: «Exaltad** *–solu–* **a Aquel que viaja sobre las nubes, en su Nombre Dios...»** (Ibíd. 68:5): **ésta es la Torah en la cual se ocupa** la persona **para elevar a El Santo, Bendito Sea, haciéndolo alabado** por los hombres **en el mundo** entero.

Ven y **observa: Jacob, todas sus acciones fueron en el Nombre de El Santo, Bendito Sea, y debido a esto El Santo, Bendito Sea, estaba junto a él constantemente, pues la Shejiná no se apartó de él. Pues he aquí que cuando Isaac llamó a Esaú, su hijo, Jacob no estaba allí pero la Shejiná se lo informó a Rebeca, y Rebeca se lo informó a Jacob.**

Rabí Iosei dijo y enseñó: **ven** y **observa: si, Dios no lo permita, en esa ocasión Esaú hubiese sido bendecido, Jacob nunca hubiese podido ejercer dominio; pero surgió de El Santo, Bendito Sea, y todo ocupó su lugar, de modo apropiado.**

Ven y **observa: está escrito: «Rebeca amaba a Jacob»** (Génesis 25:28), **lo cual ya ha sido dicho** y enseñado. **Y debido a esto lo envió para** el bien de **Jacob:** «Rivka (Rebeca) le habló a su hijo Iaacov (Jacob), diciendo: **«He aquí que oí que tu padre le hablaba a tu hermano Esav (Esaú) y le dijo:** «Tráeme una presa y prepárame manjares para que coma, y yo te bendeciré en la presencia de El Eterno antes de morir». **Ahora, hijo mío, escucha mi voz,** lo que te he de ordenar»... (Ibíd. 27:6–8). **Y ese momento se trataba de la víspera de** la festividad de **Pesaj, cuando el Mal Instinto debe ser eliminado,** el cual está asociado con el *jametz,* **y se debe hacer que la Luna,** la Shejiná, **ejerza dominio, que es el misterio de la (142b) fe; y por ello** Rivka **preparó dos platos:** uno como ofrenda de Pesaj, para eliminar a Samael del mundo, y el otro para regocijarse con la Shejiná, a la cual alude la Luna.

Rabí Iehuda dijo: aquí hay una alusión de que en un futuro los descendientes de Jacob ofrecerían dos machos cabríos: uno para El Eterno y uno para Azazel, durante el Iom Hakipurim, el Día del Perdón, **y debido a esto ofreció dos cabras: una para el grado** espiritual **supremo y una para someter al grado** espiritual **de Esaú, para que él ejerciese dominio sobre Jacob. Y por ello** está escrito: **«dos cabritos»** (Ibíd., 9), **y de ambos probó Itzjak y comió.**

El relato de la Torah continúa: «Entonces le sirvió y él comió, **y trajo a él vino y bebió»** (Ibíd. 25): **«y trajo a él vino»** significa que **le dio a entender a través de una alusión** que **desde un lugar distante lo trajo a él,** a su padre Jacob, desde el sitio del duro rigor al que lo llevó Esaú cuando lo engañó haciéndole creer que era un hijo ejemplar: **desde ese lugar** propio **de Esaú,** la Gevurá.

Rabí Elazar dijo acerca de lo escrito que le trajo vino para beber, que se trata de **una alusión a ese vino en el cual toda alegría se encuentra, para alegrar a Isaac quien necesitaba de la alegría** para bendecir a Jacob, **como se requiere de la alegría para alegrar el flanco de** la Gevurá de **los Levitas. Y por esto** está escrito: **«y trajo a él vino y bebió».** Es decir, el vino era para alegrar y mitigar el aspecto del Rigor de Itzjak, el mismo lado en el cual se encuentran los Levitas, razón por la cual ellos eran los encargados del cántico que generaba alegría en el Templo.

El relato de la Torah prosigue: **«Rivka (Rebeca) tomó ropa** limpia **de su hijo mayor Esav (Esaú)** que tenía en la casa, y vistió a Iaacov (Jacob), su hijo menor» (Ibíd., 15). **Éstas son las prendas que Esaú ganó de Nimrod, y son prendas honorables que pertenecían al Primer Hombre,** Adán, las cuales habían sito hechas por El Eterno, luego traspasadas a Noé, hasta llegar a manos de Nimbrod. **Y,** tal como lo enseña el Midrash, finalmente **llegaron a manos de Nimrod; y con ellas cazaba presas Nimbrod,** pues ellas tenían el poder de atraer a los animales, **como está escrito: «Él era un valiente cazador delante de El Eterno»** (Génesis 10:9). **Y Esaú salió al campo e hizo la guerra en contra de Nimrod, lo mató, y tomó esas prendas de él, como está escrito: «Esaú llegó del campo y estaba cansado»** (Ibíd. 25:29), **y** esto **ya ha sido explicado.** (Tratado de Bava Batra 16b). ¿Y cómo se aprende que estaba cansado de asesinar? **Aquí,** en el presente versículo **está escrito: «y estaba cansado», y**

142b

allí, en otro versículo **está escrito: «porque mi alma está cansada ante los asesinos»** (Jeremías 4:31).

Y Esaú guardó esas prendas con Rebeca, y con ellas salía cada día **a cazar presas. Y ese día no las tomó, y salió al campo y se demoró allí. Y cuando Esaú las vestía, no emanaban ninguna fragancia, pero cuando Jacob las vistió, entonces lo perdido** de las mismas **retornó a su lugar y** nuevamente **emanó fragancia. Porque la belleza de Jacob era como la belleza de Adán,** porque, tal como lo enseñan los sabios cabalistas, Jacob era la reencarnación de Adán, **y por eso en ese momento volvieron a su lugar** natural, a su ámbito primario, **y emanaron fragancias.**

Rabí Iosei dijo y preguntó al respecto: **¿la belleza de Jacob es como la belleza de Adán? ¡Cómo es posible! ¡Pero he aquí que aprendimos que el saliente del talón de Adán eclipsaba el globo del Sol! Y si dices que así era con Jacob,** que también lo eclipsaba, esto no ha sido enseñado en ningún lugar.

Rabí Elazar le dijo: «¡obviamente que así era al principio! Antes de que Adán pecara, no podía ninguna criatura ni siquiera **mirar su belleza.** Pero **una vez que él pecó, su belleza se modificó, su altura disminuyó, y se hizo** nada más que **de cien codos** de alto.

Ven y **observa: la belleza del Primer Hombre es un** verdadero **misterio, porque la fe suprema depende de esa belleza. Por lo tanto** encontramos que está escrito: **«Que el encanto de El Señor, nuestro Dios, esté sobre nosotros»** (Salmos 90:17), **y** también **está escrito: «para mirar el encanto de El Eterno»** (Salmos 27:4). **¡Y ésta es ciertamente la belleza de Jacob, y todo es un misterio supremo!**

El relato bíblico prosigue: «Y su padre Itzjak (Isaac) le dijo: "Acércate, por favor, y bésame, hijo mío". Él se acercó y lo besó; **olió el aroma de su ropa y lo bendijo.** Dijo: «Mira, el aroma de mi hijo es como el aroma de un campo bendecido por El Eterno». (Génesis 27:27). **Ven** y **observa: no está escrito: «olió el aroma de la ropa»** de Jacob, como si fuese realmente suya, **sino «el aroma de su ropa»,** en alusión a la ropa de El Eterno, es decir: «el aroma de Su ropa»,

como está dicho acerca del Creador: **«Se envuelve en luz como una prenda, extiende los Cielos como una cortina»** (Salmos 104:2).

Otra cosa y una nueva enseñanza: Itzjak **«olió el aroma de su ropa y lo bendijo» porque debido a que las vistió Jacob** en esa oportunidad **ellas** sí **emanaron fragancia en ese momento, y hasta que no olió el aroma de la ropa no lo bendijo, pues entonces supo que era digno de ser bendecido. Porque si no era digno de ser bendecido, no se hubieran elevado** y emanado **esos aromas sagrados con él. Esto es lo escrito: «olió el aroma de su ropa y lo bendijo».**

La Torah nos cuenta: «Él se acercó y lo besó; olió el aroma de su ropa y lo bendijo. **Dijo: "Mira, el aroma de mi hijo es como el aroma de un campo bendecido por El Eterno"»** (Génesis, Ibíd.). La expresión **«Dijo» es algo cerrada** y no indica quién fue el que dijo: **algunos dicen** que **era la Shejiná** que se lo dijo a Itzjak; **y algunos dicen** que **fue Itzjak** que se lo dijo a El Eterno.

Se agrega acerca del mismo versículo: Dijo: «Mira, el aroma de mi hijo es **como el aroma de un campo bendecido por El Eterno»** (Génesis, Ibíd.). **¿Qué campo? Un campo de manzanos,** en alusión a la Shejiná, **un campo al que los patriarcas supremos sostienen y rectifican** a través de sus actos sagrados.

El relato continúa: **«Y que Dios te dé del rocío de los Cielos y de la selecto de la Tierra, y granos y vino en abundancia»** (Ibíd., 28). **Dijo Rabí Aba: este versículo fue explicado, pero ven** y **observa** el siguiente salmo: **«Canto de las ascensiones: en mi angustia llamé a El Eterno, y Él me respondió»** (Salmos 120:1). **¡Cuántas canciones y alabanzas pronunció el Rey David ante El Santo, Bendito Sea, y todo para rectificar su grado** espiritual **y hacerle** al Maljut **un nombre,** pues el Maljut es denominado «nombre», **como está dicho** y aludido: **«David hizo un nombre»** (2 Samuel 8:13). **Y este cántico pronunció** David **cuando vio este acto de Jacob,** es decir, cuando meditó y reflexionó acerca de la angustia de Jacob al entrar ante su padre a recibir las bendiciones.

142b - 143a

Rabí Elazar dijo: Jacob pronunció este cántico cuando su padre le dijo: «Acércate por favor, para que pueda palparte, hijo mío; ¿acaso eres mi hijo Esav (Esaú), o no?» (Génesis, Ibíd., 21). **Entonces (143a) Jacob se encontraba en una** situación de **gran angustia, pues temía que su padre lo reconociera y lo descubriera. ¿Qué está escrito?** «Iaacov (Jacob) se acercó a su padre Itzjak (Isaac), quien lo palpó y dijo: «La voz es la voz de Iaacov (Jacob), pero las manos son las manos de Esav (Esaú)». **Mas no lo reconoció, pues sus manos eran tan velludas como las manos de su hermano Esav (Esaú); y lo bendijo»** (Ibíd., 22–23). **Entonces** Jacob **dijo: «En mi angustia llamé a El Eterno, y Él me respondió».**

Acerca del versículo: **«El Eterno, salva mi alma de labios mentirosos, de lengua falsa»** (Salmos, Ibíd.) se enseña que **es el grado** espiritual **en el cual Esaú se encuentra, que es el** grado **de «labios mentirosos».** Ahora bien, la expresión **«labios mentirosos»,** ¿a qué hace referencia esto? **Al momento en que esa serpiente trajo maldiciones al mundo** a través de la mentira y el engaño, **y con astucia y con tortuosidad acarreó maldiciones para que el mundo fuera maldecido.**

Ven y **observa: en el momento en que Isaac le dijo a Esaú:** «Ahora, por favor, afila tus armas, tu espada y tu arco, **y sal al campo a cazarme una presa** *–tzaidh–*» (Génesis, Ibíd., 3), se utiliza la palabra «*tzaidh*» al final **con una Hei, y ya lo han explicado** que la intención de su padre era que Esaú, tal como él lo afirmaba, fuese al campo de El Eterno, el cual es aludido por la letra Hei. **Y Esaú salió para recibir la bendición de Isaac, porque le dijo: «Y te bendeciré delante de El Eterno»** (Ibíd., 7). **Pues si hubiese dicho «te bendeciré» y no más, estaba bien. Pero como dijo «delante de El Eterno», en ese momento tembló el Trono de Gloria de El Santo, Bendito Sea. Dijo: «¿y que?** ¿acaso es esto posible? Una vez que sea bendecido Esaú **la serpiente escapará de sus maldiciones y quedará con ellas Jacob** y quedará maldito para siempre. **En ese momento se presentó** el ángel **Mijael y apareció ante Jacob, y la Shejiná se encontraba con él. E Isaac supo** que el ángel Mijael había ingresado con Jacob

–si bien él pensaba que se trataba de su hijo Esaú, **y vio al Jardín del Edén con Jacob y lo bendijo ante Su presencia. Y cuando Esaú entró, el Infierno entró con él,** es decir, Lilit, **y entonces,** acerca de su padre, al reconocer su verdadera identidad, está escrito: **«Entonces Itzjak (Isaac) fue presa de un gran temblor, muy fuerte...»,** (Ibíd., 33), **pues hasta ahora pensaba que Esaú no se encontraba de ese lado,** del Otro Lado, y ahora comprendió que su hijo Esaú se hallaba inmerso en el Mal y que había logrado engañarlo. **Abrió y dijo:** «¿Quién, dónde está el que cazó una presa, me la trajo y yo la comí cuando tú aún no habías venido, **y lo bendije? Él también será bendito»** Es decir, esta última afirmación: «también será bendito», demuestra el cambio de opinión de Itzjak y su intención y su acuerdo de que ahora Jacob sea bendecido.

Por lo tanto, Jacob se presentó con astucia y de modo tortuoso, y tal comportamiento **trajo** finalmente **bendiciones sobre Jacob,** es decir, sobre sí mismo, **quien era como el Primer Hombre, y fueron tomadas** las bendiciones **de esa serpiente que es** la denominada **«labios mentirosos», que muchas mentiras dijo, y muchos actos falsos hizo, para confundir y traer maldiciones al mundo. Debido a esto vino Jacob** y actuó **astutamente, y confundió a su padre para traer bendiciones al mundo y tomar de ella,** de la serpiente, **aquello que impidió** en un principio **del mundo.** Es decir, la serpiente impidió que las bendiciones llegaran al mundo y ahora Jacob impidió que éstas permanecieran en su poder. **Y este** castigo **fue** considerado **medida por medida** y demuestra una correspondencia estricta entre el castigo y la transgresión.

Y sobre esto está escrito: «Él amaba la maldición y vino sobre él. Él no quería la bendición, y se alejó de él» (Salmos 109:17). Y **sobre ella,** la serpiente, **está escrito:** «Y El Eterno Dios le dijo a la serpiente: «Por haber hecho esto, **maldita serás entre todo animal y todo animal salvaje;** sobre tu vientre irás, y polvo comerás todos los días de tu vida». (Génesis 3:14), **y permanece en él** la maldición **generación tras generación, mientras que Jacob vino y tomó de él las bendiciones. Y desde los días de Adán, Jacob estaba desti-**

143a
nado a tomar todas esas bendiciones de esa serpiente, y permaneció ella en el marco de **las maldiciones y no logró salir de las mismas.**

Y David dijo a través del Espíritu Sagrado: «¿Qué te puede dar, que te añadirá la lengua engañosa? Es como las afiladas flechas del valiente...» (Salmos 120:3–4). Significa: **¿qué le importa a esa mala serpiente que trae maldiciones sobre el mundo** y qué placer obtiene de todo esto? **Como han dicho** y enseñado: **'Una serpiente muerde y mata, y no siente satisfacción de el** afectado.' (Tratado de Taanit 8a).

Y además está dicho **«lengua engañosa» porque ella,** la serpiente, **engañó a Adán y a su esposa, trayendo el mal sobre el** hombre **y sobre el mundo entero.** Y **más tarde vino Jacob y tomó de él todas esas bendiciones.**

«Las afiladas flechas del valiente» (Ibíd., 4): **se refiere a Esaú, quien guardó** rencorosamente **el odio a Jacob a causa de esas bendiciones, como está dicho: «Esav (Esaú) odió a Iaacov (Jacob) a causa de la bendición** con que lo había favorecido su padre; y Esav (Esaú) pensó para sí mismo: «Cuando se acerquen los días de luto por mi padre, entonces mataré a mi hermano Iaacov (Jacob)» (Génesis 27:41).

Se retorna a la bendición: **«Y que Dios te dé del rocío de los Cielos y de lo selecto de la Tierra,** y granos y vino en abundancia»: **he aquí de lo Alto y de lo bajo, en una única unión.** Es decir, cuando lo masculino inferior –Cielos– y lo femenino inferior –tierra– se unen, de esta unión surgen la abundancia y la bendición para el mundo.

Se comenta acerca de la segunda parte del versículo: **«y granos y vino en abundancia»: esto ha sido explicado, pero** ahora lo dilucidaremos tal **como está escrito** en otro versículo bíblico: **«nunca he visto un justo abandonado o su descendencia mendigando pan»** (Salmos 37:25). **Ven** y **observa: «He sido joven»...** (Ibíd.), **y esto** ya **fue explicado** (Tratado de Ievamot 16b) y **este versículo fue dicho por el Ministro del Mundo,** Metatrón, **y por lo tanto lo dijo** Itzjak a Jacob de acuerdo con el misterio de: **«y granos y vino en abundancia».**

Ahora bien, la bendición de que **«los pueblos te servirán»** (Génesis, Ibíd. 29) se cumplió **cuando** el rey **Salomón reinó en Jerusalén, como está escrito: «Todos los reyes de la Tierra... trajeron cada uno sus regalos** (2 Crónicas 9:23–24).

«Y los gobiernos se postrarán ante ti» (Ibíd.): se cumplirá **cuando venga el Rey Mesías, como está escrito: «Todos los reyes se inclinarán ante él...»** (Salmos 72:11).

Rabí Iehuda, por su parte, **dijo: todo** esto se refiere a **cuando llegue el Rey Mesías,** es decir, todas las bendiciones se cumplirán en este momento, **como está escrito: «Todos los reyes se inclinarán ante él, todas las naciones le servirán a él»** (Ibíd.).

«Sé *–hevé–* **amo de tus hermanos»** (Ibíd.). ¿Por qué dijo y utilizó la forma verbal ***«hevé»*** **y no dijo *«heié»* o *«tihiié»*? Porque es un misterio supremo de la fe, pues estas letras son el misterio de la fe: Hei arriba,** es decir, al comienzo de la palabra, **Vav en el medio, Hei después. Y debido a esto dijo: «Sé amo de tus hermanos»: ejerciendo tu dominio sobre ellos y sometiéndolos a ellos,** a las naciones, lo cual sucedió **cuando llegó el Rey David** quien se vio obligado a entablar guerras, cosa que no sucedió en los días del Rey Salomón ya que las naciones se aproximaban a servirlo por su propia voluntad.

Rabí Iosei dijo: todo es y se cumplirá **cuando llegue el Rey Mesías, porque como** los miembros de **Israel transgredieron las palabras de la Torah, entonces:** «Por tu espada vivirás, mas a tu hermano servirás; sin embargo, cuando estés apesadumbrado **podrás librarte del yugo que ciñe tu cuello»** (Génesis, Ibíd. 40).

«Y que Dios te dé del rocío de los Cielos y de lo selecto de la Tierra, y granos y vino en abundancia» (Ibíd., 28). **Rabí Iosei dijo** al respecto y basándose en la expresión «te dé»: **todas estas (143b) bendiciones fueron del flanco de la porción de Jacob, y de lo suyo tomó. Y con estas bendiciones Isaac quería bendecir a Esaú, y debido a esto El Santo, Bendito Sea, hizo y provocó que Jacob tomara lo que era suyo** debido a que El Eterno le reveló el secreto a Rivka y ayudó para que Jacob recibiera las bendiciones.

143b

Ven y **observa: cuando esa serpiente trajo maldiciones sobre el mundo y la Tierra fue maldita, ¿qué está escrito? «Al hombre le dijo: «Por haber hecho caso a la voz de tu esposa** y haber comido del árbol acerca del cual te ordené, diciendo: "De él no comerás", **maldita es la Tierra por tu culpa;** con dolor comerás de ella todos los días de tu vida» (Génesis 3:17), significa: **que no dará frutas y vegetales apropiadamente, y en correspondencia con esto** fue dicho más tarde: **«y de la grasa de la Tierra»** (Ibíd. 27:28).

«Con dolor comerás de ella» (Génesis 3, Ibíd.), **y en correspondencia con esto: «del rocío de los Cielos»** (Ibíd. 27:28).

«Ella producirá espinos y abrojos para ti» (Ibíd. 3:18), **y en correspondencia con esto: «abundancia de granos y vino nuevo»** (Ibíd. 27:28).

«Con el sudor de tu frente comerás el pan» (Ibíd. 3:19) **y en correspondencia con esto: «los pueblos te servirán, y los gobiernos se postrarán ante ti»,** (Ibíd. 27:29) **que ellos trabajarán la tierra y cultivarán el campo, como está dicho: «Extranjeros serán tus aradores y trabajadores de los viñedos»** (Isaías 61:5).

Y todo finalmente **tomó Jacob, esto en correspondencia con esto, y de lo propio tomo. Y El Santo, Bendito Sea, le provocó a Jacob que tomara estas bendiciones para apegarse a su porción y a su parte** de santidad, **y que Esaú se apegara a su porción y a su parte** maldita.

Rabí Jizkia dijo a modo de pregunta: **¡pero vemos que de lo selecto de la Tierra y del rocío de los Cielos,** finalmente **esas bendiciones las tomó más tarde Esaú, como está escrito: «He aquí que en lo selecto de la Tierra será tu residencia y del rocío de los Cielos de arriba»** (Génesis, Ibíd. 39)!

Rabí Shimón dijo a modo de respuesta: **«¡no es esto como aquello,** la bendición de Jacob como la bendición de Esaú, **y no es esto,** el modo en que bendijo su padre a Jacob **como aquello,** el modo como bendijo a Esaú! **¡Cuán diferentes son los grados** espirituales de cada uno de los hermanos! **De Jacob está escrito: «Que Dios te dé»,** es decir, a modo de regalo eterno, **y sobre éste está escrito: «será»,** de un modo mundano y natural, para la supervivencia del mundo. **De Jacob está escrito: «del rocío de los Cielos y de lo selecto de la Tierra», y sobre Esaú está escrito: «de lo selecto de la Tierra y del rocío de los Cielos».** Es decir, Jacob recibe primero de los Cielos y justo después de la Tierra, mientras que en el caso de Esaú sucede exactamente lo contrario. Es decir: **esto es diferente de aquello y sus grados** espirituales **se distinguen ampliamente. Porque sobre Jacob está escrito: «Que Dios te dé del rocío de los Cielos», lo cual se refiere al rocío supremo que proviene del Antiguo de Días** *–Atik–*, **denominado «rocío de los Cielos», de los Cielos supremos; un rocío que fluye del grado de los Cielos y de allí al campo de los manzanos sagrados,** el Maljut. **«Y de lo selecto de la Tierra»: se refiere a la Tierra suprema, la Tierra de la Vida. Y Jacob la heredó,** es decir, a las bendiciones a través del Maljut supremo, que es «lo selecto de la Tierra», la abundancia que recibió el Maljut desde lo Alto, **en la Tierra suprema y en los Cielos supremos. Mientras que con respecto a Esaú, en la Tierra de aquí abajo y en los Cielos de aquí abajo. Jacob, arriba,** muy **arriba; Esaú, abajo,** muy **abajo.**

Más aún: Jacob, arriba y abajo; Esaú, solamente **abajo. Y a pesar de que está escrito:** «Por tu espada vivirás, mas a tu hermano servirás; sin embargo, **cuando estés apesadumbrado** e Israel no cumpla con la Torah, **podrás librarte del yugo que ciñe tu cuello»** (Ibíd., 40) se refiere a que podrá liberarse **de éste de aquí abajo, pero del de arriba para nada, como está escrito: «Pues la porción de El Eterno es Su pueblo; Iaacov (Jacob) es la medida de Su herencia»** (Deuteronomio 32:9).

Ven y **observa: cuando Jacob y Esaú comenzaron a tomar sus bendiciones, Jacob tomó su porción de lo Alto, y Esaú tomó su porción de lo bajo.**

Rabí Iosei hijo de Rabí Shimón hijo de Lakunia le dijo a Rabí Elazar: ¿sabes algo que hayas escuchado **de tu padre,** Rabí Shimón, **de por qué las bendiciones que Isaac le otorgó a Jacob no se cumplieron mientras que esas bendiciones que otorgó Itzjak a Esaú se cumplieron todas?**

143b - 144a

Le dijo: «todas esas bendiciones se cumplieron y también **otras bendiciones con las que bendijo El Santo, Bendito Sea a Jacob, pero Jacob inmediatamente las tomó en lo Alto, y Esaú las tomó** precisamente **abajo. Más tarde, cuando se incorpore el Rey Mesías, Jacob tomará de Arriba y de abajo, mientras que Esaú quedará desprovisto de todo y no tendrá parte ni herencia ni memoria en el mundo, como está dicho: «La casa de Jacob será fuego, la casa de José llama y la casa de Esaú paja...»** (Abdías 1:18), **porque Esaú será desprovisto de todo y Jacob heredará dos mundos, éste mundo y el Mundo Venidero. Y sobre ese tiempo está escrito: «Los salvadores ascenderán al Monte Sión para juzgar al Monte de Esaú, y reino será de El Eterno»** (Ibíd., 21): **ese reino que Esaú tomó en este mundo será** entonces **sólo de El Santo, Bendito Sea.**

Y sobre esto se pregunta: **¿pero ahora no es el reino de El Santo, Bendito, Sea? Sino que a pesar de que El Santo, Bendito Sea, reina arriba y abajo, he aquí que le ha concedido al resto de las naciones, a cada una y una, una porción y una herencia en este mundo para utilizarlo. Pero en ese momento** futuro **tomará** nuevamente **de todas el reino, y será todo de Él, tal como está escrito: «El reino será de El Eterno»** (Zacarías 14:9), **de Él solamente.**

Se retorna al texto de la Torah: «Y cuando Itzjak (Isaac) hubo terminado de bendecir a Iaacov (Jacob) **y entonces Iaacov (Jacob) salir salió** de la presencia de Itzjak (Isaac), su padre, que Esav (Esaú) su hermano, llegó de regreso de la cacería» (Génesis 27:30). **Rabí Shimón dijo** e hizo hincapié en la doble expresión utilizada por el versículo: **«Y entonces Iaacov salir salió». Estas dos salidas, ¿por qué** aparecen escritas? **Sino (144a) que una es de la Shejiná y una de Jacob, porque he aquí que cuando Jacob entró, la Shejiná entró con él, y delante de la Shejiná fue bendecido, pues Isaac pronunciaba las bendiciones y Shejiná las aprobaba. Y cuando Jacob salió, la Shejiná salió con él, como está escrito: «Y entonces Iaacov salir salió»: dos salidas como una.**

144a

Se prosigue analizando la sección: «Y cuando Itzjak (Isaac) hubo terminado de bendecir a Iaacov (Jacob) y Iaacov (Jacob) apenas se había alejado de la presencia de Itzjak (Isaac), su padre, que **Esav (Esaú) su hermano, llegó de regreso de su cacería»** (Ibíd.). Y se debe prestar atención a que **no está escrito «de la cacería» sino «de su cacería», su propia caza, en la que no había bendición** alguna, **y El Espíritu Sagrado clamó y dijo: «No comas el pan de un mezquino...»** (Proverbios 23:6), tal como el de Esaú, quien pertenece al Otro Lado y su comida es maldita y carente de toda bendición.

El relato de la Torah continúa: **«Él también preparó manjares** y se los trajo a su padre; le dijo a su padre: **"Que mi padre se levante** y coma lo que cazó su hijo, para que tu alma me bendiga"» (Génesis, Ibíd. 31). **Su expresión fue dura y agresiva, expresión de mal gusto: «¡Que mi padre se levante!».** ¿Acaso de este modo imperativo correspondía hablar con su padre? **Ven** y **observa la diferencia entre Jacob y Esaú. Jacob lo dijo** a su pedido **avergonzado ante su padre, con humildad. ¿Qué está escrito? «Y él llegó ante su padre, y dijo: «Padre»,** y él dijo: «Heme aquí; ¿quién eres, hijo mío?» (Ibíd., 18). **¿Qué diferencia hay entre éste** modo **y éste** modo? **Sino que no quería asustarlo a él** y por eso hablo con **un lenguaje de ruego:** «Iaacov (Jacob) le dijo a su padre: «Soy yo, Esav (Esaú) tu primogénito; he hecho tal como me ordenaste; **por favor incorpórate, siéntate y come de lo que te he cazado,** para que tu alma me bendiga» (Ibíd., 19). **Mientras que,** por lo contrario, **Esaú dijo: ¡que mi padre se levante!, como quien no estuviera hablando con él** directamente.

Ven y **observa: cuando Esaú entró** y se presentó ante su padre, **el Infierno entró con él.** Por ello **Isaac tembló y temió, como está escrito: «Entonces Itzjak (Isaac) temió sumamente con un gran temor,** y dijo: "¿Quién, dónde está el que cazó una presa, me la trajo y yo la comí cuando tú aún no habías venido, y lo bendije? Él también será bendito"» (Ibíd., 33). Ahora bien: **ya que está escrito: «Entonces Itzjak temió con un gran temor»,** ya resulta **suficiente** para exteriorizar su sentimiento. Mas **¿qué significa** la expresión **«sumamen-**

144a

te»? Sino que no hubo temor y terror que cayeran sobre Itzjak más grande desde el día en que fue creado. E incluso en el momento en que él fue atado, Itzjak, por su padre Abraham **sobre el altar** con la intención de sacrificarlo, **y vio el cuchillo sobre él, no tembló como en ese momento en el que entró Esaú y él vio al Infierno que entraba con él. Entonces él dijo:** «¿Quién, dónde está el que cazó una presa, me la trajo y yo la comí **cuando tú aún no habías venido, y lo bendije? Él también será bendito»** (Ibíd.) **porque observé a la Shejiná que aprobaba esas bendiciones.**

Otra cosa y una nueva enseñanza: **Isaac dijo: «Y lo bendije».** Y entonces **salió una voz** celestial **y dijo: «¡El también será bendito!».** Entonces **quiso Itzjak maldecir a Jacob. Le dijo El Santo, Bendito Sea: Itzjak, a ti mismo te maldices, pues ya les has dicho: «Quien te maldiga será maldito y quien te bendita, será bendito».**

Ven y **observa: todos aprobaron esas bendiciones, los** entes **de arriba y los** entes **de abajo, e incluso él,** Samael, **que es la parte asignada de Esaú, estuvo de acuerdo con ellas y también lo bendijo, y aprobó esas bendiciones y lo elevó** al patriarca **hacia arriba, sobre su propia cabeza. ¿De dónde lo sabemos? Como está escrito:** «Entonces éste **dijo: «Déjame ir, pues ya ha amanecido». Y él,** Iaacov, **dijo: «No te enviaré a menos que me bendigas»** (Ibíd., 32:27). Es decir, vemos que está escrito **«déjame ir», porque Jacob lo aferraba.**

Ahora, **¿y cómo puede un hombre de carne y hueso aferrar a un ángel, quien es ciertamente un espíritu, tal como está escrito: «Él hace de Sus ángeles espíritus, sus sirvientes fuego ardiente»** (Salmos 104:4)? **Sino que de aquí** aprendemos **que cuando los ángeles, mensajeros de El Santo, Bendito Sea, descienden a este mundo, se materializan** al tomar contacto con el mundo físico **y asumen** la forma material **y se revisten con un cuerpo según el modelo de este mundo. Porque así es apropiado: no modificar la costumbre del lugar adonde uno va** sino adaptarse a ella y respetarla, **y he aquí que fue dicho que Moisés, cuando ascendió a lo alto** para recibir la Torah, es decir, a los Cielos, **¿qué está escri-**

to acerca del líder? **«Él estuvo allí con El Eterno, cuarenta días y cuarenta noches; él no comió pan ni bebió agua»** (Éxodo 34:28), **debido a la costumbre de no modificar** el comportamiento **del lugar adonde uno va** ya que los entes supremos ni comen ni beben. **Y esos ángeles, cuando descendieron a lo bajo, está escrito** acerca de ellos: **«Él estaba de pie al lado de ellos debajo del árbol, y ellos comieron»** (Génesis 18:8). **Y así también aquí: este ángel, cuando descendió a lo bajo, no luchó con Jacob sino estando revestido de un cuerpo según el modelo de este mundo. Y debido a esto Jacob luchó con él toda esa noche.**

Ven y **observa: debido a que su dominio,** el de los ángeles del Otro Lado, **no es sino durante la noche, ciertamente, y debido a esto el dominio de Esaú no es sino en el exilio, que es** comparado con **la noche. Y debido a esto durante la noche** el ángel **se fortaleció contra Jacob y peleó con él. Y cuando llegó la mañana, su fuerza se debilitó y no pudo** prevalecer; **y entonces,** por el contrario, **Jacob se fortificó, debido a que Jacob, su dominio es durante el día. Entonces, está escrito: «Duma me transportó, me llama desde Seir: Guardián, ¿qué de la oscuridad? Guardián, ¿qué de la noche?'»** (Isaías 21:11). El Eterno le dice al profeta, que es el guardián de Israel: qué será de la oscuridad del exilio, **porque entonces el dominio de las manos de Esaú, quien es Seir, es por la noche. Y debido a eso se debilitó cuando llegó la mañana, y entonces** está escrito: «Entonces éste **dijo: "Déjame ir, pues ya ha amanecido". Y él,** Iaacov, **dijo: "No te enviaré a menos que me hayas bendecido"».**

Ahora se analiza la expresión: **«...a menos que me hayas bendecido».** Sin embargo **«a menos (144b) que me bendigas» necesita decir,** en tiempo futuro. **¿Qué significa «a menos que me hayas bendecido»?** La explicación es la siguiente: **«a menos que apruebes esas bendiciones con las que** mi **padre me bendijo y no me acuses por ellas». ¿Qué está escrito? «Y le dijo** el ángel: «¿Cuál es tu nombre?» Él dijo: «Iaacov (Jacob)». Él dijo: **«Ya no se dirá que tu nombre es Iaacov (Jacob), sino Israel,** pues has luchado con Dios y con hombres, y has vencido» (Génesis 32:29). **¿Por qué** precisamente **Is-**

144b
rael? Le dijo: «contra nuestra voluntad debemos servirte, lo cual alude al nombre Israel, relacionado con *sar*, príncipe o ministro, lo que alude en este caso a un gran nivel espiritual, **porque tú te has coronado con tu poder, en lo Alto, con un grado supremo: «Israel será tu nombre» ciertamente.**

El texto de la Torah también explica el sentido del nombre: Él dijo: «Ya no se dirá que tu nombre es Iaacov (Jacob), sino Israel, **pues has luchado con Dios** y con hombres, y has vencido» (Ibíd. 32:29).

Ahora bien: **¿qué significa** luchar **«con Dios»? ¿Acaso supones que sobre sí mismo lo dijo?** De ser así, debería estar escrito «sobre Dios». Es decir, aquí el texto de El Zohar asocia a la palabra «Dios», también utilizada en hebreo con el sentido de poder o fuerza, con el ángel que enfrentó a Jacob. **Más bien, le dijo: «Tú has luchado** *–sarita–* **por juntarte y unirte con Dios,** en referencia a la Shejiná, de acuerdo **con** el misterio de **la unión y el vínculo de Sol y Luna». Y por lo tanto no está escrito: «sobre Dios», sino «con Dios»,** en referencia a la Shejiná, **en una única unión y vínculo.**

Otra cosa y una nueva enseñanza: **«Él dijo»** (Ibíd. 32:29), **como está dicho** a través de la Shejiná: **«El dijo: «Si obedeces diligentemente la voz de El Eterno, tu Dios,** y haces lo correcto a Sus ojos, prestando oído a Sus preceptos, y observando todos Sus decretos, entonces ninguna de las enfermedades que traje sobre Egipto las traeré sobre ti, pues Yo soy El Eterno, tu Curador» (Éxodo 15:26). **Aquí también** sobre la Shejiná está escrito: **«Él dijo: 'Tu nombre no será más Jacob, sino Israel.' Entonces Jacob se coronó con su grado, convirtiéndose en el central de los Patriarcas,** el que espiritualmente contiene a sus dos predecesores. Y al ver Samael que había alanzado tal grado, entonces **¿qué está escrito? «Él lo bendijo allí»** (Génesis, Ibíd., 30). **¿Qué significa «Él lo bendijo allí»? Que estuvo de acuerdo con todas las bendiciones con las que lo bendijo su padre.**

Rabí Shimón abrió su enseñanza **y dijo** citando un versículo: **«Cuando a El Eterno le complacen los modos de un hombre, también sus enemigos estarán en paz con él»** (Proverbios 16:7). **Ven**

y **observa: ¡cuánto debe un hombre rectificar su sendero en** los caminos de **El Santo, Bendito Sea, para cumplir los preceptos de la Torah! Porque han explicado que ciertamente dos ángeles mensajeros posee una persona enviados desde arriba para unirse a ella, uno a la derecha y uno a la izquierda, y ellos atestiguan acerca de la persona sobre todo lo que hace ya que ellos se encuentran allí, y nosotros los denominamos Buen Instinto y Mal Instinto.**

Si **viene una persona a purificarse y a esforzarse en los preceptos de la Torah, ese Buen Instinto que se apegó a ella, ya se fortifica contra el Mal Instinto, y** entonces el Mal Instinto **hace las paces con él,** con el Buen Instinto, **y se convierte en su sirviente. Pero cuando una persona va a impurificarse, ese Mal Instinto se fortifica y prevalece contra ese Buen Instinto, y he aquí que** todo ya **ha sido explicado. Ciertamente, cuando esa persona viene a purificarse, cuánto poder se fortifica en** el alma **de la persona cuando el Buen Instinto prevalece. Y cuando prevalece ese Buen Instinto, entonces «sus enemigos estarán en paz con él»** (Proverbios 16:7), **porque ese Mal Instinto se somete delante del Buen Instinto, y sobre esto dijo Salomón:** «Mejor es el que minimiza su honor en honor del Creador, **pues** entonces, **tiene un sirviente** (Ibíd. 12:9). **¿Qué significa «pues tiene un sirviente»? Es el Mal Instinto, y entonces cuando una persona marcha por los** caminos del cumplimiento de los **preceptos de la Torah, entonces «también sus enemigos estarán en paz con ella»: se refiere al Mal Instinto y todo el que proviene de su lado,** es decir, sus huestes malignas, ya que el versículo se refiere literalmente a «sus enemigos» en plural.

Ven y **observa: debido a que Jacob confió en El Santo, Bendito Sea, y todos sus modos** y sus actos **eran en Su Nombre, por ello «también sus enemigos estarán en paz con él». Y ese es Samael, el poder y la fortaleza de Esaú, quien hizo las paces con Jacob. Y como** Samael **hizo las paces con Jacob, y estuvo de acuerdo con esas bendiciones,** entonces **Esaú hizo las paces con él; y hasta que Jacob no hizo las paces con ese encargado designado sobre él,** su hermano Esaú, en lo Alto, en los mundos inferiores **Esaú no hizo las paces con él. Debido a esto, en todos lados** y siempre, **el poder**

144b

inferior depende del poder superior. Significa: la realidad inferior depende de sus raíces espirituales.

Continúa el relato de la Torah: **«Entonces Itzjak (Isaac) se sorprendió, sumamente perplejo, y dijo: "¿Quién, dónde** *–efo–* está el que cazó una presa, me la trajo y yo la comí cuando tú aún no habías venido, y lo bendije? Él también será bendito"» (Génesis 27:33).

El versículo utiliza la expresión: **¿quién, dónde** *–efo–?* **¿Qué significa ¿quién, dónde? ¡Quien era este** *–hu ze–* que estuvo aquí y me trajo una presa **debería decir! Sino** que la explicación es la siguiente: **¿quién, dónde?** Le dijo Itzjak a Esav: ¿es que acaso tú sabes quién estuvo aquí cuando bendije a Jacob? **Porque la Shejiná se encontraba allí cuando bendijo Itzjak a Jacob** y estuvo de acuerdo con las bendiciones. **Y por eso dijo: ¿quién, dónde?** Es decir: **¿quién es quién** La que **se encontraba aquí y estuvo de acuerdo con las bendiciones con las que lo bendije? «Él también será bendito»** (Génesis 27:33), **¡porque El Santo, Bendito Sea, estuvo de acuerdo con esas bendiciones!**

Rabí Iehuda dijo: debido a ese temor con el que atemorizó Jacob a Itzjak, su padre, posteriormente **fue castigado Jacob con el castigo de** su hijo **José, quien se atemorizó de ese modo cuando le dijeron: «esto hemos encontrado»** (Ibíd. 37:32) en referencia a la túnica manchada en sangre. Y también **Isaac dijo: ¿quién,** *efo?* **Con** *efo* **fue castigado Jacob, como está escrito: «¿dónde** *–efo–* **están pastando ellos?»** (Ibíd., 16). **Y allí José se perdió y Jacob fue castigado** por el temor que había provocado a su padre. **Y a pesar de que El Santo, Bendito Sea, estuvo de acuerdo con él en lo referente a esas bendiciones** y también que las tomara de ese modo tortuoso, **él fue castigado con** *efo,* **como está escrito: «¿dónde están pastando ellos?» Y de allí se perdió de él, y fue castigado con todo ese castigo.**

El versículo enseña: **«Entonces Itzjak (Isaac) se sorprendió, sumamente perplejo...»** –literalmente «con un temor grande» *–jaradá guedolá–*. **¿Qué es** y a qué se refiere la expresión ***«guedolá»?*** **Está**

escrito aquí, en nuestro versículo, el término ***guedolá,* y está escrito allí** en otro versículo y en otro contexto: «Según todo lo que Le pediste a El Eterno, tu Dios, en Jorev el día de la congregación, diciendo: «Ya no puedo oír la voz de El Eterno, mi Dios, **y este gran** *–hagedolá–* **fuego** ya no lo puedo ver, para que no muera» (Deuteronomio 18:16). Es decir, en los dos versículos se habla de fuego **porque,** como se ha señalado, **el Infierno entró con él,** con Esaú.

En el mismo versículo se utiliza la expresión hebrea **«muy grande»** *–ad meod–.* **¿Qué es *ad meod?* Aquí,** en el versículo que analizamos, **está escrito: *meod,* y allí,** en otro versículo al comienzo de la Torah, **está escrito: «Y he aquí muy bueno»** *–tov meod–* (Génesis 1:31): **se refiere al Ángel de la Muerte** que entró junto a Esaú (véase: El Zohar, Terumá 149b). **Entonces él dijo: ¿quién, dónde?** Es decir: quién es ese con quien entró el Infierno y que en un futuro será quemado allí (Midrash, Bereishit Raba).

(145a) «Cuando Esaú oyó las palabras de su padre...» (Ibíd. 27:34). **Rabí Jia dijo: ¡cuánto mal hicieron esas lágrimas que lloró y derramó Esaú ante su padre para ser bendecido por él, ya que él apreciaba mucho la palabra de su padre!** Es decir, a pesar de su comportamiento aborrecible y maligno en otros campos, cumplía el precepto de «respeto por su padre».

Se analiza: **«¿Él dijo: ¿Acaso** *–haji–* **debido a que llamó su nombre Iaacov (Jacob)** me engañó *–vaiakeveni–* estas dos veces? Mi primogenitura tomó, y ahora ha tomado mi bendición». Luego dijo: «¿Acaso no has reservado una bendición para mí?» (Ibíd. 36). Es decir: **«acaso debido a que llamó su nombre...»: «que llamó su nombre»** significa: **Aquel que lo llamó:** la Shejiná. Ante tal situación Esav **sacó un hilo de saliva como muestra de desprecio.** Ahora bien: **«acaso debido a que fue llamado su nombre» no fue escrito sino «llamó su nombre»** en referencia a la Shejiná (Midrash Raba 67:4).

Continúa el análisis: «Me engañó *–vaiakeveni–* estas *–ze–* dos veces» (Ibíd.). El versículo utiliza la expresión hebrea ***«ze»*** Mas **¿qué**

145a

significa «*ze*»? ¿Acaso esta expresión no es un modo de señalar algo o a alguien? Pero como Jacob no estaba presente **¡me engañó dos veces» debería decir** sin utilizar la expresión *ze!* **Sino que una única palabra** manifiesta lo que **sucedió dos veces:** a la palabra ***bejoratí*, mi primogenitura, le dio vuelta otra vez** y las combinó a sus letras **como *birjatí*, mi bendición:** es decir, **esto** *–ze–* **sucedió dos veces:** al tomar la primogenitura tomó la bendición, y al tomar la bendición tomó la primogenitura.

De manera similar está escrito en otro contexto en la Torah: **«Pues si no nos hubiéramos demorado, a esta altura ya habríamos regresado** *–shavnu–* **incluso dos veces»** (Ibíd. 43:10): **una única palabra, dos veces.** Significa: **una, pues podríamos haber vuelto sin estar avergonzados ante ese hombre** *–shavnu–;* y lo mismo se aplica al término **«avergonzados»** *–boshnu–:* **estamos avergonzados ante él mientras que nosotros podríamos haber vuelto.**

De manera similar dijo Job: «Tú me consideras tu enemigo *–oiev–* (Job 13:24), es decir, intenta decirle al Creador que **volvió la palabra Job** *–Iov–* **en *oiev*, enemigo, como ha sido explicado** (Tratado de Bava Batra 16a), **como está escrito: «Porque con una tempestad me aplasta»** (Job 9:17) en referencia al Creador, el cual es aprehendido por Job debido a sus terribles desgracias como si fuera un enemigo.

Y aquí, en nuestro versículo, está escrito: **«mi primogenitura tomó» y he aquí que «ahora» invirtió la palabra y** «tomó mi bendición».

«Entonces Itzjak (Isaac) su padre respondió y le dijo a Esav (Esaú): **«He aquí que lo he puesto por amo sobre ti** y a todos sus hermanos se los di por siervos; con granos y vino lo sustenté, **y para ti, *efo*, ¿qué puedo hacer, hijo mío?».** Significa: **«y para ti, *efo*...»: no hay** nadie **aquí quien esté de acuerdo contigo,** en referencia a la Shejiná. Por eso: **«¿qué puedo hacer, hijo mío?». Entonces lo bendijo con** todo lo relacionado con **este mundo** físico. **Y observó su grado** espiritual **y dijo: «Tú vivirás por tu espada»** (Ibíd., 40), **pues es propio de ti derramar sangre y hacer guerras. Y por eso dijo: «¿qué puedo hacer, hijo mío?».**

145a

Rabí Elazar dijo y agregó sobre la expresión: **«y para ti,** ***efo,*** **¿qué puedo hacer,** hijo mío?». Es decir: **debido a que** ya **dijo esto, ¿por qué** hace falta volver a repetir la expresión **«hijo mío»? Sino que le dijo: «y para ti,** ***efo,*** **¿qué puedo hacer?» Ya que te veo entre el juicio, la espada y la sangre, mientras que a tu hermano en un camino de paz. Pero, «hijo mío»: hijo mío, ciertamente, yo traje esto sobre ti porque tú eres mi hijo.** Es decir, tú provienes del desecho de la Gevurá, la cual también es parte de mi esencia, y por eso posees estas características. **Y por eso** te bendeciré de acuerdo a tu grado espiritual: **«por tu espada vivirás».**

Y también le dijo: **«y tú servirás a tu hermano»** (Ibíd.), **y aún no se ha cumplido** esta bendición, **puesto que Esaú no le ha servido a Jacob, ya que Jacob no lo quería ahora. Y él volvió y lo llamó mi señor varias veces, debido a que vio a lo lejos, y dejó** voluntariamente el cumplimiento de esta bendición **para el final de los días, como hemos dicho.**

Rabí Jia y Rabí Iosei estaban marchando por el camino y mientras caminaban vieron a Rabí Ieisa, el anciano, que caminaba detrás de ellos. Ellos se sentaron hasta que él los alcanzó. Una vez que llegó junto a ellos, dijeron: «¡ahora el camino ante nosotros está rectificado ya que somos tres y esto hace que seamos aceptados en lo Alto!»

Marcharon y siguieron andando por el camino. **Rabí Jia dijo** citando un versículo: **«Tiempo de actuar por El Eterno»** (Salmos 119:126), provocando Su deleite ocupándonos de la Torah.

Entonces **Rabí Iosei abrió** su enseñanza **y dijo** citando un nuevo versículo: **«Ella abre su boca con sabiduría, y la Torah de bondad en su lengua»** (Proverbios 31:26). Luego agregó: **«Ella abre su boca con sabiduría»: se refiere a la Congregación de Israel; «la Torah de bondad en su lengua»: se refiere a** los hijos de **Israel, quienes son** considerados como **la lengua de la Torah, pues relatan acerca de ella** y la estudian **de día y de noche.**

Otra explicación más profunda: **«Ella abre su boca con sabiduría» se refiere a la** letra **Bet de** la palabra **Bereshit** (Génesis 1:1), la

145a
primera letra de toda la Torah, **tal como ha sido explicado** que la Bet, de valor numérico dos, alude a la segunda sefirá desde arriba hacia abajo, la Jojmá o Sabiduría, con la cual comienza la Torah y a través de la cual el mundo fue creado; **«Torah de bondad en su lengua» se refiere a Abraham, a través de quien** la Jojmá **creó el mundo,** es decir, a través del Jesed, la esencia del primer patriarca, **y con él,** con el Jesed, la Sabiduría **conversa constantemente** para sostener al mundo.

La letra **Bet,** su forma es **cerrada en aquel costado,** en su parte trasera, **y abierta en aquel** otro **costado,** el de adelante. **Cerrada en aquel costado, como está dicho: «Tú verás Mi espalda»** (Éxodo 33:23). Es decir, la Fuente de la Jojmá queda oculta ante todo hombre: el Keter. **Abierta en aquel** otro **costado, para girar su rostro hacia lo Alto,** es decir, siempre dispuesta para recibir la abundancia espiritual desde el Keter; **y es como un patio rodeado de tres paredes dispuesto a recibir** abundancia espiritual. **Y debido a esto se encuentra a la cabeza** y como primera letra **de la Torah y se colma después** de haber sido creada de la abundancia espiritual que le llega del Keter.

El versículo también enseña: **«Ella abre su boca con sabiduría»: con sabiduría, ciertamente, como está escrito: «En el comienzo** –Bereshit– **de la creación de Dios», de acuerdo con su traducción** al arameo, es decir, con Sabiduría; **«Torah de bondad en su lengua»: porque después** la Torah **relata y dice: «Dios dijo "¡Que haya luz!"» Y hubo luz** (Génesis 1:3), la cual sugiere a la luz de la bondad, Jesed, gracias a la cual continuó el proceso de creación.

Otra enseñanza: **«Ella abre su boca con sabiduría» se refiere a la** primera letra **Hei del Nombre Sagrado** del Tetragrama, la cual alude a la Biná, **que todo se encuentra en ella,** lo cual sugiere que la Jojmá crea al mundo a través de la Biná. **Y ella está oculta** en su grado cincuenta **y revelada** al emanar su luz en dirección a la segunda letra del Tetragrama, la letra Vav, **incluyendo a lo de lo Alto,** las tres primeras sefirot, Jojmá, Biná y Daat, **y a lo de abajo.** Es decir, ella es el **misterio de lo de lo Alto y de lo de lo bajo.**

Otra explicación: **«Ella abre su boca son sabiduría», porque ella está oculta, completamente incognoscible, como está escrito:**

«Ella está escondida de los ojos de todo lo vivo, escondida de los pájaros del Cielo» (Job 28:21), lo cual está descrito por los sabios cabalistas como una letra Samej que se abre y forma a la letra Hei, **pero cuando comienza a expandirse a través de la Sabiduría** que se adhiere a ella **y se encuentra dentro de ella,** entonces la Biná **hace surgir una voz** –Zeir Anpín– **que es «la Torah de la Bondad».**

Nueva enseñanza: **«Ella abre su boca con sabiduría» se refiere a la Hei final** del Nombre del Tetragrama, **que es** el Maljut, el misterio de **la palabra, y la palabra depende de la Sabiduría; «la Torah de Bondad en su lengua» se refiere a la voz** –el aspecto masculino inferior– **que se ubica sobre la palabra para guiarla. Y «la Torah de Bondad» se refiere a Jacob (145b), que se encuentra sobre su lengua, para guiar la palabra y aferrarse a ella, pues no hay palabra sin voz, como ha sido explicado.**

Rabí Jia abrió ahora su enseñanza **después de él,** Rabí Iosei, **y dijo** citando el siguiente versículo: **«Yo, sabiduría, habité con la astucia; descubro el conocimiento de los planes»** (Proverbios 8:12). Es decir: **«Yo, sabiduría» se refiere a la Congregación de Israel,** en alusión al Maljut, a la Shejiná; **«habité con la astucia» se refiere a Jacob, quien es sabio** y astuto; **«descubro el conocimiento de los planes»: se refiere a Isaac,** ya que fue la Shejiná **quien tenía conocimiento de los planes** del patriarca **para bendecir a Esaú** y se los reveló a Rivka. **Y debido a que la sabiduría participó con Jacob, quien es la astucia, por lo tanto** está escrito: **«descubro el conocimiento de los planes», porque** finalmente **Jacob fue bendecido por su padre y moraron sobre él todas esas bendiciones y se cumplieron en él y en sus hijos para siempre.** Se aclara: **algunas se cumplieron en este mundo y todas serán cumplidas en el tiempo del Rey Mesías, porque entonces Israel será una nación única, y un pueblo único para El Santo, Bendito Sea, como está escrito: «Haré de ellos una nación única en la Tierra»** (Ezequiel 37:22). **Y ejercerán dominio en lo Alto y en lo bajo, como está escrito: «He aquí que con las nubes del Cielo como un ser humano venía»**

145b
(Daniel 7:13): **se refiere al Rey Mesías, como está escrito: «En los días de esos reyes, el Dios del Cielo establecerá un reino...»** (Ibíd. 2:44). **Y por esto quiso Jacob que le fueran provechosas sus bendiciones para ese tiempo futuro y no las tomó inmediatamente.** Es decir, evitó tomar las bendiciones para que no se cumplieran en éste mundo físico y pasajero.

Rabí Ieisa abrió su enseñanza **después de él,** de Rabí Jia, **y dijo** citando un versículo: **«Y tú, no temas, Mi sirviente Jacob y no te atemorices, Israel...»** (Jeremías 46:27–28). **Este versículo ha sido explicado, pero cuando Jacob salió de la presencia de su padre con esas bendiciones, él contempló su alma y dijo** para sí mismo: **«he aquí que estas bendiciones deben ser retrasadas para después, para los días eternos.» Y él estaba temeroso y asustado. Surgió una voz** celestial **y dijo: «Y tú no temas, Mi sirviente Jacob –palabra de El Eterno– pues estoy contigo»: Yo no te abandonaré** de ningún modo **en este mundo; «Yo te salvaré desde lejos»: al mismo momento para el que tu guardas estas bendiciones; «Tu semilla de la tierra de su cautiverio»: porque a pesar de que ahora Esaú tomó sus bendiciones y** sus hijos **subyugarán a tus hijos, yo los extraeré de sus manos, y entonces tus hijos lo subyugarán a él; «y Jacob retornará» a** recuperar **estas bendiciones.**

Otra explicación: **«Y Jacob retornará»: se refiere a la Shejiná** que también retornará del exilio.

Más: **«Y Jacob retornará», ciertamente, «y estará calmo y seguro»: como ha sido explicado,** logrará salvarse **de esos reinos de Babilonia, de Media, de Grecia y de Edom, que esclavizarán a Israel; «y no habrá quien atemorice»: por siempre jamás.**

Continuaron marchando y mientras se encontraban andando Rabí Iosei dijo: «ciertamente todo lo que El Santo, Bendito Sea, hace en la Tierra, todo es según el misterio de la Sabiduría y todo para manifestar la Sabiduría suprema a los seres humanos, y **para que** al meditar en el mismo **aprendan de ese acto los secretos de la Sabiduría; y todos** los actos **son de modo apropiado, y Sus**

acciones, todos son los caminos de la Torah, porque los caminos de la Torah son los caminos de El Santo, Bendito Sea. Y no hay ni incluso una pequeña cosa que no posea innumerables caminos y senderos y misterios de la Sabiduría suprema.

Ven y **observa, pues he aquí que Rabán Iojanan hijo de Zakai pronunciaba trescientas decisiones legales de acuerdo con el misterio de la sabiduría suprema sobre el versículo** aparentemente llano y sencillo: **«El nombre de su esposa era Mehetavel hija de Matred, hija de Mei Zaav»** (Génesis 36:39). **Y no las reveló sino a Rabí Elazar, que se encontraba con él, para dar a conocer cuántos misterios supremos se encuentran en cada acto y acto de la Torah, y que en cada palabra y palabra se encuentra la Sabiduría, y** para dar a conocer **que la Torah es verdad. Y debido a esto esas palabras de la Torah son palabras santas, que manifiestan maravillas, como está dicho: ¡Descubre mis ojos, para que pueda ver maravillas de Tu Torah!** (Salmos 119:18) y no lo que mis ojos naturalmente captan y comprenden.

Ven y **observa: cuando esa serpiente engañó a Adán y a su esposa, y se aproximó a la mujer e inoculó en ella veneno espiritual y sedujo a Adán** para comer del Árbol del Conocimiento del Bien y del Mal, **entonces el mundo se impurificó y la tierra fue maldita debido a ella, y provocó la muerte sobre todo el mundo. Y el mundo se detuvo para que recibiera su castigo hasta que el Árbol de la Vida apareció y expió a Adán, y obligó a esa serpiente a que no ejerciera su dominio jamás sobre la simiente de Jacob. Porque cuando** los miembros de **Israel ofrecían** para Azazel **un chivo** expiatorio durante el Día del Perdón, **esa serpiente era subyugada y se convertía en un sirviente, como ha sido dicho. Por lo tanto, Jacob ofreció a su padre dos chivos** *–seirin–:* **uno para someter a Esaú, quien es** considerado **velludo** *–sair–,* **y uno debido al grado** espiritual **del cual dependía Esaú y al cual se apegó, tal como ha sido dicho.**

Y debido a esto existió el mundo en su estado de corrupción y esperó **hasta que llegó una mujer como Eva,** en referencia a Rivka, reencarnación de la Primera Mujer, **y un hombre como Adán,** Jacob, reencarnación del Primer Hombre, **y** finalmente ellos **engañarían y se comportarían tortuosamente (146a) con esa serpiente mala,** Esaú, **y con el que monta sobre ella,** Samael, **y todo ha sido explicado.** Es decir, se aprende de aquí que todos los actos de Rivka y de Jacob tenían la intención de rectificar las acciones de Adán y Eva. Es decir, en este caso un hombre –Jacob– obedeció positivamente a una mujer –Rivka– con el objetivo de rectificar la impureza y el desvío espiritual. En el primer caso, el de Adán y Eva, se provocaron maldiciones, y en el segundo, el de Rivka y Jacob, se atrajeron bendiciones.

Rabí Iosei **abrió** su enseñanza **y dijo** citando un versículo: «Los jóvenes crecieron **y Esav (Esaú) se hizo cazador, hombre de campo;** pero Iaacov (Jacob) era un hombre íntegro que habitaba en tiendas» (Génesis 25:27), **y he aquí que esto** ya **ha sido explicado; «pero Jacob era un hombre íntegro** *–ish tam–* **que habitaba en tiendas»,** significa: **un hombre íntegro, un hombre completo, tal como** lo indica **su traducción** al arameo: *gevar shalim;* **«que habitaba en tiendas».** Y a continuación se pregunta: **¿por qué era** considerado ***tam?*** **Debido a que habitaba en tiendas, porque aferraba los dos flancos: el de Abraham,** el Jesed, **y el de Isaac,** la Gevurá. **Y por esto Jacob se acercó a Esaú desde el flanco de Isaac, como ha sido dicho, porque está escrito: «Con los piadosos, apiádate; y con el deshonesto, trátalo tortuosamente»** (2 Samuel 22:26–27). **Y cuando vino con** la intención de tomar las **bendiciones, vino con la ayuda de lo Alto, con la ayuda de Abraham e Isaac, y debido a esto es que fue** un acto realizado **con Sabiduría, como ha sido dicho.**

Ven y **observa: cuando Jacob se despertó** y se quedó solo para provocar el enfrentamiento espiritual **con Samael, el grado** espiritual **de Esaú, quien aceptó a Jacob** que lo sometiera, **Jacob lo venció a él por varios flancos** en dos etapas: al comienzo **venció a la serpiente,** que es Esaú, **con sabiduría y con tortuosidad; y no fue vencido** Esaú **sino únicamente en** lo relacionado con el ***seir,*** es decir, gracias al mérito de haberle preparado dos chivos *–seirim–* a su padre, sino solamente a su flanco relacionado con la serpiente. **Y a pesar de que todo es uno,** es decir, la serpiente y Samael, y al vencer a uno debería haber vencido al otro –ya que Samael se encuentra montado sobre la serpiente y una nación en lo bajo no cae hasta que su ministro espiritual es derrotado–, **también venció a Samael a través de otra victoria,** la segunda etapa de su lucha, **y su victoria fue como está escrito** en la Torah: **«Iaacov (Jacob) se quedó solo y un hombre luchó con él hasta el amanecer. Cuando** el hombre **vio que no podría vencerlo,** tocó la coyuntura superior del muslo; de modo que Iaacov (Jacob) se dislocó la cadera en su forcejeo con el hombre» (Génesis 32:25–26).

Ven y **observa cuánto era el mérito de Jacob, porque él vino,** Samael, **buscando eliminarlo del mundo, y esa noche fue la noche en la que la Luna fue creada,** es decir, un día miércoles, en el que se considera peligroso exponerse y salir; **pero Jacob se quedó solo, sin compañía de nadie. Y aprendimos: «uno no debería salir solo por la noche y más aún la noche en la que las luminarias fueron creadas»,** pues resulta peligroso y puede ser atacado por fuerzas espirituales dañinas (Tratado de Pesajim 112b) **ya que** en este día en particular se remarca que **la Luna es carente, como está escrito: «Que haya *meorot*»** (Ibíd. 1:14), con la palabra hebrea *meorot* escrita de modo **carente,** lo cual se refiere al momento en que la Shejiná se encuentra carente. **Y esa noche él se quedó solo,** es decir, se trataba de un momento doblemente malo: **porque cuando la Luna es carente, la serpiente mala se fortifica y ejerce su dominio; y entonces vino Samael y lo acusó,** ya que ese día ejerce su poder **y quiso eliminarlo del mundo.**

Pero Jacob era fuerte en todos los flancos: el flanco de Isaac y el flanco de Abraham, quienes constituían el poder de Jacob. Significa: **vino** Samael **a la derecha,** es decir, lo atacó por este flanco, pero **vio a Abraham** ante él **que se fortificaba con la potencia del día, que es el flanco derecho, asociado con** el Jesed; **vino a la izquierda,** pero entonces **vio a Isaac fortificándose con el Juicio severo. Vino en dirección al torso, vio a Jacob fortificado por estos dos flancos que lo rodeaban, uno de aquí y uno de aquí.**

146a
Entonces Samael **«vio que no podría vencerlo y tocó la coyuntura superior del muslo»** (Ibíd. 32:26): **un sitio que se encuentra fuera del torso, y es un pilar del torso** sobre el cual éste se sostiene. **Entonces «se dislocó la cadera en su forcejeo con el** hombre» (Génesis 32:25–26).

Una vez que despertó la mañana y trascurrió la noche, se fortificó Jacob y se debilitó la fuerza de Samael. Entonces él dijo: «¡Déjame ir!» (Ibíd. 27). **Pues había llegado la hora de pronunciar el cántico de la mañana y quería irse. Y** Jacob no le permitió partir hasta que **se puso de acuerdo con él en relación a esas** primeras **bendiciones, y le agregó otra bendición** propia, **como está escrito: «Y lo bendijo allí»** (Ibíd. 30).

Ven y **observa con cuántas bendiciones fue bendecido Jacob. Una de su padre, con esa tortuosidad** que utilizó para desplazar a Esaú **y ganó todas esas bendiciones. Una de la Shejiná, que El Santo, Bendito Sea, lo bendijo cuando él retornaba de** la casa de **Labán, como está escrito: «Dios bendijo a Jacob». Y una con que lo bendijo el ángel encargado de Esaú, y una, otra bendición con la que lo bendijo su padre cuando él fue a Padán Aram, como está escrito: «Que El Shakai te bendiga»** (Ibíd. 28:3). **Y en el momento en que Jacob se vio** colmado **a sí mismo de todas esas bendiciones, dijo: ¿qué bendición de** todas **ellas utilizaré ahora?** Y **dijo** para sí mismo, a modo de respuesta: **la más leve de ellas utilizaré ahora. ¿Y cuál es** la más leve? **La segunda** bendición **con la que lo bendijo su padre. Y a pesar de ser** también **poderosa dijo: no es tan potente en el dominio de este mundo como la primera. Jacob dijo** nuevamente a modo de resolución: **«ahora tomaré ésta** bendición **y la usaré, y reservaré a todas las otras** bendiciones **para cuando las necesite para mí y para mis hijos después. ¿Y cuándo es esto? Cuando todas las naciones se unan para aniquilar a mis hijos del mundo, como está escrito: «Todos los pueblos me han rodeado, en el Nombre de El Eterno que los derrotaré; me cercaron y me rodearon,** en el Nombre de El Eterno que los derrotaré, **me rodearon como abejas,** pero se extinguieron como fuego de espinas, en el Nombre de El Eterno que los derrotaré» (Salmos 118:10–12). **He**

aquí tres situaciones críticas **que corresponden con las tres** bendiciones **restantes,** que Jacob aún no utilizó: **una, las primeras bendiciones de su padre; dos, las bendiciones con las que lo bendijo El Santo, Bendito Sea; tres, las bendiciones con las que lo bendijo ese ángel. Jacob dijo: para allí serán necesarias contra los reyes de todos los pueblos de todo el mundo, y las reservaré para eso. Y ahora, con respecto a Esaú** y para enfrentarlo y someterlo **me es suficiente con esto,** la segunda bendición que recibió.

Esto puede ser comparado **a un rey que tenía muchas legiones poderosas, muchos guerreros dispuestos para hacer la guerra contra reyes poderosos, para enfrentarlos en batalla. Mientras tanto, oyó sobre un ladrón devastador** que generaba un cierto peligro en su ciudad. **Dijo: ¡que los guardianes de la puertas vayan allí** a enfrentar a ese ladrón ya que no es necesario aplicar más fuerza en un caso semejante. **Le dijeron: de todas tus legiones, ¿no envías allí sino a estás? Dijo: para ese ladrón es suficiente con estos** hombres, **pues todas las legiones y los guerreros los reservaré para esos reyes poderosos, y estarán para el día de guerra que me sean necesarios.**

De manera similar, Jacob dijo con respecto a Esaú: me resulta suficiente con estas bendiciones con las que padre me bendijo al enviarme a Padán Aram, **pero** el resto de las bendiciones **las reservaré para ese tiempo en que le serán necesarias a mis hijos, para** enfrentar a **todos esos reyes y gobernantes de todo el mundo. Cuando ese momento llegue, esas bendiciones se despertarán de todas las direcciones, y** a pesar de tanto odio **el mundo existirá con existencia plena. Y desde ese día en adelante, este reino** que surgirá, el del Rey Mesías, **dominará sobre todos los otros reinos, como ha sido explicado, porque está escrito: «Aplastará y consumirá a todos esos reinos, y él mismo perdurará para siempre»** (Daniel 2:44). **Y esa es la misma roca** que vio en su visión Nabucodonosor **que fue cortada de la montaña** pero **no con las manos** de los hombres, **como está dicho: «Desde allí, el Pastor, Roca de Israel»** (Génesis 49:24). **¿Quién es esta Roca? Es la Congregación de Israel,** la Shejiná, **como está dicho: «esta piedra que he colo-**

146a
cado como pilar será la casa de Dios y todo lo que me des habré de diezmarlo para Ti» (Génesis 28:22)».

Rabí Jia dijo: de aquí se aprende la utilización de las bendiciones restantes gracias a las cuales está escrito que **«Un vestigio retornará, un vestigio de Jacob»** (Isaías 10:21): **éstas son las bendiciones restantes que quedaron.** **Y** también **está escrito: «El vestigio de Jacob estará entre las naciones, entre muchos pueblos»,** es decir, **entre todos los pueblos** se encontrarán sus bendiciones **y no solamente con Esaú; y** además **está escrito: «Y será el vestigio... como rocío de El Eterno»** (Miqueas 5:6–7).

Rabí Ieisa abrió su enseñanza **y dijo: «Un hijo honra a su padre, y un sirviente a su amo»** (Malaquías 1:6). **«Un hijo» se refiere a Esaú, porque no hubo persona en el mundo que honrara a su padre tal como Esaú honró a su padre, y ese honor con el que lo honró le otorgó dominio en este mundo; «y un sirviente a su amo» se refiere a Eliezer, el sirviente de Abraham, tal como fue explicado. Porque** se trata de **una persona que llegó a Jarán con mucha riqueza, con muchos regalos y presentes, y camellos cargados, y** sin embargo **no le dijo a Betuel y a Labán que él era un amado de Abraham o otra persona que venía agraciado por Abraham. Más bien, antes de pronunciar sus palabras, ¿qué está escrito? «Soy el sirviente de Abraham»** (Génesis 24:34), **y posteriormente «mi amo, mi amo», porque honraba a Abraham. Y ese honor y ese bien se le prolongaron por mucho tiempo** y vivió por muchos años.

De manera similar sucedió con **Esaú: el honor con el que honró a su padre le prolongó todos esos días de dominio en este mundo, y esas lágrimas** que derramó por las bendiciones **subyugaron a Israel a su sometimiento. Hasta que** los hijos de **Israel retornen a El Santo, Bendito Sea, con llanto y lágrimas, tal como está escrito: «Con llanto vendrán...»** (Jeremías 31:9). **Y entonces está escrito: «los salvadores escalarán el Monte Sión para emitir juicio sobre el Monte Esaú, y el reino será de El Eterno»** (Obadías 1:21)."

Bendito Sea El Eterno por siempre. ¡Amén y amén!

VAIETZE – «ÉL PARTIÓ»

(GÉNESIS 28:10–32:3)

La sección de la Torah comienza relatando que **«Iaacov (Jacob) salió de Beersheba y se dirigió hacia Jarán»** (Génesis 28:10). **Rabí Jia abrió** su enseñanza **y dijo** citando otro versículo: **«El Sol brilla y el Sol se pone, y hacia su lugar marcha y brilla allí»** (Eclesiastés 1:5). **Este versículo ha sido explicado** (véase: 136a), **pero** ahora diremos lo siguiente: **«el Sol brilla» se refiere a Jacob,** el cual es asociado con el Sol debido a su resplandor espiritual, **cuando él estuvo en Beersheba; «y el Sol se pone»** se refiere al patriarca **cuando él fue a Jarán, como está escrito: «Él pernoctó allí porque el Sol se había puesto»** (Génesis, Ibíd., 11); **«y hacia su lugar marcha (147a) y brilla** allí», **como está escrito** también acerca de Jacob: **«Él se acostó en ese lugar»** (Ibíd.).

Y ven y **observa: a pesar de que el Sol ilumina a todo el mundo, sus viajes** y giros **son en dos direcciones,** hacia el Sur y hacia el Norte, **como está dicho: «marcha hacia el Sur, girando hacia el Norte** (Eclesiastés, Ibíd., 6), **porque ésta es la derecha,** es decir, el Sur, el cual se relaciona con la Bondad, el Jesed, **y ésta es la izquierda,** es decir, el Norte, el cual se relaciona con la Gevurá y el Rigor. **Y marcha y continúa** su marcha **todos los días desde el lado Este, y se dirige hacia el lado del Sur, y luego se dirige hacia el lado Norte, y desde el lado Norte hacia el lado Oeste; y entonces el Sol se pone y se dirige hacia el Oeste,** asociado con el Maljut. **Sale del Este, como está**

147a

escrito: «Jacob salió de Beersheba», y se dirigió hacia el Oeste, como está escrito y aludido: **«y se dirigió hacia Jarán».**

Rabí Shimón, por su parte, **dijo: sale por completo de la Tierra de Israel, como está escrito: «Jacob salió de Beersheba» y fue a otro dominio, como está escrito: «y se dirigió hacia Jarán»: una tierra de otro dominio,** el del Otro Lado.

Rabí Jia dijo y agregó: **«cuando el Sol se dirige hacia el Oeste, este Oeste es llamado "el sitio del Sol", "su trono", lugar en el que mora, tal como está escrito: "y hacia su lugar marcha y brilla allí", pues se dirige hacia él,** es decir, hacia el Maljut, **para iluminarlo, y toma todas las luces y las reúne en él. Y esto es como se enseña** en el Talmud» (Tratado de Berajot 6a): **«El Santo, Bendito Sea, se pone tefilin»** –filacterias–, **porque Él toma todas las coronas supremas. ¿Y cuáles son? El misterio de Padre Supremo,** es decir, de la Jojmá enraizada en Aba, **y el misterio de la Madre Suprema,** es decir, de la Biná, enraizada en Ima, **y estos son** y constituyen el misterio de **los tefilin de la cabeza, como se enseña: «Un gran sacerdote recibe en la cabeza»** (Tratado de Iomá 14a) lo cual sugiere a la influencia suprema que recibe en la cabeza y de allí sale el resplandor espiritual de los tefilín de la cabeza. **Después de tomar del Padre y de la Madre,** es decir, la influencia de la Jojmá y de la Biná, **toma de la derecha y de la izquierda,** del Jesed y de la Gevurá, **y resulta que El Santo, Bendito Sea,** en referencia al aspecto masculino inferior, **toma todo.**

Rabí Elazar dijo: el Tiferet de Israel toma todo, y cuando la Congregación de Israel es atraída hacia lo Alto, también toma todo el mundo masculino de El Santo, Bendito Sea, y todo el mundo (147b) femenino de El Santo, Bendito Sea. Tal como salen todas las luces de este mundo, también así toma todo este mundo, pues éste, el Maljut, **es como éste,** la Biná, **y por esto Beersheva es** llamado y representa **el** misterio del **«Jubileo».** Y por ello también **Beersheva es el** misterio del **año sabático** –Shemitá–. Es decir: **el Sol no brilla sino desde el Jubileo, y por ello: «Iaacov (Jacob) salió de Beersheba y se dirigió hacia Jarán», en referencia al Oeste que es el año sabático** –Shemitá–.

Rabí Shimón dijo: «Jacob salió de Beersheba» se refiere al Oeste, el año Sabático; «y se dirigió hacia Jarán» se refiere al año de Orlá, porque salió de un dominio sagrado a otro dominio, pues se escapaba de su hermano, tal cual lo dicho.

Y cuando llegó a Betel, que se encuentra en el dominio de la santidad, ¿qué está escrito? «Él se topó con el lugar» (Génesis 28:11). **¿Qué lugar?» Rabí Jia dijo: ése es el lugar que mencionamos,** el Maljut, el sitio del aspecto masculino inferior, **tal como está escrito: «y hacia su lugar marcha** –lit: aspira o desea– y brilla allí». Y lo que está escrito: **«Él pernoctó allí porque el Sol,** el aspecto masculino inferior, **se había puesto», como está dicho: «y el que marcha** –desea– **y brilla allí»** (Ibíd.), es decir, el aspecto masculino inferior ilumina al Maljut, **porque para iluminarlo a él,** al aspecto del Maljut, **vino.**

«Se topó con el lugar y allí pernoctó, porque el Sol se había puesto; **tomó de las piedras del lugar** y las dispuso en derredor de su cabeza, y se recostó en aquel lugar» (Génesis, Ibíd.). Ahora bien: **«las piedras del lugar» no está escrito sino «de las piedras del lugar»: éstas son piedras preciosas, perlas buenas, que son doce piedras supremas, tal como está escrito: «doce piedras»** (Josué 4:3), **y debajo de estas doce yacen doce mil, un gran número de piedras extraídas, y todas son denominadas piedras. Por ello** está escrito: **«de las piedras del lugar»,** es decir, de los doce ángeles que se ubican por debajo de la Shejiná **y no «las piedras del lugar»** en general: **éste es el lugar mencionado,** en alusión al Maljut.

El relato continúa enseñando: **«y las dispuso en** derredor de **su cabeza»** (Génesis, Ibíd.), si bien está escrito de modo literal: «sus cabezas», en plural: *«merashotav»*. **¿A las cabezas de quiénes? Sino a las cabezas de ese lugar,** es decir, alude a la Shejiná. **¿Qué significa *merashotav*** en plural? **Si dijeras que es como quien coloca** algo **bajo su cabeza, no** puede entenderse de este modo ya que el versículo se expresa en plural. **Más bien: *meraashotav*** se refiere **a las cabezas de las cuatro direcciones del mundo: tres piedras hacia el lado Norte, tres hacia el lado Oeste, tres hacia el lado Sur,**

147b

tres hacia el lado Este, y ese lugar, la Shejiná, **sobre ellas para ser rectificadas por su mediación.**

Y entonces: «y se recostó en aquel lugar» (Ibíd.). **Una vez que se dispuso la cama,** en alusión al Maljut, **se acostó sobre ella. ¿Quién se acostó sobre ella? El Sol,** el aspecto masculino inferior. **Y sobre ello está escrito acerca de Jacob: «Él se sentó en la cama»** (Ibíd. 48:2), **porque a él le era apropiado y no a otro. Y sobre esto** está escrito: **«y se recostó en aquel lugar», y por eso está escrito: «El Sol brilla y el Sol se pone."**

Un día Rabí Itzjak estaba sentado delante de la Cueva de Afikuta. Pasó un cierto hombre con sus dos hijos, y uno le dijo al otro: «esta intensidad del Sol deriva del Sur, y el mundo no existe sino solamente por el viento ya que tiene la capacidad de enfriar el calor solar, **porque el viento es la existencia plena de todas las direcciones** del mundo ya que el hombre también respira aire frío y por su mediación su salud se beneficia. **Y de no ser porque él existe de modo consumado, el mundo no podría existir.** En el lenguaje de los sabios cabalistas, el viento está asociado en los mundos superiores al Tiferet, el cual media entre la Bondad y el Rigor, lo cual permite que la existencia, tanto en lo Alto como en lo bajo, perdure.

Su hermano menor le dijo: «¡si no fuera por Jacob, el mundo no existiría! Ven y observa: cuando sus hijos se unificaron en la unificación suprema, y dijeron: «¡Oye, Israel! ¡El Eterno es nuestro Dios, El Eterno es uno!» (Deuteronomio 6:4), **esto es la perfección suprema, provocándose una única unificación. Entonces Jacob, su padre, se unió y tomó su casa,** al Maljut, **y se ubicó en un único vínculo con los Patriarcas, para unir lo masculino y lo femenino como uno,** lo cual genera que el mundo perdure.

Rabí Itzjak dijo: «yo me asociaré a ellos y oiré lo que dicen.» Entonces **marchó con ellos.**

Ese hombre abrió su enseñanza **y dijo** citando un versículo: **«¡Levántate, El Eterno, a Tu lugar de descanso, Tú y el arca de Tu**

148b

poder!» (Salmos 132:8). **«Levántate, El Eterno, a Tu lugar de descanso» como quien dice: «que se levante el rey al lugar de descanso de su residencia.»** Es decir, el rey David solicita que el Rey descanse junto a la Reina, la llamada Matronita. Y ahora se interrumpe la explicación del versículo y se analiza lo siguiente: **hay dos que dijeron** y se expresaron de este modo: **¡Levántate, El Eterno!: Moisés y David. Moisés dijo: «¡Levántate, El Eterno y que Tus enemigos se dispersen!»** (Números 10:35); **y David dijo: «¡Levántate, El Eterno, a Tu lugar de descanso!» ¿Cuál es la diferencia entre ellos? Sino que Moisés como quien ordena a su casa lo dijo,** ya que Moisés era considerado el esposo de la Matronita, y por consiguiente **Moisés le ordenó a ella hacer la guerra contra sus enemigos.** Pero **David lo invitó a descansar, como quien invita a su amo,** es decir, **invitó al Rey junto con la Reina, tal como está escrito: «¡Levántate, El Eterno, a Tu lugar de descanso, Tú y el arca de Tu poder!», para no separarlos.**

El texto bíblico continúa: **«¡Que Tus sacerdotes estén vestidos de justicia; y que Tus fieles canten!»** (Salmos, Ibíd., 9). **De aquí aprendimos que quienquiera que invite a un rey debe modificar sus actos para alegrar al rey. Si la costumbre del rey es que lo alegren juglares comunes, entonces debería ubicar ante él juglares reales y honorables, y si no,** entonces, **no hay aquí alegría para el rey** ya que está acostumbrado a los juglares comunes.

Ven y **observa: David invitó al Rey y a la Reina a descansar, ¿qué hizo? Modificó a los juglares del Rey por** juglares **reales** y honorables. **¿Y quiénes son? Como está escrito: «¡Que Tus sacerdotes estén vestidos de justicia; y que Tus fieles canten!»** (Ibíd.). ¿Por qué está escrito: **«que Tus fieles canten»? ¡»Que tus levitas canten» debería decir! Porque los levitas son los juglares del Rey. Y ahora que David lo invitó a descansar,** como una modificación **hizo** y estableció **a los sacerdotes y a los fieles para que ellos fueran los juglares del Rey. El Santo, Bendito Sea, le dijo: David, no quiero molestarlos. Le dijo David: mi Amo, cuanto Tú te encuentras en Tu palacio, Tú haces de acuerdo con tu voluntad. Pero ahora que yo Te he invitado, de mi voluntad depende el asunto,**

148b

de presentar a éstos que son más importantes a pesar de que no es su hábito.

De aquí aprendimos que alguien en su propia casa debe actuar y ordenar sus actos de acuerdo con su voluntad, pero si es invitado cumple la voluntad del anfitrión, tal como le indica, pues vemos que **David cambió a los levitas y ordenó a los sacerdotes, y El Santo, Bendito Sea, afirmó el asunto de acuerdo con su voluntad.**

David dijo: «¡Por el bien de David Tu sirviente, no rechaces la cara de Tu ungido!» (Ibíd., 10). Es decir: **¡que el arreglo que dispuse no sea rechazado!**

El Santo, Bendito Sea, le dijo: David, por tu vida, ni siquiera utilizaré Mis propias vasijas, en referencia a los levitas, **sino tus vasijas,** en referencia a los sacerdotes. Y así sucedió todo el tiempo que el Arca se encontraba en la Ciudad de David, antes de que se construyera el Templo. Entonces, sólo los sacerdotes cantaban ante el Arca en lugar de los levitas. **Y El Santo, Bendito Sea, no se movió de allí hasta que le entregó presentes y regalos, como está escrito: «El Eterno juró a David la verdad y no se volverá de ella: del fruto de tu vientre asentaré** reyes **en tu trono»** (Ibíd., 11).

Vino Rabí Itzjak y lo besó al hombre. **Dijo: «¡si no recorrí éste camino sino para escuchar esto, me resulta suficiente!»**

Uno de sus hijos abrió su enseñanza **y dijo** citando un versículo: **«Iaacov (Jacob) salió de Beersheba y se dirigió hacia Jarán». Esto es lo que está escrito** en otro versículo: **«Por tanto, el hombre dejará a su padre y su madre y se unirá a su mujer,** y se transformarán en una sola carne» (Génesis 2:24), y vemos que así fue como se comportó Jacob que abandonó a su padre y a su madre en Beersheba y se dirigió a Jarán para buscar una esposa.

Otra cosa y una nueva enseñanza: **«Iaacov (Jacob) salió de Beersheba y se dirigió hacia Jarán», lo cual alude a cuando** los hijos de **Israel salieron del Templo y fueron exiliados entre las naciones, como está dicho: «Todo el esplendor de la hija de Sión la ha de-**

jado» (Lamentaciones 1:6), **y está escrito: «Iehudá se ha exiliado debido a la aflicción»** (Ibíd., 3).

Abrió su enseñanza **el otro** hijo, **el más joven, y dijo** citando un versículo: **«Se topó** *–vaifgá–* **con el lugar y pernoctó allí porque el Sol se puso»** (Génesis 28:11). **¿Qué es** y qué significa que **«se topó** *–vaifgá–* **con el lugar»,** término que indica también solicitud, ruego y plegaria? ¿Acaso no hubiese sido más simple escribir un lenguaje que aluda a su llegada o arribo a un lugar determinado? Es similar al caso de **un rey que viene a la casa de la reina. Debe presentarse con dulces palabras y alegrarla con expresiones para que no parezca** una mujer cualquiera y **abandonada** sino que, por el contrario, debe otorgarle un trato de reina. **Y no sólo esto, sino que incluso si posee una cama de oro y prendas bordadas y dibujadas para pernoctar con ellas, y ella prepara su cama** para él **con piedras sobre el suelo y en una carpa de paja, él debe abandonar** todo lo suyo **y pasar la noche en ellos,** los muebles y prendas que le dispuso la reina, **dándole placer y para que su voluntades sean como una, sin forzar** a ninguna de las partes. En pocas palabras, que exista la unión a través de un acuerdo total y absoluto.

Como aprendimos aquí, que como Jacob **fue hacia Ella, ¿qué está escrito? «...tomó de las piedras del lugar y las dispuso en** derredor de **su cabeza, y se recostó en aquel lugar»** (Ibíd.), es decir, exactamente en una cama de piedras, **para darle placer,** para demostrarle que **incluso las piedras de la casa de Ella le eran agradables para pasar la noche en ellas.**

Rabí Itzjak lloró de emoción **y** también **se alegró. Dijo: «Estas perlas se encuentran en vuestras manos ¿y no iré detrás de vosotros?»**

Le dijeron: «tú sigue tu camino porque hemos llegado a nuestro destino, **y nosotros ingresaremos a la ciudad, a la boda de éste, mi hijo.»**

Rabí Itzjak dijo y agregó a modo de respuesta: **«Ahora yo debo continuar en mi camino.»**

149a

(149a) Él se fue y ordenó las palabras que había aprendido de la Torah **en presencia** del gran maestro, **de Rabí Shimón.** Tras escucharlas, **Rabí Shimón dijo: «¡Ciertamente bien han dicho! Y todo sobre El Santo, Bendito Sea, fue dicho,** es decir, lo enseñado acerca de Jacob en realidad alude al Santo, Bendito Sea.

Dijo además Rabí Shimón: **«Estas palabras** y enseñanzas **son de los descendientes de Rabí Tzadok, el Débil.** Mas **¿por qué fue llamado** y denominado de este modo, **«el Débil»? Porque ayunó durante cuarenta años para que** la ciudad de **Jerusalén no fuera destruida en sus días,** –ya que los sabios incluso enseñan que aquel en cuyos días no se reconstruye Jerusalén es como si él mismo la hubiera destruido–, **y deducía de cada palabra y palabra de la Torah misterios supremos, y les trazó un camino a los hombres del mundo para saber cómo comportarse en ellos».** Es decir, les enseñaba el modo de transformar los misterios más profundos de la Torah en conceptos relevantes para cada uno de los estudiosos en particular y para que también pudiesen ser aplicados en sus vidas.

Rabí Itzjak dijo: sólo unos pocos días pasaron hasta que me encontré con ese hombre, y su hijo pequeño se encontraba con él. Le pregunté: ¿dónde está tu otro hijo?

«Me dijo: Le organicé su boda y se quedó con su esposa».

Debido a que me reconoció, me dijo: «Por tu vida, que el hecho por el cual no te invité a la boda de mi hijo fue por tres motivos que quiero detallarte y explicarte: **primero, porque no sabía acerca de ti** cuán grande era tu nivel espiritual **y no te conocía** ni sabía cuánto era lo que debía honrarte, **porque así debe ser invitada una persona de acuerdo con su honor, y tal vez tú eres una persona grande y hubiera atentado contra tu honor** si no te hubiera otorgado la distinción apropiada. **Y una** segunda causa por la que no te invité **es porque quizás tú estabas apresurado en continuar tu camino y no quería molestarte** ya que seguramente te hubieras sentido comprometido a asistir a la boda. **Y una** tercera causa fue **para que no te sintieras avergonzado en presencia de los hombres de la congregación, ya que es nuestra costumbre que todos**

los que comen en la mesa del novio y la novia, todos les ofrecen a ellos regalos y presentes.»

Le dije: «¡Que El Santo, Bendito Sea, te juzgue para bien!» Le dije y le pregunté también: **«¿cuál es tu nombre?»**

Me dijo: «Tsadok, el Menor.»

En ese momento aprendimos de él trece misterios supremos de la Torah, y tres de su hijo: uno con respecto a la profecía, y uno con respecto a los sueños, y uno con respecto a la diferencia entre uno y otro.

Y dijo acerca del tercer misterio que aprendió de su hijo: **¿Qué diferencia existe entre la profecía y el sueño? Pues la profecía proviene del Mundo de lo Masculino, y el sueño del Mundo de lo Femenino; y entre uno y otro existe un descenso de seis grados. La profecía, a la derecha y a la izquierda; y el sueño, a la izquierda. El sueño se expande varios grados debajo** y son enseñados y mostrados a los hombres, **y debido a esto el sueño sucede en todo el mundo,** incluso fuera de la Tierra de Israel y no se circunscribe a los integrantes de Israel, **pero de acuerdo con su grado, esto es lo que ve** en el caso del sueño. Conocido es el caso, por ejemplo, del sueño del gran cabalista, el Arí Hakadosh, a quien en una siesta de Shabat le revelaron una enorme cantidad de misterios, lo que para otra persona hubiese requerido decenas de años de estudio para ser alcanzado y aprehendido. **Pero la profecía no se expande sino solamente en su dominio,** la Tierra de Israel.

Ven y **observa: ¿qué está escrito** en el versículo acerca del patriarca Jacob? **«Y soñó, y he aquí que había una escalera colocada sobre la tierra cuyo extremo llegaba hasta los Cielos; y he aquí que ángeles de Dios subían y bajaban por ella»** (Génesis 28:12). Entonces **abrió** su enseñanza **y dijo** ese joven citando otro versículo del libro de los profetas: **«Aconteció** *–haió haiá–* **que la palabra de El Eterno vino a Ezequiel, hijo de Buzi, el sacerdote, en la tierra de los Caldeos, junto al Río Kevar, y allí vino sobre él la mano de El Eterno»** (Ezequiel 1:3). Y el hecho que la expresión hebrea se repite dos veces, ***haió haiá,*** indica **que se trató de una profecía del momento,** puntual y

necesaria para esa situación en la que se encontraban en **el exilio, debido a que la Shejiná descendió entre ellos,** los integrantes de **Israel, en el exilio. Y Ezequiel vio lo que él vio en ese momento,** lo cual resultaba necesario comunicarle al profeta, **a pesar de que ese sitio no era adecuado para esto. Debido a ello** está escrito: ***haió haiá.***

¿Qué significa *haió haiá*? *Haió,* en lo Alto; *haiá,* en lo bajo. Como está escrito y detallado en el versículo que relata su visión nocturna: **«una escalera colocada sobre la tierra cuyo extremo llegaba hasta los Cielos».** Es decir, **tomaba** la profecía **desde lo Alto y tomaba** la profecía **desde abajo. *Haió haiá,* uno en lo Alto, y uno en lo bajo. Ven** y **observa: esta escalera en dos mundos se fortifica, en lo Alto y en lo bajo.**

Encontramos que también está escrito: **«en la tierra de los Caldeos junto al Río Kevar»,** especificándose el sitio de la profecía, **«en la tierra de los Caldeos»,** para dar a conocer **que en un lugar del exilio mora ella,** es decir, la profecía, con la clara intención de consolar al pueblo quebrantado. **Aún así: «junto al Río Kevar». ¿Qué es el Río Kevar? Sino que viene a enseñar que ahora** *–kevar–* **se encontraba dispuesto desde antaño,** dispuesto para la profecía, **porque la Shejiná (149b) se posó sobre él** en los días de antaño, **como está escrito: «un río emana del Edén para regar el jardín,** y desde allí se divide y se convierte en cuatro brazos» (Génesis 2:10). **Y éste es un río de esos cuatro ríos,** el Éufrates, **y como ya había morado sobre él antiguamente, moró sobre él ahora** *–kevar–,* **y se le reveló a Ezequiel,** el profeta.

Ven y **observa:** está escrito acerca de esta situación: **«Y soñó».** Pero cabe preguntar: **¿y es que acaso a Jacob, el santo, que es el más íntegro de los Patriarcas, en un sueño se le revela** El Eterno? **¿Y en este sitio sagrado,** en la Tierra de Israel y en el sitio del Templo, **no vio sino a través de un sueño? Sino que Jacob, en ese momento, no estaba casado,** y debido a esta razón no se lo podía considerar un hombre completo, apto para recibir una profecía, **e Isaac todavía estaba vivo** y sobre él sí se manifestaba principalmente la Shejiná y no se apartaba.

149b

Y si dijeras: pero he aquí que después de haberse casado está escrito: «Yo vi en un sueño» (Ibíd. 31:10) **Pero** lo que sucedió es que **allí fue** precisamente **el lugar,** es decir, fuera de la Tierra de Israel, **el que provocó** la revelación a través del sueño y evitó que pudiese observar la profecía estando despierto; y además **Isaac estaba** todavía **vivo, y por ello está dicho sobre él** la expresión **«sueño». Y después de llegar a la Tierra Santa junto con las tribus, se completó** Jacob para recibir la revelación directa de la Shejiná **a través de ellos,** sus hijos, y de las matriarcas Raquel y Lea; y la Shejiná es denominada **«lo principal de la casa» y** a Ella alude la expresión **«la madre de los niños está alegre»,** y entonces encontramos que **está escrito: «Dios se le apareció a Jacob** nuevamente cuando él venía de Padán Aram, y Él lo bendijo» (Ibíd. 35:9): no a través de un sueño, **y está escrito** de modo detallado: **«Dios le habló a Israel en visiones de la noche»** (Ibíd. 46:2), lo cual no se refiere a un sueño porque **aquí no está escrito sobre él** la expresión **«sueño» ya que se trata de otro grado superior,** el cual se refiere a la revelación del Maljut denominada «noche», y la profecía que proviene de este nivel es denominada «visiones de la noche».

Ven y **observa: el sueño es** transmitido **a través de Gabriel, quien se encuentra abajo, en el sexto grado de profecía. Y la visión es** transmitida **a través de ese grado de esa Jaiá,** el Maljut, **que gobierna durante la noche.**

Y si dijeras: pero **he aquí que está escrito** en el versículo que **«¡Gabriel, le explica a éste la visión»** (Daniel 8:16)! **así es, ciertamente, que los contenidos de una visión son más ocultos, y en el sueño más explícitos, y explica el ocultamiento** del contenido **de la visión. Y por ello fue ordenado Gabriel para que explicara el contenido de la visión, el cual es más oculto.**

Y sobre esto está escrito con respecto a la visión: «*Vaiera*» – «Se apareció...» (Génesis 18:1); ***Vaerá*** – «Yo aparecí...» (Éxodo 6:2). Y cabe aclarar que cuando se utiliza esta raíz hebrea el texto se refiere a una visión. Y **¿por qué** el Maljut es denominado *«maré»?* **Porque ella es como un espejo,** *–mará–* **en el interior del cual se ven todas las figuras. Debido a esto** está escrito: **«Yo aparecí»: Yo hice aparecer**

149b

Mi Figura a los patriarcas **a través de** el Nombre divino **Kel Shakai, quien es un *maré,* un espejo, en el interior del cual se ve otra figura,** pues este Nombre divino refleja al Nombre del Tetragrama en su interior, y no sólo esto sino **que todas las figuras supremas en él se reflejan,** en referencia a la imagen de todas y cada una de las sefirot.

Debido a esto sobre Jacob, en esa oportunidad, está escrito: «Y soñó, y he aquí que había una escalera colocada sobre la tierra cuyo extremo llegaba hasta los Cielos». **¿Qué es una escalera? Un grado del cual dependen el resto de los grados y es el fundamento del Mundo** ya que sustenta y otorga existencia al mundo y todos se encuentran enraizados en esta sefirá, el Maljut.

El versículo también señala: **«cuyo extremo llegaba hasta los Cielos»: así es** que de este modo **se conectaba con ellos,** con los Cielos. Es decir: **«su extremo llegaba hasta los Cielos»,** si bien, en lugar de «extremo», el versículo hebreo utiliza el término «su cabeza». **¿Quién es su extremo? La cabeza de esa escalera:** la cabeza del Maljut. **¿Y quién es? Aquel del cual está escrito: «la cabeza de la cama»** (Génesis 47:31), es decir, el grado de Iesod, y es llamado «cabeza» **porque él es la cabeza de esta cama,** el Maljut, **y a partir de ella ilumina** y nutre a todo.

Y se aclara que el Iesod, denominado «cabeza», **«llegaba hasta los Cielos»,** en referencia al Tiferet, **porque Él es el extremo del cuerpo, y se ubica entre lo Alto y lo bajo,** es decir, el Iesod se ubica entre el Tiferet que se encuentra arriba y el Maljut que se encuentra abajo, **así como el pacto** inferior **es el extremo del cuerpo y se ubica entre los muslos** –Netzaj y Hod– **y el torso** –Tiferet–. **Y sobre esto** está dicho que el Iesod **«llegaba hasta los Cielos»,** es decir, hasta el Tiferet.

También está escrito: **«...y he aquí que ángeles de Dios subían y bajaban por ella»** (Ibíd. 28:12): **éstos son los encargados** espirituales **de todas las naciones que ascienden y descienden por esta escalera. Cuando** los miembros de **Israel pecan, es descendida esta escalera,** en referencia al Maljut, **y ascienden esos encargados** de las naciones a nutrirse a través de ella; **y cuando** los integrantes de **Israel rectifican sus acciones, esta escalera asciende,** el Maljut,

y todos los encargados descienden abajo, y su dominio es anulado. Todo depende de esta escalera asociada con el Maljut. **Y cuando todos descienden abajo, se transforma en una escalera estable,** que sostiene la existencia de Israel. Y **aquí Jacob vio en su sueño el dominio de Esaú y el dominio del resto de las naciones** que someterían a Israel durante su largo exilio.

Otra cosa y una nueva enseñanza: **«Y he aquí que ángeles de Dios subían y bajaban por ella». ¿Debido a quién?** Debido **a la cabeza de esa escalera,** es decir, debido al Iesod, la cabeza del Maljut. **Porque cuando su cabeza se retira de ella, la escalera es dominada y todos los encargados ascienden** para nutrirse a través de ella; **y cuando su cabeza se une a esa escalera, asciende** para unirse con el Tiferet **y todos los encargados descienden. Y todo es una misma** explicación y un mismo misterio.

Está escrito en el versículo bíblico: **«En Guivón se le apareció El Eterno a Salomón en un sueño por la noche y le dijo Dios: solicita: ¿qué te daré?»** (1 Reyes 3:5). **Y si dijeras: ¡aquí** El Eterno se le revela **en un sueño!** Es decir, es notable que el rey Salomón, unido al Maljut, descendiese al nivel del sueño, cuyo encargado es Gabriel. **¿Y qué (150a) autoridad tiene un sueño para hacer esto?** ¿Acaso Gabriel puede ofrecerle al rey Salomón darle aquello que solicite? **Pero aquí se incluyó un grado con otro grado,** es decir, **el grado superior con el grado inferior, porque hasta ahora Salomón no estaba completo** ya que se encontraba justo al comienzo de su nivel de profecía. **Y una vez que se completó está escrito: «Y El Eterno le dio sabiduría a Salomón»** (1 Reyes 5:26), **y está escrito: «Y se multiplicó la sabiduría de Salomón»** (Ibid 10), **porque** ahora ya sí **la Luna se encontraba completa,** –expresión que indica que el Maljut había alcanzado su sexto nivel–, **y el Templo fue construido, y entonces Salomón** ya **veía de frente a la sabiduría y no tuvo necesidad del** nivel del **sueño.**

Sin embargo, **después de que él pecó** al tomar mujeres de otras naciones **necesitó del sueño como al principio,** su nivel espiritual

150a

nuevamente recayó, **y por eso está escrito: «quien se le había aparecido a él dos veces»** (Ibíd. 11:9). **¿Es que dos veces fue y no más? Sino que del flanco del sueño se le manifestó dos veces,** mientras que de **el flanco de la sabiduría sucedía a diario. Y aún así, el flanco del sueño** de Salomón **era superior al del resto de todos los otros hombres, ya que** en su caso **un grado se incluyó con el otro grado, una visión con otra visión. Y además** se enseña que **ahora, hasta el final de sus días, fue más oscura** su profecía y por eso requirió de Gabriel, **y esto debido a que pecó y la Luna se vio afectada. ¿Por qué razón? Porque no cuidó el pacto sagrado al ocuparse de mujeres gentiles,** convirtiéndolas en contra de su voluntad.

Y esta es la condición que El Santo, Bendito Sea, estableció con David, el padre del rey Salomón, **como está escrito: «Si tus hijos mantienen mi pacto... también sus hijos** *–adei ad–,* **para siempre se sentarán sobre tu trono»** (Salmos 132:12). **¿Qué significa *adei ad,*** para siempre? **Es como está escrito: «como los días de los Cielos sobre la Tierra»** (Deuteronomio 11:21): para siempre. **Y debido a que Salomón no cuidó este pacto apropiadamente, la Luna empezó a verse afectada, y por ello finalmente necesitó del sueño. Y así** fue como **Jacob necesitó del sueño, tal como ha sido dicho.**

Enseña el versículo de la Torah: **«Y he aquí que El Eterno estaba de pie sobre él** *–nitzav alav–* y dijo: "Yo soy El Eterno, Dios de Abraham, tu padre, y Dios de Itzjak (Isaac); la tierra sobre la cual yaces a ti te la daré y a tus descendientes"» (Génesis 28:13). Es decir, el Nombre del Tetragrama se encontraba sobre el patriarca, lo cual viene a aludir a las diez sefirot del Mundo de Atzilut, las cuales, en conjunto, son denominadas *«emuná»* –fe–. Esto señala entonces que **aquí vio Jacob el vínculo de fe,** las diez sefirot, **como uno** sólo. Y la expresión ***«nitzav alav»*** se refiere a «sobre el Maljut», **y está escrito** acerca de Iehoshafat: **«Y un rey no hay en Edom, hay un representante** *–netziv–* **del rey»** (1 Reyes 22:48). Significa: en los dos casos la palabra hebrea *«netziv»* está relacionada con el reino: **vio** Jacob **que todos los grados se encontraban, todos, como uno, sobre esa escalera,** el Maljut, para iluminarla, **para que todos se unieran en**

un solo vínculo, en su interior. **Y debido a que estaba ubicada esa escalera entre dos lados,** entre el Norte y el Sur, ya que la escalera se apoyaba en Beersheba, en el Sur, y su extremo en Bet El, en el Norte –o en el lenguaje de los sabios cabalistas, entre el Jesed y la Gevurá–, **tal como está escrito: «Yo soy El Eterno, Dios de Abraham, tu padre, y Dios de Itzjak (Isaac); la tierra** sobre la cual yaces a ti te la daré y a tus descendientes» (Ibíd. 28:13): **estos son los dos lados, en la derecha y en la izquierda.**

Otra cosa y una nueva enseñanza: lo que está escrito: **«y he aquí que El Eterno estaba de pie sobre él** *–nitzav alav–*», **«sobre él»,** es **sobre Jacob, para que todo fuera un carruaje sagrado: derecha e izquierda, y Jacob entre ellos, y la Congregación de Israel uniéndose entre ellos, como está escrito: «Yo soy El Eterno, Dios de Abraham, tu padre, y Dios de Itzjak (Isaac);** la tierra sobre la cual yaces a ti te la daré y a tus descendientes» **¿Cómo sabemos que Jacob se encuentra en el medio? Lo aprendemos de lo que está escrito: «Dios de Abraham, tu padre y Dios de Isaac», y no está escrito «Dios de Itzjak, tu padre»,** pues debería haber escrito «Dios de Abraham y Dios de Itzjak, tu padre», ya que Itzjak es su padre, y del hecho que también a Abraham lo asocia con su padre se aprende que Jacob proviene del medio de ambos: del Jesed de Abraham y de la Gevurá de Itzjak. Y de lo contrario, se hubiese entendido equivocadamente que provenía sólo de la Gevurá de Itzjak. **Pues debido a que estaba unido a Abraham, resulta que él se encuentra en el medio. Y después** está escrito: **«la tierra** –el Maljut– **sobre la cual yaces»** (Ibíd.): **he aquí que todo es un carruaje sagrado único. Y aquí vio** y supo **que sería el más íntegro entre los Patriarcas.**

Ven y **observa** lo que dice el versículo: **«Dios de Abraham, tu padre».** Y **una vez que dijo «Dios de Abraham, tu padre», ciertamente se encuentra en el medio.** Y lo que está escrito: **«Y Dios de Isaac»,** con la letra Vav, **aquí se alude a que se vinculó con los dos flancos y se aferró a ellos. Se aferró a un flanco porque está escrito: «Abraham, tu padre» y se aferró al otro flanco porque está escrito: «Y Dios de Isaac», con un agregado de** la letra **Vav** –y Dios

150a

de Isaac– **en lo referente a Isaac, mostrando que Jacob se aferra a dos flancos.**

Y hasta que Jacob no tomó una esposa no fue más mencionado acerca de él de modo revelado una expresión como «Dios de Jacob» en el texto bíblico, **y** sin embargo **fue dicho de modo revelado para los que conocen los caminos de la Torah** ya que los que verdaderamente aprehenden los secretos y los misterios de la Torah lo deducen a partir de la letra Vav de la expresión «Y Dios de Isaac». Y **después de que se casó y engendró,** sí **está dicho sobre él de modo revelado, como está escrito: «Allí erigió un altar y lo denominó: «Dios, el Dios de Israel»** (Ibíd. 33:20). **De aquí aprendemos: quien no se completa abajo no se completa en lo Alto.**

Sin embargo, **Jacob es diferente, porque se completó en lo Alto y en lo bajo** porque en su juventud se completó a través del estudio de la Torah, pero como se trataba de un nivel de potencia y no de acto, por eso su perfección fue solamente aludida **pero no** mencionada **de modo revelado. Y si tú dijeras que se completó en aquel momento** plenamente, antes de tomar una esposa, **no** es así. **Sino** que El Eterno **vio que se completaría después de esto** al tomar una esposa y por ello su nivel fue solamente sugerido. **Y si tú dijeras: he aquí que está escrito** en el versículo: **«He aquí que Yo estoy contigo; te guardaré dondequiera que vayas** y te devolveré a esta tierra; pues no te abandonaré hasta que haya hecho lo que he hablado a tu respecto» (Ibíd. 28:15)! lo cual es como si le fuera dicho «he aquí que yo soy tu Dios», de lo cual nuevamente se entiende que ya había logrado la más completa perfección, la respuesta es que aún no podría transformarse en el carruaje divino **sino que la providencia de El Santo, Bendito Sea, y Su protección no abandona a Jacob jamás en todo lo que necesita en este mundo, pero** transformase en el carruaje divino **en el Mundo Supremo** no podía lograrlo **hasta que él fuera completo** tomando una esposa.

Continúa el texto bíblico: **«Iaacov (Jacob) se despertó de su sueño y dijo: «Ciertamente El Eterno está presente en este lugar, ¡y yo** *–Anoji–* **no lo sabía!»** (Ibíd. 16). Pero **¿acaso es sorpren-**

dente que él no sabía? Si era la primera vez que El Eterno se le reveló, ¿cómo habría de saberlo? Pero la respuesta no es que se sorprendió por desconocer la santidad del lugar, ya que nadie se lo podría haber dicho, **sino ¿qué es** y qué significa la expresión **«y yo no lo sabía»?** Sino que la respuesta es **como está dicho: «Y a El Eterno no he implorado»** (1 Samuel 13:12). **Dijo** Jacob: **¿y es que todo esto me es revelado y sin embargo yo no he meditado para conocer a Anoji, entrando bajo las alas de la Shejiná, para ser completo?**

Ven y **observa: está escrito** en el versículo: «Los hijos reñían en sus entrañas y ella dijo: **«De ser así, ¿por qué a mí** *–Anoji–* **me sucede esto?»** Y fue a interrogar a El Eterno» (Génesis 25:22). **Cada día y día veía Rivka la luz de la Shejiná,** denominada Anojí, **(150b), pues la Shejiná se encontraba en su morada, y rezó allí. Pero cuando percibió sus aflicciones en sus entrañas,** y que no era respondida en sus plegarias, **¿qué está escrito? «Y fue a interrogar a El Eterno»: salió de un grado hacia otro grado, que es el de El Eterno.** Es decir, se elevó desde el nivel de la Shejiná al nivel del Zeir Anpín, asociado con el Nombre del Tetragrama, con la intención de lograr la unificación de ambos niveles. **Y debido a esto dijo Jacob: ¿he visto tanto, y sin embargo «y yo** *–Anoji–* **no sabía** y no generé la unificación de estos dos niveles espirituales?». Y el motivo de no haberlo hecho era **porque** realmente no podía, ya que **él estaba solo y no había entrado bajo las alas de la Shejiná.**

Inmediatamente el texto bíblico nos comunica: **«Tuvo miedo, y dijo: ¡Qué terrible es este lugar!** ¡Ésta no es otra que la Casa de Dios, y ésta es la puerta de los Cielos!» (Ibíd. 28:17): **este asunto** referente a este lugar **es en dos direcciones** que en realidad son una: **«¡Qué terrible es este lugar!»: uno, en referencia a este lugar mencionado en un comienzo:** el Maljut. ¿Cuándo? Cuando está escrito «se topó con el lugar...». **Y uno en referencia a la señal del pacto sagrado, que no es apropiado que se anule:** el grado del Iesod. Es decir, no es apropiado que no se encuentren unificados. **Y a pesar de que éstos son dos lados,** en realidad **son uno** en el momento de la unión y la unificación, y por ello **«Él dijo: ¡Ésta no es** *–ein ze–* **otra que la Casa**

150b

de Dios, y ésta es la puerta de los Cielos!»» (Ibíd.): **ésta** *–ze–* **no debe anularse, y éste** ***ze*** **no debe permanecer solo,** en referencia al Iesod, el cual no es apropiado que esté solo ya que **su pacto no es sino** con **«la casa de Dios»,** en referencia al Maljut, «la casa», Elokim, **la cual debe actuar con él y generar con él frutos,** las almas, **y derramar en él bendiciones de todos los miembros del cuerpo,** en relación al Tiferet, **porque ésta es la puerta de todo el cuerpo,** es decir, el Iesod, **tal como está escrito: «Y ésta es la puerta de los Cielos»: ésta es la puerta del cuerpo,** ciertamente, el Iesod, **y es una puerta para derramar bendiciones en lo bajo. Se aferra arriba y se aferra abajo. Se aferra arriba, como está escrito: «¡ésta es la puerta de los Cielos!»,** en relación al Tiferet; **se aferra abajo, como está escrito: «¡Ésta no es otra que la Casa de Dios!»,** en referencia al Maljut. **Y por ello** está escrito: **«Tuvo miedo, y dijo: "¡Qué terrible es este lugar!"»** que enseña acerca de la importancia de la unificación de los aspectos masculino y femenino. **Sin embargo, los seres humanos no ponen atención en la gloria que hay en él,** en el Iesod, para cuidarlo y protegerlo apropiadamente, **a través del cual uno se hace completo** y se rectifica **en lo Alto y en lo bajo.**

Vino su padre y lo besó al escuchar las maravillosas palabras de la Torah que su hijo había revelado.

Rabí Itzjak dijo: cuando estas palabras oí de su boca, lloré y dije: ¡Bendito sea El Santo, Bendito Sea, que no anuló del mundo la Sabiduría suprema!

Los acompañé a ellos por tres parasangas hasta que entré con ellos a la ciudad. No alcanzaron a entrar a la ciudad cuando su padre ya había establecido una mujer para la boda de su hijo, y le dije: ¡Tus palabras no fueron en vano! Pues acabas de enseñarnos acerca de la importancia de estar casado y de completarse uniéndose a una mujer, y ahora tu padre ya te ha encontrado a una esposa adecuada.

Dije a ellos: **esto es lo que dijo Rabí Shimón: que todas estas cosas marchan de acuerdo al misterio de la Sabiduría y** que vienen también **a demostrar** y a enseñar **otros temas** relacionados.

Ahora bien: **cuando ordené estas enseñanzas delante de Rabí Shimón, él me dijo: ¡no digas** ni consideres **que estas cosas son** innovaciones **del niño! Sino que** debes saber que **se trata de enseñanzas misteriosas supremas y todas están inscritas en el misterio de la Sabiduría.**

El texto de la Torah nos relata: **«Iaacov (Jacob) hizo un voto, diciendo: «si Dios ha de estar conmigo,** ha de guardarme por este camino que voy; dándome pan que comer y ropa que vestir; y si retornare en paz a la casa de mi padre, y si El Eterno ha de ser un Dios para mí, entonces, esta piedra que he colocado como pilar será la casa de Dios y todo lo que me des habré de diezmarlo para Ti» (ídem, 20–22).

Rabí Iehuda dijo al respecto: **ya que todo esto le prometió El Santo, Bendito Sea, ¿por qué no creyó** Jacob **que dijo «si Dios ha de estar conmigo»?** ¡Ya Dios le había dicho que lo acompañaría en todos sus caminos! **Sino que dijo Jacob: un sueño soñé, y he aquí que en los sueños hay** entre ellos **algunos que son verdaderos y algunos que no son verdaderos. Y si se cumple, he aquí que sabré que es un sueño verdadero. Y sobre esto dijo: «si Dios ha de estar conmigo», tal como soñé, «y si El Eterno** –Tiferet– **ha de ser un Dios para mí»,** entonces **yo atraeré bendiciones del manantial del arroyo de todo,** la Biná, **a este sitio llamado Elohim** –el Maljut–.

Ven y **observa: Israel, que está en el medio,** en referencia al Zeir Anpín que se ubica entre la Biná y el Maljut, **él toma todo en un comienzo de la fuente de todo:** la Biná. **Y después que** la abundancia **llega a él, de él fluye y continúa hacia ese sitio,** el Maljut, **lo que aprendemos de lo escrito: «El Eterno ha de ser... para mí», primero; y después: todo para Elohim,** para Dios, en referencia al Maljut. Y dijo Jacob: **así como Elohim ha de protegerme y ha de hacerme todos estos bienes, también yo le atraeré de mi sitio,** del Tiferet, **todas estas bendiciones, uniendo el nexo,** el Iesod, **de todo,** de todas las sefirot, **con él,** el Maljut. **¿Cuándo?** Tal como lo refiere el versículo: **«y si retornare en paz a la casa de mi padre,**

y si El Eterno ha de ser un Dios para mí...» (Ibíd.), es decir, **cuando me asiente en mi grado y esté asentado** también **en el grado de la paz,** el Iesod, **para rectificar «la casa de mi padre»,** el Maljut, y por ello: **«y si retornare en paz» precisamente, entonces «El Eterno ha se ser un Dios para mí».**

Otra cosa y una nueva enseñanza: **«y si retornare en paz a la casa de mi padre», porque allí es la Tierra Santa, allí será completado,** tal como está escrito: **«El Eterno ha de ser un Dios para mí»: en ese lugar me elevaré desde este grado a otro grado, apropiadamente,** es decir, del Maljut al Tiferet, **y allí realizaré Su servicio** y haré descender la abundancia espiritual desde la Biná al Maljut.

Rabí Jia abrió su enseñanza **y dijo** citando un versículo bíblico: **«Las transgresiones son demasiadas para mí, mas Tú perdonas nuestras rebeldías»** (Salmos 65:4). **Este versículo es difícil** de entender **ya que su final no es como su comienzo y su comienzo no es como su final. Sino que** el rey **David,** el autor de los salmos, **solicitó por sí mismo, y luego solicitó por todos. «Las transgresiones son demasiadas para mí»** enseña que **David dijo: yo sé por mí mismo que he transgredido, pero cuántos malvados hay en el mundo cuyas transgresiones son mayores que las mías. Considerando que es así, (151a) a mí y a ellos «Tú perdonas nuestras rebeldías».**

Ven y **observa: cuando los pecados abundan en el mundo, ellos ascienden hasta ese sitio donde los Libros de los Pecadores se abren** para juzgarlos para bien o para mal, **como está dicho: «Los jueces se sentaron y los libros fueron abiertos»** (Daniel 7:10). **Y ese libro está arriba de la cabeza de David,** es decir, por encima del Maljut, **y debido a esto: «las transgresiones son demasiadas para mí»,** es decir, se elevaron al grado de la Gevurá y no está en mi mano el rectificarlas, **y por esto «Tú** –Jesed– **perdonas nuestras rebeldías».** Es decir, únicamente el Jesed, quien se encuentra por encima de la Gevurá, puede rectificar estas transgresiones.

El patriarca **Jacob, de igual modo,** temió ante la posibilidad de verse afectado por transgresiones, **y debido a esto Jacob no creyó** completamente en lo dicho: «He aquí que Yo estoy contigo; te guardaré dondequiera que vayas y te devolveré a esta tierra; pues no te abandonaré hasta que haya hecho lo que he hablado a tu respecto», razón por la cual estableció una condición y un voto: «Si Dios ha de estar conmigo, ha de guardarme por este camino que voy; dándome pan que comer y ropa que vestir; y si retornare en paz a la casa de mi padre, y si El Eterno ha de ser un Dios para mí, entonces, esta piedra que he colocado como pilar será la casa de Dios y todo lo que me des habré de diezmarlo para Ti». Y se continúa explicando: **si tú dices que él no creyó en El Santo, Bendito Sea, no** es así, **sino que no creyó en sí mismo,** ni que era merecedor de la providencia y la protección divina pues temió **que tal vez pecara, y ese pecado evitaría que él retornara en paz y la protección fuera apartada de él. Y debido a esto no creyó en sí mismo.**

Y lo escrito: **«y El Eterno ha de ser para mí Elohim»,** significa: **cuando regrese** a mi casa **en paz,** entonces **incluso** el Nombre del Tetragrama, el cual es el misterio de **la Misericordia, lo pondré frente a mí como** si Él fuera el Nombre Elokim, que es el misterio del **Juicio.** Y esto **debido a que yo sirvo ante Él permanentemente** y no poseo pecado alguno por el que pueda temer ante el Juicio. Pero en el camino necesitó de la Misericordia para salvarse de Esaú y de Labán.

Rabí Aja dijo y enseñó: **Jacob dijo: «ahora yo no necesito del Juicio** cuando me encuentro en el camino, sino de la Misericordia divina. **Cuando retorne a la casa de mi padre, me incluiré en el Juicio,** es decir, el Tiferet, que es el Rajamim, con el Din, **y me uniré con él».**

Rabí Iosei dijo: ¡No es así que en el camino no quiso ningún contacto con el Juicio divino! **Más bien, él dijo: «ahora si Elohim ha de estar conmigo»,** es decir, el Juicio, si me acompaña en el camino, ya que **al Juicio lo necesito para que me cuide hasta que retorne en paz a la casa de mi padre.** Es decir, que el mismo Juicio me salve de los malvados que buscan matarme. **Y una vez que retorne en**

151a

paz, incluiré la Misericordia con el Juicio, y me uniré con un nexo fiel, incluyendo a todo en uno, incluyendo de este modo a todas las sefirot juntas en el Maljut.

Dice el versículo: **«entonces, esta piedra,** que es el Maljut, **que he colocado como pilar será la casa de Elohim»** (Génesis 28:22), **porque entonces todo será un único nexo,** es decir, todas las luces de las sefirot se encontrarán unidas al Maljut, y ella las acogerá como una casa, **y esta piedra se bendecirá desde la derecha,** del Jesed, **y desde la izquierda,** de la Gevurá, **y se bendecirá desde arriba,** del Netzaj, **y desde abajo,** del Hod, **porque yo daré un diezmo de todo.** Y no son mencionadas sino las dos líneas de la izquierda y la derecha de las sefirot, ya que resulta innecesario mencionar la línea central puesto que el Malut pertenece a la misma. Y El Zohar nos enseña que todo esto se logra a través de la separación y la entrega del diezmo.

Rabí Aba dijo a modo de discrepancia: «no puede interpretarse de este modo pues **he aquí que está escrito: «tomó de las piedras del lugar»** (Ibíd. 11), en plural, y entonces resulta imposible explicar que el versículo se refiere únicamente al Maljut sino a los doce ángeles del Maljut denominados «las piedras del lugar», que son el misterio de estas doce piedras, y que a su vez son el carruaje del Maljut. Por lo tanto, cabe preguntar: ¿a quién alude esta piedra mencionada al final del mismo pasaje? **Y si tú dijeras que ésta es una piedra suprema,** es decir, el Maljut, **y muchas piedras se encuentran en el lugar en el que se asienta, para morar sobre ellas,** sobre las doce piedras, es decir, sobre los doce ángeles que le sirven de carruaje, esto no puede ser así, **porque he aquí que está escrito: «¡Esta piedra que he colocado como pilar!»** Y esta palabra hebrea *–matzevá–* pilar, alude a algo que se encuentra en la base y no sobre algo, sobre otro apoyo. Es decir: «**¡suprema» debería decir** y no *«matzevá!* **Porque él dijo** al despertarse de su sueño: **«¡Ésta** *–ze–* **no es otra que la Casa de Dios»,** lo cual sugiere a una base y a una casa: al Maljut. **Aquí,** a través de estas palabras, **la erigió** al Maljut **como un pilar supremo, debido a que le atribuyó toda la alabanza de éste,** el Iesod, denominado «ze», **en ella,** el Maljut, y la intención de esto es que **no hay «*ze*» que sustenta a lo bajo** ya que el Iesod no puede sustentar a los entes inferiores **sino a través de la Casa de Elohim** que es el Maljut. **Y está bien, y debido a esto está escrito: «que** esta piedra que **he colocado como pilar» será la Casa de Dios por siempre.**

Más acerca de la expresión bíblica: «esta piedra que he colocado como pilar será **la Casa de Dios».** ¿De Dios? ¿De Elokim? ¡De **la Casa de El Eterno debería decir!, como está dicho: «para construir la casa de El Eterno»** (Esdras 1:5), **y de manera similar: «¡iremos a la casa de El Eterno!»** (Salmos 122:1). **Pero** la explicación es que posee otro aspecto: **éste es el sitio de la Casa del Juicio,** el Maljut, **desde dos aspectos supremos: desde el aspecto del** año del **Jubileo,** la Biná, **que es el de Elohim Viviente** *–Elokim Jaim–*, **y desde el aspecto de Isaac,** la Gevurá, **Elokim.**

Rabí Elazar dijo a modo de discrepancia, sin aceptar que el Maljut es denominada la Casa de Elokim porque recibe el Juicio de la Biná, **el Jubileo: a pesar de que los juicios se despiertan en él,** en la Biná, **y todos** en realidad **son Misericordia, toda alegría de ella surge y esto es la alegría de todo. Más bien:** el motivo por el cual el Maljut es denominado la **«casa de Elohim» es por el lado del Juicio severo,** de la Gevurá. Pues **si para bien,** es decir, si el juicio es necesario para la supervivencia del mundo, **desde el costado de la izquierda se despierta la Misericordia, como está dicho: «Su** mano **izquierda debajo de mi cabeza»** (Cantar de los Cantares 2:6). **Si para mal, desde el costado de la izquierda el Juicio severo se despierta, como está dicho: «Desde el Norte el mal comenzará sobre todos los habitantes de la tierra»** (Jeremías 1:14). Por lo tanto, **ciertamente** es denominada **«casa de Elohim».**

Rabí Shimón dijo: el hecho de que el Maljut sea denominado **«casa de Elohim»,** y no «casa de El Eterno», **corresponde a lo que está escrito: «ciudad del gran rey»** (Salmos 48:3). Es decir, el Maljut es la ciudad de la luz de la Biná, denominada «gran rey». Porque **hay un rey sin apelativo, y hay un rey grande. Y ciertamente el mundo supremo es el gran rey, y esto es** llamado **«ciudad del gran rey.»** Es decir, el Maljut no sólo recibe la luz de Zeir Anpín –y enton-

151a

ces es denominada «casa de El Eterno»– sino que también recibe la luz de la Biná, y entonces es denominada «casa de Elohim».

Rabí Jia y Rabí Jizkia estaban sentados debajo de árboles en el campo de Ono. Rabí Jia se adormiló y vio en su ensoñación **a Eliahu. Dijo** al profeta: **«¡del brillo de mi señor el campo resplandece!»**

Dijo el profeta Eliahu a Rabí Jia: **«ahora he venido a anunciar que Jerusalén está próxima a ser destruida** enteramente, ya que, si bien tras la primera destrucción logró restablecerse, ahora será destruida completamente por la anulación del estudio de la Torah, **y todas esas ciudades de los sabios** serán destruidas junto a ella; **porque Jerusalén** del mundo físico **es juicio, está asociada con el juicio,** y se ubica en correspondencia con la Jerusalén celestial que está asociada con el Maljut, que es el atributo del juicio, **y existe debido al juicio** porque a través de que en la Jerusalén terrenal se realiza el juicio, entonces hay existencia y abundancia espiritual en la Jerusalén celestial, **y por el juicio es destruida. Y he aquí que ha sido concedido el permiso a Samael sobre ella y sobre los poderosos del mundo,** es decir, los justos del mundo. **Entonces yo he venido a informar a los sabios: tal vez puedan prolongar los años de Jerusalén** a través de su estudio de la Torah y de sus plegarias, tal como está escrito: «Pues de Tizón saldrá la Torah y la palabra de El Eterno de Jerusalén». **Porque todo el tiempo que la Torah se encuentre en ella, ella existe, ya que la Torah es el Árbol de la Vida sobre la cual se apoya. Todo el tiempo que la Torah se despierta abajo** a través de su estudio, **el Árbol de la Vida no se aparta hacia lo Alto. Si se interrumpe la Torah en lo bajo, el Árbol de la Vida se retira de ella. Y debido a esto todo el tiempo que los sabios se aferran a la Torah** y logran la unificación entre Jerusalén y la Torah, entonces **Samael no puede con ellos,** ni acusarlos ni dañarlos, **porque está escrito: «La voz es la voz de Jacob y las manos son las manos de Esaú»** (Génesis 27:22). Es decir, cuando la voz de la Torah se deja oír en las casas de estudio, entonces las manos de Esaú carecen de poder. **Ésta es la Torah suprema denominada «la voz de Jacob», y mien-**

tras esta voz no cesa, él habla, que es el Maljut, **ejerce su poder y puede** enfrentarse a las Klipot y someterlas; **y por ello la Torah no debe ser interrumpida."**

Y se despertó Rabí Jia (151b) y fueron y dijeron estas palabras que él había escuchado **a los sabios** para que fuesen mucho más cuidadosos en su estudio de la Torah.

Rabí Ieisa dijo tras escuchar el contenido del sueño: **todos** los Sabios eruditos **saben esto** que del estudio de la Torah depende la existencia del mundo, y resulta evidente que llegó para despertarnos aún más en su estudio y a fortificarnos, **y así es, como está escrito: «A menos que El Eterno cuide la ciudad, en vano vigila el guardia»** (Salmos 127:1): **aquellos que se esfuerzan en el estudio de la Torah, la Ciudad Santa existe por ellos, y no sobre los hombres poderosos del mundo. Es como está escrito: «A menos que El Eterno cuide la ciudad, en vano vigila el guardia».**

Enseña el versículo de la Torah: «Iaacov (Jacob) se puso de pie y se dirigió hacia la Tierra de los pueblos del Este. **Observó y he aquí que he aquí que había un pozo en el campo.** Y he aquí que junto al pozo había tres rebaños de ovejas asentados, pues de ese pozo daban de beber a los rebaños, y la piedra que había sobre la boca del pozo era grande» (Génesis 29:2). **Rabí Iehuda abrió** su enseñanza al respecto **y dijo** citando un nuevo versículo: **«Un salmo de David, cuando él escapó de su hijo Abshalom»** (Salmos 3:1). **En este versículo ya se despertaron los compañeros** (Talmud, Tratado de Berajot 7b) y enseñaron lo siguiente: «Rabí Shimón ben Avishalom dijo: ¿a qué se parece esto? A una persona que tenía un documento de deuda. Antes de pagarlo estaba triste. Después de pagarlo está feliz. Así también David: debido a que El Santo, Bendito Sea, le había dicho: «Haré que de tu propia casa se alce el mal» (2 Samuel 12:11), estaba triste y decía: tal vez se refiera a un esclavo o a un bastardo que ha de salir de mi casa, que no se apiadará de mí. Mas cuando vio que se trataba de Abshalom, se alegró y por eso dijo: «Un salmo de David». **Pero** con toda esta explicación continúa resultando difícil la explicación de lo que está escrito **«un salmo de David»: ¿por qué**

151b

pronunció un cántico si tuvo que escaparse de su hijo Abshalom? **Si** es **porque su propio hijo se levantó contra él,** y no un esclavo o un bastardo, **entonces mejor hubiera sido necesaria una lamentación** acerca de esto, **ya que a un hombre le duele más un pequeño dolor de un** hombre **cercano que otro mayor de un extraño.** Pero la explicación es la siguiente: **sino «un salmo de David»: pronunció un cántico y así lo quiso David** intencionalmente debido a la aflicción que sufría debido a su hijo. **Porque él pensó que El Santo, Bendito Sea, retiraría y guardaría su pecado para Aquel Mundo; pero cuando vio que aquí, en este mundo requería cobrarle a él, se alegró** y pronunció un cántico, ya que es preferible un sufrimiento en este mundo y no en el mundo venidero.

Además, cabe decir que entonó un cántico **cuando vio que** hombres **más grandes que él había en el mundo que habían escapado** de sus casas, y se preguntó a sí mismo: ¿acaso yo soy más grande que ellos? **Y todos solos** debieron escaparse y huir. **Jacob escapó** de su hermano que lo buscaba con intenciones de matarlo, **como está escrito: «Jacob escapó al campo de Aram...»** (Oseas 12:13), y **escapó solo. Moisés escapó** también solo, **como está escrito: «Moisés escapó de la presencia del Faraón»** (Éxodo 2:15): **escapó solo.** Lo que no sucedió en el caso del rey, porque **cuando David escapó, todos esos gobernantes de la Tierra, y todos esos poderosos de la Tierra, y los jefes de Israel, todos escaparon junto con él, rodeándolo a la derecha y a la izquierda, protegiéndolo en todas las direcciones. Al ver este honor** que recibió y que no se vio obligado a escapar desprotegido y humillado, entonces **pronunció un cántico.**

Y dijo Rabí Iehuda: «todos se encontraron con este pozo al momento de escapar, pues la palabra pozo, en hebreo *beer,* alude a la Shejiná que sale a su encuentro para cuidarlos y protegerlos. **Y** entonces **David, ¿por qué no lo encontró? Sino que David, en ese momento, sus acosadores** espirituales **le eran hostiles en ese tiempo** ya que la Shejiná lo castigó con esta huída ya que atentó contra Ella al cometer aquel acto con Batsheva. **Y debido a esto no se encontró con él.** Pero **a Jacob y Moisés los recibió ese pozo**

con alegría y quiso acercarse a ellos ya que cada una de sus huidas fueron para sumarles niveles espirituales y no sucedieron como consecuencia de una trasgresión. **Y por ello, cuando los vio ese pozo ascendieron las aguas hacia ellos, como una mujer que se alegra con su esposo.**

Y si dijeras: he aquí que Eliahu se escapó y no lo encontró la Shejiná, **¿por qué** no? **Sino que Eliahu estaba** espiritualmente enraizado **debajo del pozo, y no arriba como estaban Moisés y Jacob. Y debido a esto él es un ángel,** tal como lo explican los sabios que es uno de los ángeles que fue consultado por El Eterno al crear al hombre, **y lleva a cabo misiones** de la Shejiná, y por esto el pozo no salió a su encuentro. **Y debido a que Jacob y Moisés están** enraizados espiritualmente por **arriba del pozo, el pozo se alegra ante ellos y se levanta para recibirlos como una mujer que se alegra de su esposo y lo recibe.**

También está escrito que **«observó y he aquí que he aquí que había un pozo en el campo».** ¿Qué significa esto? **Es un misterio, porque él vio ese pozo de lo Alto, uno correspondiente al otro.**

Igualmente **está escrito: «Y he aquí que junto al pozo había tres rebaños de ovejas asentados,** pues de ese pozo daban de beber a los rebaños, y la piedra que había sobre la boca del pozo era grande». Ahora bien: **si había (152a) tres, ¿por qué está escrito** en el versículo siguiente: **«cuando se reunían todos los rebaños en aquel lugar»? Porque estos tres son el Sur, el Este y el Norte,** en correspondencia con Jesed, Gevurá y Tiferet: **el Sur de este flanco** derecho en correspondencia con el Jesed; **el Norte de este flanco** izquierdo en correspondencia con la Gevurá; **y el Este entre ellos,** en correspondencia con el Tiferet, el cual media entre ambos. **Y estos se encuentran sobre este pozo,** el Maljut, **y se aferran a él** y lo elevan de entre las Klipot **y lo colman** con abundancia espiritual. **¿Por qué razón** debe ser colmado? **Porque «de ese pozo daban de beber a los rebaños»:** las almas de los justos y los ángeles de los mundos inferiores, los cuales se ordenan como rebaños que constituyen el campamento sagrado de la Shejiná, **tal como está escrito: «dando**

152a
de beber a todas las jaiot del campo» (Salmos 104:11). Es decir, los justos y los ángeles reciben su abundancia del Maljut, el cual es colmado a través del Jesed, la Gevurá y el Tiferet.

Véase al final del volumen: Tosefta (anexo 2)

El versículo enseña: **«cuando se reunían todos los rebaños en aquel lugar»,** es decir, cuando se reunían en el pozo, el cual se refiere al Maljut, **tal como está escrito: «todos los arroyos fluyen al mar»** (Eclesiastés 1:7). Los arroyos, que representan el misterio de la abundancia de las sefirot superiores –Jojmá, Biná y Tiferet–, marchan y fluyen a través del Jesed en dirección al Maljut, denominado Mar.

A través de la abundancia de las sefirot supremas **«hacían rodar la piedra** de la boca del pozo», **quitando del mismo el poder del Juicio severo, el cual solidifica y congela** la abundancia del Maljut evitando que la misma descienda a los Mundos Inferiores, **y entonces,** al estar bajo la influencia del poder del Juicio severo, **es llamado piedra,** ya que su abundancia se solidifica como una piedra **y no surgen de ella aguas hacia fuera. Y cuando estos arroyos llegan se fortifica el Sur,** el flanco del Jesed, **que es la derecha,** lo cual «descongela» la abundancia del Maljut, **y no puede el Norte,** que es el flanco de la Gevurá, **solidificar el agua** que es la abundancia espiritual. ¿A qué se parece esto? **Como a ese río cuyas aguas son abundantes, no se solidifican y no se congelan sus aguas como un río cuyas aguas son pocas. Entonces cuando esos arroyos llegan, el Sur, a la derecha, se fortifica; y su agua es liberada, fluye, y da de beber a los rebaños, como ha sido dicho, como está escrito: «dando de beber a todas las jaiot del campo».**

La Torah nos enseña que **«luego volvían a colocar la piedra en su sitio, en la boca del pozo»** (Génesis, Ibíd. 3), haciendo regresar al Juicio del Maljut, **porque el mundo necesita Su juicio,** es decir, **que sea** conducido **con Juicio, para amonestar a los pecadores.**

Ven y **observa: Jacob, cuando él se sentó junto a ese pozo y vio al agua que ascendía hacia él, supo que allí se le habría de**

presentar su esposa. De manera similar, cuando Moisés se sentó junto al pozo, cuando vio que el agua se elevaba hacia él, supo que allí se le habría de presentar su esposa. Y así le sucedió a Jacob, que allí se le presentó su esposa, como está escrito: «Mientras él estaba hablando aún con ellos, Rajel (Raquel) llegó con las ovejas de su padre, pues ella era pastora. **Y cuando Iaacov (Jacob) vio a Rajel (Raquel),** hija de Labán, el hermano de su madre, y a las ovejas de Labán, el hermano de su madre, Iaacov (Jacob) se acercó e hizo rodar la piedra de la boca del pozo y dio de beber a las ovejas de Labán, hermano de su madre.» Y lo mismo sucedió con **Moisés,** sobre quien **está escrito: «Y vinieron los pastores y los apartó»** (Éxodo 2:17), **y allí se le presentó Tzipora,** su esposa, **(152b) debido a que este pozo les provocó** que este encuentro sucediera.

Ven y **observa: este pozo siete veces está escrito** y mencionado **en esta sección, ya que es una alusión al** misterio del número **siete, y así es llamado: Beersheva,** pues **este pozo es mencionado siete veces en esta sección** hasta el décimo versículo, tal **como está escrito: 1. «Observó y he aquí que he aquí que había un pozo en el campo»; 2. «pues de ese pozo** daban de beber a los rebaños»; **3. «y la piedra que había sobre la boca del pozo era grande»; 4 «cuando se reunían todos los rebaños en aquel lugar,** hacían rodar la piedra **de la boca del pozo...»; 5. «y daban de beber a las ovejas y luego volvían a colocar la piedra en su sitio, en la boca del pozo»; 6.** «No podremos hasta que todos los rebaños hayan sido reunidos **y hagan rodar la piedra de la boca del pozo»; 7. «E hizo rodar la piedra de la boca del pozo». He aquí siete** veces, **y ciertamente es así** que la Torah escribió siete menciones del término pozo lo cual sugiere a que el Maljut es la séptima sefirá a partir del Jesed.

Y con respecto a Moisés no está escrito sino una vez, como está escrito en el versículo: **«Él se estableció en la Tierra de Midian, y se sentó junto al pozo»** (Éxodo, Ibíd., 15); **porque Moisés se separó de absolutamente todo,** en alusión a que se apartó de su esposa ya que él se encontraba unido al Mundo Oculto, denominado Lea, y en el que no existe nada relacionado con la reproducción: se

152b

separó **de la casa de abajo; y Jacob no se separó para nada** ya que se encontraba unido al Mundo Revelado, el cual alude a Rajel. Y se explica: **sobre Moisés,** sólo **una** vez es mencionada la palabra pozo, **como está escrito,** lo cual es aludido en el versículo: **«Una es mi paloma, mi perfecta, solamente una de su madre»** (Cantar de los Cantares 6:9). **Y por ello Moisés era el amo de la casa, y ascendió a lo Alto.** Por esto **sobre Moisés está escrito: «Él se sentó junto al pozo»** o literalmente: «sobre el pozo», lo cual indica que él se encontraba por encima de la Matronita y era el dueño de la casa. **De Jacob** está escrito: **«Observó y he aquí que había un pozo en el campo», y no está escrito: «se sentó sobre el pozo.»,** pues él se encontraba abajo, junto a Rajel.

Otra cosa y una nueva enseñanza: **«Iaacov (Jacob) salió de Beersheba y se dirigió hacia Jarán». Rabí Aba abrió** su enseñanza **y dijo** acerca del anterior versículo: **«bienaventurados son aquellos que preservan el juicio, que realizan la justicia en todo momento»** (Salmos 106:3). Y ahora se analiza: **«bienaventurados son aquellos que preservan el juicio»: ¡bienaventurados son** los integrantes del Pueblo de **Israel, a quien El Santo, Bendito Sea, les ha dado la Torah de la verdad, para ocuparse en ella de día y de noche! Porque he aquí que todo aquel que se ocupa de la Torah tiene libertad respecto a todo** lo relativo al sometimiento de los reinos que acosan a Israel, al duro trabajo, al sufrimiento, y también obtiene **libertad de la muerte que** ya **no ejerce poder sobre él, como ha sido establecido** que el Ángel de la Muerte no tiene dominio sobre esta persona sino que sale de este mundo a través de la denominada «muerte del beso». **Porque todo el que se ocupa de la Torah y se aferra a ella, se aferra al Árbol de la Vida,** relacionado por los sabios cabalistas con el Tiferet; **y si él debilita su apego al Árbol de la Vida, he aquí que el Árbol de la Muerte mora sobre él y se aferra a él, tal como está escrito: «Si te debilitas en un tiempo de adversidad, tu fuerza será limitada»** (Proverbios 24:10). Significa: **«si te debilitas»: si debilitas tu mano en** el estudio profundo de **la Torah, «en un tiempo de adversidad, tu fuerza será limitada»: ¿qué significa «tu**

fuerza será limitada» *–tzar kojejá–?* **Será limitada la fuerza de Ko,** en referencia a la Shejiná, tal como ya fue explicado, **porque Ella está siempre a la derecha, y su cuidado sobre una persona es permanente cuando marcha por el camino de la Torah, y entonces desplaza al Mal hacia afuera, para que no se aproxime a la persona y para que no pueda acusarla. Pero cuando una persona se desvía de los caminos de la Torah, y se debilita en** el estudio de **ella, entonces «es limitada la fuerza de Ko», pues ese Mal,** en referencia al Mal Instinto, **que es la izquierda, domina a la persona, y desplaza a ese Ko hacia fuera, hasta que desplaza** por completo a la Shejiná pues se le transforma **su espacio** en muy **estrecho** y se aparta de él.

Otra cosa y una nueva enseñanza: ***«tzar kojejá»:*** **porque cuando una persona se aferra a los caminos de la Torah es amada en lo Alto y es amada en lo bajo, y es un amado de El Santo, Bendito Sea, como está dicho: «El Eterno lo amaba»** (2 Samuel 12:24): **porque era el amado de El Santo, Bendito Sea, y lo amaba. Pero cuando una persona se desvía de los caminos de la Torah entonces «es limitada la fuerza de Ko»: es** como si la Shejiná se transformara en **su adversario, y** como si fuera **hostil con él, y domina sobre él ése que es llamado Mal,** el Mal Instinto, **hasta que lo acusa en este mundo y en el Mundo Venidero.**

Ven y **observa: este Mal, que es el Mal Instinto, domina al mundo en varios aspectos.** Porque cuando el hombre realiza actos impuros le otorga fuerza y poder al Mal Instinto, el cual se nutre precisamente de las malas acciones del ser humano. **¡Y qué dominio ejerce sobre el mundo! Y es la Serpiente poderosa a través de quien Adán pecó y con quien los seres humanos se tropiezan, y** al transgredir **lo atraen hacia ellos hasta que les saca el alma.**

Y ven y **observa** también que **cuando él ejerce su dominio, domina sobre el cuerpo. Y debido a que domina sobre el cuerpo el alma sale de él, ya que el cuerpo se impurifica y el alma se aparta. Y no ejerce dominio sobre él hasta no obtener autorización** de lo Alto. **¡Y cuántos son los** entes dañinos *–jitzonim–* **que provienen de su lado y que ejercen su dominio sobre el mundo! Y he aquí que hemos aprendido que ejercen su dominio sobre todos los actos**

que se realizan en el mundo, pues los entes dañinos provenientes del Mal Instinto ejercen su poder y su influencia maligna sobre absolutamente todo; **y él tiene encargados y servidores, y todos sirven** para tentar **a** que **los** hombres realicen malos **actos en el mundo.**

Y por ello el Mal Instinto **es el Fin** –Ketz– **de la Izquierda,** porque se trata de la escoria espiritual de la Gevurá, **como ha sido explicado que hay un Fin para la Derecha,** que es el Buen Instinto del lado del Jesed, **y un Fin para la Izquierda,** que es el Mal Instinto, **y este Fin de la Izquierda es** el que provoca **el Fin de toda carne y es llamado** también **«Fin de toda carne»** en la Torah (Génesis 6:13); **pero no es denominado «Fin de todo espíritu»** porque no ejerce dominio sobre el espíritu. **Y el misterio de este asunto es que éste es un Fin y éste es un Fin,** es decir, ambos son en realidad denominados Ketz, Fin, aunque sin embargo **éste es el Fin de la carne,** el Mal Instinto, **y éste se refiere al espíritu,** la Santidad. **Y por esto uno es interno,** la Santidad, la cual ejerce su dominio sobre el espíritu interno de la persona, **y el otro externo,** porque ejerce su control sobre el cuerpo; **y uno** se ubica **a la derecha y otro a la izquierda, uno es sagrado y el otro es impuro, tal como ha sido explicado.**

Y ven y **observa el misterio supremo sagrado de la fe** en referencia al Mundo de Atzilut: **el misterio del mundo masculino y del mundo femenino. Y toda la santidad de los** entes **santos** como la santidad del Trono, los ángeles, las jaiot, los serafines y los ofanim, la fe de todos proviene **de él,** del Mundo de Atzilut. **Y todos los misterios de la fe de aquí surgen** a través del Maljut del final del Mundo de Atzilut. **Y toda vida, y toda libertad, y todo bien, y toda (153a) luz de aquí son** y de aquí provienen; **y** por ello **todas las bendiciones y el rocío generoso, y todo amor de la misericordia, todo** proviene **desde este lado, misterio del** flanco del **Sur.**

Desde el lado del Norte, el lado de la Gevurá, **los grados se extienden** a partir del Mundo de la Emanación **hasta llegar abajo,** al sitio de las Klipot asociado con el Fin de la Izquierda, que son la **escoria del oro,** el cual es la Gevurá del lado de la Santidad, y ellos son **del lado de la impureza, suciedad que impurifica** al hombre que se deja arrastrar por ellos. **He aquí que** la Gevurá **está unida a esto, en lo Alto,** a la Santidad, **y** a su vez **está unida a esto, en lo bajo,** en las Klipot. **Y aquí,** en las Klipot, **se unen lo masculino y lo femenino como uno: él,** Samael, **monta sobre la Serpiente, misterio de lo masculino y lo femenino. Y este misterio es Azazel.**

Desde aquí los grados se diversifican, es decir, de la unión de lo masculino y lo femenino en el nivel de las Klipot surgen las diez sefirot del Otro Lado, **y surgen muchos aspectos** malignos **al mundo, expandiéndose desde aquí y ejerciendo su dominio sobre el mundo, y todos son del lado de la impureza,** y hay entre ellos **ministros encargados dentro del mundo.**

Ven y **observa: cuando Esaú salió al mundo era completamente rojo como una rosa,** color asociado con el juicio severo del Otro Lado, **y su pelo era como el pelo de Seir,** ángel Sariel, perteneciente al lado de la Izquierda, el cual es la raíz de Esaú, **y de allí,** del nivel mencionado de las Klipot, **surgen los jefes encargados, poseedores de escudos, que ejercen su dominio sobre el mundo, como ya fue explicado.**

Ven y **observa: «bienaventurados los que preservan el juicio»,** es decir, **que preservan la fe en El Santo, Bendito Sea, porque El Santo, Bendito Sea, es el Juicio. Y una persona debe cuidarse de no desviarse hacia otro camino, sino que debe preservar el juicio ya que El Santo, Bendito Sea, es Juicio y todos Sus caminos son juicio.**

Está dicho: **«que realizan la justicia** *–tzedaká–,* **en todo momento».** Es importante aclarar que la palabra hebrea *tzedaká* también se refiere a la caridad. **¿Y es que en todo momento una persona puede realizar justicia? Sino** que se refiere a **quien se esfuerza en los caminos de la Torah** para rectificar el Tiferet **y realiza caridad** *–tzdaká–* **con aquellos que la necesitan** para rectificar el Maljut; **porque todo el que realiza caridad con un pobre, se multiplica esa caridad en lo Alto y en lo bajo.** Es decir, los dos caminos son comparados: el del estudio de la Torah y el de la entrega de caridad, para enseñar que el que no posee medios para dar caridad puede

153a

dedicarse al estudio de la Torah, lo cual también es considerado de un altísimo grado.

Ven y **observa: quien se esfuerza en la caridad,** el mérito de **esa caridad que realiza asciende a lo Alto y** también **alcanza lo Alto, a ese sitio de Jacob que es el carruaje supremo, y atrae bendiciones a ese sitio desde el manantial de todos los manantiales. Y de esa caridad atrae y multiplica bendiciones para todos aquellos** seres **inferiores y para todos los carruajes y para todas las huestes, y todos son bendecidos y les son agregadas luces, apropiadamente, ya que todos son llamados** *«et»,* momento. **Y esto es lo que está escrito** y lo que sugiere la expresión del versículo: **«que realizan la justicia** *–tzedaká–,* **en todo momento».**

Ven y **observa: cuando** los integrantes de **Israel se encontraban en la Tierra Santa, ellos atraían bendiciones desde lo Alto hacia abajo. Y cuando** los miembros de **Israel salieron de la Tierra Santa, ingresaron bajo otro dominio, y** entonces **a las bendiciones se les impidió llegar al mundo.**

Ven y **observa: Jacob estaba bajo un dominio sagrado** cuando habitaba en la ciudad de Beersheva; **y cuando salió de la Tierra** de Israel, **ingresó a otro dominio,** el del Otro Lado, y **antes de que ingresara bajo otro dominio se le reveló El Santo, Bendito Sea, en un sueño y vio todo lo que vio. Y fueron con él ángeles sagrados, hasta que se sentó al lado del pozo. Y una vez que se sentó al lado del pozo, el agua ascendió hacia él, y lo mismo sucedió con Moisés, que allí se le presentó su esposa.** Y **el misterio del asunto** es el siguiente: **el pozo no asciende sino cuando ve su nexo,** es decir, cuando ve a un hombre íntegro y apto **para unirse a él.**

Rabí Aba dijo: «¡todos estos versículos son difíciles de entender al ser confrontados **uno con otro! Primero está escrito: "Jacob salió de Beersheba y se dirigió a Jarán"»** (Génesis 28:10). **Pero Labán se encontraba asentado en Jarán,** lo cual aparentemente indicaría que Jacob ya había llegado al final de su viaje. Entonces **¿por qué viajó de allí, como está escrito: «Iaacov (Jacob) se puso de pie y se dirigió hacia la Tierra** de los pueblos **del este»** (Ibíd. 29:1)? Ahora bien: **¿y de dónde sabemos que Jarán era el sitio de residencia de Labán? Como está escrito: «Iaacov (Jacob) les dijo: «Hermanos míos, ¿de dónde venís?». Y ellos dijeron: «Somos de Jarán». Él les dijo: ¿Acaso conocéis a Labán hijo de Najor? Y ellos dijeron: Lo conocemos.»** (Ibíd. 4–5), **y aprendemos** de aquí **que el sitio de residencia de Labán era Jarán.**

Más bien se debe comprender del siguiente modo: **Jacob dijo: «yo deseo entrar** y acoplarme **a la Shejiná porque deseo unirme** a una mujer, la cual alude siempre a la Shejiná. Porque cuando mi **padre quiso tomar una mujer y envió al sirviente, encontró un manantial de agua y entonces se le presentó a** mi **padre una mujer. Pero he aquí que en este lugar,** en Jarán, **no he encontrado no un manantial y no un pozo y no agua».** Por lo tanto, **inmediatamente** encontramos escrito: **«Iaacov (Jacob) se puso de pie y se dirigió hacia la Tierra** de los pueblos **del este», y allí se le presentó un pozo, tal cual lo dicho, y se le presentó una esposa.**

Rabí Elazar dijo: Jarán, allí se encontraba el pozo, **ciertamente, y este pozo estaba en el campo. Porque si no es así, ¿por qué está escrito: «Ella corrió y le contó a su padre»** (Ibid, 12)? **Porque estaba cerca de la ciudad.**

Y dijo Rabí Elazar: Jacob, a quien se le presentó junto al pozo una mujer, ¿por qué no se le presentó Lea, ya que he aquí que ella también **le engendró a Jacob todas esas tribus? Sino que Lea, no quiso El Santo, Bendito Sea, unirla a él, a Jacob, de modo revelado, porque está escrito** en la Torah acerca de la boda de Jacob con Raquel: **«Y, a la mañana, he aquí que era Lea.** Y le dijo a Labán: «¿Qué es esto que me has hecho? ¿Acaso no fue por Rajel (Raquel) que trabajé para ti? ¿Por qué me has engañado?» (Ibid, 25): **de aquí se aprende que antes de esto no se había revelado el asunto,** es decir, que se trataba de Lea.

Más aún: para atraer la mirada y el corazón de Jacob a la belleza de Raquel, para establecer su morada allí junto a Labán, **y por su mediación, (153b) se unió a él** también **Lea y engendró todas esas tribus.**

¿Cómo supo Jacob quién era Raquel y cuál era su nivel espi-

153b

ritual como para unirse a ella? **Sino que esos pastores le dijeron, como está escrito: «Y he aquí Raquel, su hija, viene con las ovejas»** (Ibíd., 6), lo cual le sirvió para entender que Rajel conducía y sustentaba a las ovejas, tal como el Maljut conduce y sustenta a sus hijos.

Ven y **observa: ¿qué está escrito?** «Iaacov (Jacob) amaba a Rajel (Raquel), **y dijo: trabajaré para ti durante siete años por Rajel (Raquel), tu hija menor»** (Ibid, 18). **Ahora, ¿qué tenía en mente Jacob que no dijo diez meses o un año? Sino siete años, ¿por qué? Pero Jacob actuó con sabiduría, para que no dijeran que debido a su deseo por la belleza de Rajel lo hacía sino por la sabiduría, porque la Luna tiene siete años,** en referencia a que el Maljut es la séptima sefirá, **y todos esos siete años supremos moraron sobre él, sobre Jacob, antes de que él se casara con Raquel, para que se asentara con él apropiadamente. Porque Jacob tomó a todos anteriormente,** es decir, a las siete sefirot, **y luego se allegó a ella, para que él fuera Cielo, y ella, Tierra.**

El misterio del asunto: «Y Iaacov (Jacob) trabajó siete años por Rajel (Raquel) **y fueron ante sus ojos como unos pocos días,** *–iamim ajadim–* tanto la amaba» (Ibíd., 20). **¿Qué significa** ***iamim ajadim?*** **Sino que todos los siete años le resultaron ante sus ojos equivalentes a esos** días **supremos,** misterio de las siete sefirot, **que están unidos** *–ajadim–,* **y no se separan, y todos son uno, porque se unen uno a otro; «tanto la amaba»: al igual que el modelo supremo** de la Shejiná.

Ven y **observa que incluso Labán le insinuó esos siete,** es decir, los siete grados de las siete sefirot, **sin saber** realmente **lo que estaba diciendo, porque abrió y dijo,** tal como lo relata el versículo bíblico: «Dijo Labán: **«Mejor** *–tov–* será que te la dé a ti y no a otro hombre; asiéntate conmigo» (Ibíd., 19).» **Porque está escrito: «Mejor será que te la dé».** Es decir, la palabra hebrea *«tov»*, literalmente, bien, refiere al Jesed, a partir de la cual el Maljut es la séptima sefirá.

Rabí Aba dijo: ¡ciertamente es así! Sirvió siete años para unirse con el año **Sabático,** Raquel, la cual es asociada con el Maljut que también es denominado «año sabático».

153b

Rabí Elazar dijo: ven y **observa: en todo lugar el** año del **Jubileo es oculto y no revelado,** ya que se refiere al misterio de Lea, **mientras que el** año **Sabático es revelado,** ya que se refiere al misterio de Rajel.

Ven y **observa: cuando Jacob trabajó los primeros siete años** por Raquel, **una voz** celestial **surgió y dijo** para consolar a Jacob ya que estos primeros siete años eran en realidad por Lea y no por Raquel: **«Jacob: está escrito** de un modo literal **«de un mundo a un mundo»** (Salmos 106:48), es decir, **el mundo oculto de lo Alto, es el Jubileo, y de allí es el comienzo, pues ellos,** los grados de las sefirot superiores, **son ocultos pues no le fueron revelados. Y son del Jubileo,** asociado con Lea. **Debido a esto estaban ocultos de Jacob, quien no sabía y pensaba que eran del** año **Sabático. Y para que él trabajara en un comienzo a partir de** y en correspondencia con **el mundo de lo Alto,** que es oculto y asociado con Lea, por esto **estaban escondidos de él** y no sabía que los primero siete años en realidad trabajaba por Lea, **porque el Jubileo está oculto. Y una vez que transcurrieron los años ocultos del Jubileo, sirvió durante los años revelados del** año **Sabático y fue coronado** Jacob **con dos mundos, y se unió a ellos.**

Ven y **observa: Lea engendró a seis hijos y una hija, y así era lo apropiado, porque he aquí que seis direcciones se encuentran sobre ella; y estas seis y una hija surgen a través de un misterio supremo. Raquel engendró a dos justos, y así era lo apropiado, porque he aquí que el** año **Sabático se asienta permanentemente entre dos justos, tal como está escrito: «Los justos heredarán la Tierra»** (Ibíd. 37:29): **el justo de lo Alto** en correspondencia con Iosef, **y el justo de lo bajo** en correspondencia con Biniamín. **El justo de lo Alto, de él provienen las aguas supremas; el justo de lo bajo, de él provienen las aguas femeninas hacia lo masculino, con un deseo completo.** Es decir, el Maljut posee **un justo de este lado y un justo de este** otro **lado,** porque **así como lo masculino en lo Alto está asentado entre dos aspectos femeninos,** Biná y

153b

Maljut, es decir, recibe de la Biná y transmite al Maljut, **así también lo femenino abajo, está asentada entre dos justos.**

Entonces se concluye que **José y Benjamín son dos justos. José mereció ser justo en lo Alto porque cuidó la señal del pacto. Benjamín es el justo de lo bajo, para que el** año **Sabático pueda ser coronado entre dos justos: José el justo y Benjamín el justo.**

Pero ¿Benjamín era un justo? ¿Acaso tuvo que afrontar una prueba tan difícil como la de Iosef y logró superarla? **Si, porque todos sus días no pecó con esta señal del pacto y a pesar de que nunca se le presentó un incidente como el de José. Entonces, ¿por qué es llamado justo? Porque todo el tiempo que Jacob estuvo de duelo por José, no mantuvo relaciones** íntimas.

Y si dijeras que cuando José fue tomado de Jacob, Biniamín **era un joven y no se había casado, ¿y tú dices que no mantuvo relaciones? Sino que a pesar de que después tomó una esposa no quería mantener relaciones** con ella. Resulta importante aclarar que entre la venta de José y el descenso de Jacob y sus hijos a Egipto, transcurrieron veintidós años, tiempo en el cual Biniamín se casó.

Y nosotros así aprendimos: cuando José le preguntó a Benjamín, le dijo: ¿tienes una esposa? Él dijo: sí. Le dijo entonces José: **¿tienes hijos? Le dijo: sí.** Luego le preguntó: **¿y cómo se llaman?** Y Biniamín respondió: se llaman **en nombre** y recuerdo **de mi hermano: «Gera y Naaman...», como está escrito: «Los hijos de Biniamin (Benjamín): Bela, Bejer,** Ashbel, Gera, Naaman, Eji, Rosh, Mupim, Jupim, y Ard» (Ibíd. 46:21). ¿Y después de todo esto **he aquí que tú dices que no mantuvo relaciones?**

Le dijo Rabí Elazar a Rabí Aba: **sí, pero en ese tiempo** en el que Jacob estaba de duelo **no tenía** hijos considerados propios sino de su hermano José, ya que «en su nombre» los engendraba. **Y si dijeras** que está escrito: **«Los hijos de Biniamín: Bela, Bejer...»,** es decir, que el versículo los denomina «los hijos de Biniamín», ¿cómo supones que los consideraba como hijos de José? Respuesta: **cuando ellos entraron a Egipto fue ciertamente así, porque todo el tiempo que Jacob hizo duelo por José, no mantuvo relaciones ni engendró hijos** en su nombre y por él mismo sino por su hermano.

Y dijo Benjamín: he aquí que mi hermano José constituyó la señal del pacto de mi padre, porque el pacto es el final del cuerpo. Y como él se perdió, yo seré el guardián (154a) del sitio de mi hermano.

Ahora, tú puedes decir: pero cuando él desapareció, no era un justo, porque justo no era hasta que ese incidente le ocurrió. Sin embargo, todos ellos lo sabían a través de Jacob, ya que Jacob sabía que José había heredado este sitio. Esa es la razón por la cual él prolongó su estadía con Labán hasta que el cuerpo alcanzó su rectificación. ¿Y quién es y qué es considerado **la rectificación del cuerpo? El pacto. Entonces está escrito: «Cuando Raquel había dado a luz a José,** Jacob le dijo a Labán: envíame en mi camino para que pueda ir a mi lugar» (Ibíd. 30:25), **porque el cuerpo había sido ciertamente rectificado y como fue** rectificado y completado espiritualmente **quiero partir.**

Por ello Benjamín lo supo y cuidó el camino de su hermano durante el tiempo en el que se ausentó. **Una vez que llegó** Biniamín **junto a José y se reveló** José ante sus hermanos, entonces **Benjamín retornó a su** esposa, a su **casa, y mantuvo relaciones** íntimas con ella **y engendró hijos. Por ello, El Santo, Bendito Sea, lo estableció** a Biniamín como **un justo en lo bajo, y a José un justo en lo Alto.**

Por ello Raquel dio a luz dos hijos, y Lea seis hijos y una hija. Por lo tanto esos primeros siete años fueron ocultos, en los que Jacob no supo en ellos que en realidad **estaba trabajando para** conseguir a Lea, **el Jubileo,** ya que estos años pertenecían al Jubileo. **Mientras que aquellos que pertenecían al** año **Sabático,** correspondientes con Raquel, **fueron revelados. Porque en estos** años **Sabáticos revelados** para Jacob, **sirvió** y rectificó a Lea, que es oculta, ya que se refiere **al Jubileo, oculto,** como **está escrito: «Jacob sirvió siete años por Raquel»** (Ibíd. 29:20): **siete años, sin especificar,** para enseñar que **con respecto a Raquel, sirvió** y rectificó las **siete años,** las sefirot, correspondientes con los grados **supremos** de Lea, **y se aferró** Jacob **por su intermedio a dos mundos:** Biná y Maljut. **De aquí aprendemos que a través de lo revelado la persona alcanza lo oculto.**

154a

Y si tu dijeras que si es así que los primeros años fueron para rectificar a Lea, el misterio **del Jubileo, he aquí que sobre el Jubileo está escrito: «siete años, siete veces»** (Levíticos 25:8), que son cuarenta y nueve años. Y es difícil entender esto ya que **siete años se encuentran** y vemos que en ellos trabajó Jacob, pero **siete veces ¿dónde están?** Es decir, ¿de dónde se aprende que trabajó durante cuarenta y nueve años?

Y se responde: **esos siete días que celebró** el banquete **por la boda de Lea completaron la cuenta** de cuarenta y nueve años; **porque cada día es llamado «una vez»** de las siete veces que completan los cuarenta y nueve años. Y una sugerencia acerca de esto es **como está escrito: «Siete** veces **al día te alabé por los juicios de Tu justicia»** (Salmos 119:164). **Y cada una de estas siete** veces, los cuarenta y nueve años, **se completaron a través de los siete días** del banquete, porque **siete veces** valieron **cada día y** cada uno **es denominado «una vez»** de las siete veces.

Pero con Raquel no fue así, pues no celebró los siete días de la boda, tal como sucedió con el caso de Lea en el que guardaba la intención de rectificar los siete años, **sino durante los siete años que sirvió más tarde.**

Y si dijeras que de ser así debía haber trabajado siete años por Raquel, y **debería haber trabado** y servido **primero los siete años del** año **Sabático,** que corresponden con Raquel, **y luego unirse al año Sabático,** es decir, tomar por esposa a Raquel, tal como lo hizo con Lea. Pero **debido a que aceptó sobre sí mismo trabajar** por ella **es como si sirviera a través de ellos,** esos años, y rectificó sus sefirot, y por ello pudo tomar a Raquel inmediatamente por esposa tras los siete días del banquete de la boda de Lea.

Rabí Aba vino y lo besó a Rabí Elazar. **Dijo: «Bendito es El Misericordioso que me amerító para comprender este versículo.» De ese sitio está escrito: «El Eterno desea, por el bien de Su justicia, para expandir la Torah y glorificar»** (Isaías 42:21), ya que la explicación de un versículo atrajo la explicación de otro.

Además dijo Rabí Elazar: «lo que dijimos sobre **Lea** que **dio a luz**

a seis hijos y a una hija, así es ciertamente y debía suceder de acuerdo con su raíz suprema. **Raquel** debía dar a luz a **dos hijos, ciertamente.** Y ahora se debe saber y aprender acerca de **los cuatro hijos de las concubinas y su rectificación** con respecto a las sefirot supremas, **¿cómo sucede** y cuál es el significado de este asunto? **Sino que estos** hijos **constituyen las cuatro articulaciones** espirituales **llamadas «partes posteriores»,** relacionadas con el Juicio, **como está escrito: «sus partes posteriores todas hacia adentro»** (1 Reyes 7:25). **Porque hay tres articulaciones en el brazo derecho,** que es el Jesed, **pero hay una articulación en el medio que es grande, mirando hacia atrás, dejada afuera. De manera similar, una en el brazo izquierdo, y una así en la pierna derecha, y una así en la pierna izquierda. Cuando todo es alineado, todas ellas se vuelven hacia adentro, cumpliendo lo que está escrito: «sus partes posteriores todas hacia adentro». Pero todo el resto de las articulaciones, todas se alinean derecho, mientras que éstas sobresalen fuera de los brazos y fuera de las piernas, demostrando que los cuatro hijos de las concubinas –a pesar de que son parte de la cuenta– no son considerados iguales a los hijos de Raquel y Lea, y por lo tanto, ellos sobresalen.**

Otra cosa y una nueva enseñanza: hay una importancia destacada en los hijos de las concubinas: **por el poder de estas cuatro articulaciones del medio se mueven todo el resto de las articulaciones. Y estas cuatro las portan y las conducen. Rabí Aba dijo** al respecto: **así es, ciertamente, y por ello todas se ubican como una** y se necesitan mutuamente.

Enseña la Torah que **«El Eterno vio que Lea era odiada,** y abrió su matriz; pero Rajel (Raquel) permaneció estéril». **Rabí Elazar abrió** su enseñanza y dijo citando otro versículo: **«Él establece a la** ***akeret habait*** –lit: la principal de la casa–; **la madre de los hijos está alegre. Aleluya»** (Salmos 113:9). Significa: **«Él establece a la** ***akeret habait*»,** **se refiere a Rajel que es la principal de la casa; «la madre de los hijos está alegre», se refiere a Lea,** ya que tuvo a seis varones y a una hija.

Otra cosa y una nueva enseñanza: «Él establece a la *akeret habait»,* **se refiere al año Sabático,** que es el Maljut, **quien es lo principal, ya que a través de ella,** del Maljut, **es conducido este mundo; «la madre de los hijos está alegre», se refiere al Jubileo,** la Biná, **que toda alegría y alborozo de todos los mundos, de ella dependen.**

Y además enseñó que **este versículo incluye a todo,** es decir, a todos los Rostros, **porque éste está incluido por todo en el misterio sagrado; y por ello el final del versículo es: ¡Aleluya!**

Escribe la Torah: **«El Eterno vio que Lea era odiada». ¿Por qué era odiada? Y he aquí que los hijos de una** mujer **odiada no son hijos** espiritualmente **virtuosos, y he aquí que nosotros vemos** y nos resulta evidente **que todos los hijos virtuosos salieron de Lea. ¿Y tú dices** y afirmas **que Lea era odiada? Pero** la explicación es que **ciertamente el Jubileo es siempre un mundo oculto,** asociado con la Biná, **y todos sus asuntos no son (154b) revelados. Y debido a esto se presentaban ocultos de Jacob todos sus actos.** Y todo esto es sugerido en la boda de Lea, todo lo cual sucede de modo oculto y sorprendente, lo que lleva a una persona a alejarse y a rechazar internamente estos hechos.

Ven y **observa: el mundo inferior es revelado, y es el comienzo de todo,** de la revelación desde abajo hacia arriba. Y también es el comienzo de todo y la puerta de entrada **para entrar** a través de ella **a los grados** supremos. **Así como la Sabiduría suprema es el comienzo de todo** en el Mundo de Atzilut, **así también el mundo inferior es Sabiduría y es el comienzo de todo. Entonces lo llamamos *Atá,*** Tú, como si hablara a quien tiene presente, en segunda persona, **ya que es el** año **Sabático, revelado; y el mundo superior, que es el Jubileo,** la Biná, **lo llamamos *Hu,*** Él, **ya que todos sus asuntos están ocultos. Y el misterio del asunto de Lea es como está escrito:** «Cuando Iaacov (Jacob) llegó del campo al anochecer, Lea salió a recibirlo, y dijo: "Vendrás a mí, pues ciertamente te he conseguido a cambio de las mandrágoras de mi hijo". **Y se unió a ella aquella noche** *–hu–*». (Génesis 30:16). **Y sobre ello está escrito:**

«Y la obra del levita es *–hu–* en la Tienda de la Reunión y ellos cargarán con su iniquidad, es un decreto eterno para vuestras generaciones; y entre los Hijos de Israel no heredarán posesión» (Números 18:23), **para atraer de ella,** la Biná, **bendiciones para todo** el mundo. «El» *–hu–* es **el mundo supremo oculto siempre, y Jacob, en lo oculto no se apegó voluntariamente sino en lo revelado,** a Raquel y no a Lea. **Y este misterio es lo que está escrito: «Y se apegará a su esposa»** (Génesis 2:24) en referencia a Rajel.

Encontramos escrito en la Torah que **«El Eterno vio que Lea era odiada». De aquí** nosotros aprendemos **que un hombre odia el incesto con su madre,** es decir, Jacob, que alude al aspecto masculino inferior, hijo de la Biná, la Madre, no quería unirse a ella. **Y** por ello **la persona puede quedarse a solas con su madre** *–ijud–* **en todo sitio sin temores** ni sospechas, y no existe en ello ninguna prohibición legal. **Y ya se despertaron** los sabios al respecto en el Talmud (Tratado de Kidushín 82b) y enseñaron que **el hijo puede quedarse a solas con su madre y todo** lo relacionado con la matriarca Lea **estaba oculto de Jacob, porque el mundo superior no se revela para nada.**

Ven y **observa que por Jacob existe el mundo. Y si dijeras: ¿acaso no** es sabido y nos fue enseñado en más de una ocasión que **por Abraham** el mundo fue creado? **Tal como está dicho:** «Éstas son las crónicas de los Cielos y la Tierra **cuando fueron creados** *–behibaram–*? Y nos enseñaron que **no debe leerse *behibaram* sino *be Abraham:*** por Abraham. **Mas** la respuesta es la siguiente: ciertamente el mundo fue creado por Abraham, pero su mérito no alcanzó para que el mundo permaneciera existiendo hasta que llegó Jacob y aportó sus méritos espirituales intrínsecos. Y no sólo esto sino que también puede considerarse y entenderse que **debido a Jacob existió Abraham, tal como está escrito: «Así dijo El Eterno a la casa de Jacob, quien redimió a Abraham»** (Isaías 29:22).

Se nos enseña que **desde tiempos antiguos El Santo, Bendito Sea, construía mundos y los destruía.** Y **una vez que** el misterio

154b
de **Jacob llegó, sobre él fueron rectificados los mundos y no fueron demolidos como antes. Tal como está escrito** que Dios le dijo al mundo: **«Así dijo El Eterno, tu Creador, Jacob; tu Formador, Israel»** (Ibíd. 43:1).

Ven y **observa** lo que está escrito acerca del modo en el que El Eterno trata y denomina al pueblo de Israel. **¿Qué está escrito? «Mi hijo, Mi primogénito, es Israel»; y está escrito** también: **«envía a Mi hijo, para que él pueda servirme»** (Éxodo 4:22–23). He aquí que **Israel es llamado «hijo de El Santo, Bendito Sea», porque él,** este pueblo, **se apega a Él** Eterno, **como está dicho: «¿Cómo es su nombre? ¿Y cómo es el nombre de su hijo? Para que lo sepáis»** (Proverbios 30:4).

Cuando Lea dio a luz a Reuben, ¿qué está escrito? «Lea concibió y dio a luz un hijo, **y lo llamó Reuben (Rubén),** porque dijo: «Porque El Eterno ha percibido mi aflicción, pues ahora mi marido me amará» (Génesis 29:32): **Reuben, sin especificación, porque se encontraba incluido por tres aspectos unidos como uno:** el del Jesed, la Gevurá y el Tiferet.

Acerca de los hermanos **Shimón y Levi** se pregunta: **¿por qué** la madre lo designó de tal modo y qué significa el nombre **Levi? Como está dicho** en el versículo del libro bíblico de Reyes, el término hebreo ***«liiot»***, significa unido, lo cual alude a **la unión de todos los flancos** espirituales.

Rabí Iehuda dijo y enseñó que **de aquí** se aprende que Reuben está incluido de tres grados y aspectos espirituales, como está escrito: «Reuben (Rubén), tú eres mi primogénito, mi fuerza y mi vigor inicial, **primero en rango y primero en poder»** (Génesis 49:3), **tal como** lo indica **su traducción** al arameo: **«su primogenitura** –Tiferet– **y su sacerdocio** –Jesed– **y su reino», y el reino es del flanco de la Gevurá, y por ello** está escrito **Reuben, sin especificación** alguna.

Y así **dijo Rabí Aba** acerca del motivo del nombre Reuben sin especificación: se trata de una expresión compuesta, **«Reu–ben», sin**

especificación, para enseñar que se trata de un hijo **que estaba incluido por Shimón y Leví. Lea,** su madre, **éste era su pensar, tal como está escrito:** «Nuevamente concibió y dio a luz un hijo, y dijo: **«Esta vez mi marido se unirá** ***–ilavé–*** **a mí, pues le he dado tres hijos»;** por eso lo llamó Levi», **porque eran tres** hijos **unidos como uno.**

Y ven y **observa que** realmente **así es, porque el carruaje supremo comprende a los** tres **patriarcas** Abraham, Itzjak y Jacob, **y al Rey David unido a ellos. Y todos, los cuatro, constituyen el carruaje supremo, misterio del Nombre sagrado. Y por ello** está escrito: **Reuben, Shimón, y Levi; y** justo **luego Iehudá, quien heredó el reino. Y por ello todos, uno tras el otro** nacieron sin interrupción, **tal como está escrito:** «Y concibió una vez más y dio a luz un hijo, y dijo: **«Esta vez agradeceré** *–odé–* **a El Eterno»;** por eso lo llamó Iehuda (Judá); entonces dejó de dar a luz» (Ibid 35). Y está escrito que sólo **entonces dejó de dar a luz porque aquí se rectificaron los cuatro pilares** y los pies del carruaje.

Está escrito en la Torah: **«Esta vez agradeceré a El Eterno». ¿Por qué ella dijo agradeceré a El Eterno con respecto a este** hijo **y no con respecto a todos?** Es decir, por qué menciona en este caso el Nombre del Tetragrama y no en el de los demás hijos. Y se responde: **sino que de aquí** nosotros aprendemos que **todo el tiempo (155a) que la Congregación de Israel se encuentra en el exilio, el Nombre Sagrado no está completo.**

Ven y **observa: a pesar de que** la matriarca Lea **ya tenía tres hijos,** en correspondencia con las primeras tres letras del Nombre del Tetragrama, **hasta dar a luz a Iehuda no se completó el carruaje. Y debido a esto dijo: «Esta vez agradeceré a El Eterno», y** por ello **no** lo dijo **con respecto a todos** los hijos. **Y por esto dejó de dar** *–vataamod–* **a luz.** Ahora bien: **¿qué significa** ***vataamod?*** Porque esta raíz hebrea también está relacionada con el acto de incorporar, lo cual indica que **se incorporó el Trono sobre sus patas.** Y además se debe explicar que está escrito de modo específico el término ***vataamod,*** **porque hasta ahora todo se encontraba** *–vataamod–* **en Iehuda,**

155a

como una unidad, de acuerdo al Mundo de Atzilut; **desde aquí hacia abajo es el Mundo de la Escisión,** el Mundo de la Creación.

Y si dijeras: estos dos hijos que Lea **dio a luz después son semejantes a estos** otros asociados al Mundo de la Escisión, **no** es así, **porque estos dos** últimos, Isajar, Zebulún, **con estos** otros cuatro **se unieron, debido a que los seis flancos del mundo son como uno.**

Y ven y **observa: todas las doce tribus son la rectificación de la Congregación de Israel en este mundo, rectificando la Luz suprema** del Maljut, **negra** por el Rigor que posee, **apropiadamente, y devolviendo lo principal de todo,** el Maljut, **a su lugar.** Porque **todos los mundos se ubican de un solo modo,** de modo uniforme, **y entonces se rectifica el mundo inferior en semejanza con el mundo superior.**

Acerca de los dos hijos siguientes de Lea, **Isajar** y **Zebulún** se enseña que **aquí se completaron los seis hijos, los seis flancos del mundo. Y de igual modo los hijos de las concubinas son cuatro y se unieron con ellos. Y estos son los cuatro nexos que se unieron con estos, tal como ha sido explicado. Y sobre esto está escrito: «sus partes posteriores todas hacia adentro»** (1 Reyes 7:25). Es decir: **a pesar de ser hijos de las concubinas** ingresaron **hacia adentro.**

Rabí Jizkia dijo y preguntó acerca de José y Biniamín: **«si es así,** que estos seis hijos anteriores conforman los seis flancos del mundo, **he aquí que fue dicho que todo lo engendrado por el mundo inferior,** Raquel, **es escisión, ya que está escrito** y sugerido que **«desde allí se divide»** (Génesis 2:10). **Entonces ¿qué dices sobre José y Benjamín?** Significa: **si tú dices que ellos son incluidos en el mundo unificado,** Atzilut, **¡no es así! Porque ellos no emanaron del mundo supremo,** Lea, **y el mundo de lo bajo,** Raquel, **todo lo que engendra, lo engendra abajo,** en el Mundo de la Creación, **y no en lo Alto,** el Mundo de Atzilut. **Y por lo tanto estos** dos hijos **son pertenecientes a la escisión.**

Rabí Aba vino y lo besó. Le dijo: «este asunto que trata el modo y el misterio en el que José y Biniamín también se encuentran unidos al mundo de la Atzilut, **es oculto** y muy hermético, **porque el mundo supremo está formado de doce** tribus, **porque ellos son de ese** mundo. **Pero ven** y **observa el misterio** más profundo **del asunto: siempre un justo surge del mundo inferior e ingresa** nuevamente en él; **a él ingresa y de él surge. Y debido a esto él es constituido en este lugar y su raíz se encuentra en lo Alto y** también **su raíz se encuentra en lo bajo. (155b) Y en el mundo inferior, él se encuentra siempre.**

Está escrito en la Torah: **«Y sucedió que cuando salía su alma, pues murió,** que llamó a su hijo Ben Oní, mas su padre lo llamó Biniamin (Benjamín)» (Ibíd. 35:18). **Ven** y **observa: en ese mundo inferior,** el Maljut, **el justo en él entra y de él sale. Cuando entra es de acuerdo con el misterio de José, el justo; y cuando sale es de acuerdo con el misterio de Biniamín, tal como está escrito: «Y sucedió que cuando salía su alma». ¿Quién es su alma? El justo, que surge de ella, y es Biniamín.** Continúa el versículo: **«...que llamó a su hijo Ben Oní»,** literalmente «el hijo de mi aflicción», **porque pensaba que ella lo estaba dando a luz en lo bajo, en el Mundo de la Escisión y que** entonces **quedaban once** hijos **en ese** mundo **de lo Alto.** Por eso **¿qué está escrito? «Mas su padre lo llamó Biniamin»:** ***Ben Iamin,*** hijo de la derecha, en referencia a la Santidad, **ya que ascendió hacia lo Alto al mundo supremo. Porque cuando José se extravió, Benjamín ocupó su lugar. Por eso el justo entra al mundo de lo bajo y sale. Y debido a esto** fue lo que sucedió con **José y Biniamín,** los hijos de Raquel. **Y todos son doce, en semejanza a lo Alto, en una única unión.**

Se retorna al versículo: «Y concibió una vez más y dio a luz un hijo, y dijo: **"Esta vez agradeceré** *–odé–* **a El Eterno";** por eso lo llamó Iehuda (Judá); entonces dejó de dar a luz». **Rabí Shimón abrió** su enseñanza al respecto **y dijo** citando otro versículo: **«Agradeceré a El Eterno con todo el corazón, de acuerdo con el consejo de**

155b

los rectos y con la congregación» (Salmos 111:1). Ahora bien, ¿por qué está escrito **«con todo el corazón** *–levav–»*, en su modo plural? **¡Con todo el corazón** *–lev–*, en singular, **debería decir!** Con un solo corazón, el de la persona misma. **Pero David, a través del misterio supremo del Nombre sagrado, quiso alabar a El Santo, Bendito Sea** y por ello dijo: **«Agradeceré a El Eterno con todo el corazón** *–levav–»:* dos corazones, **con el Buen Instinto y con el Mal Instinto, y son dos flancos** que se ubican **uno a la derecha y el otro a la izquierda** del corazón.

Sobre la segunda parte del versículo, **«de acuerdo con el consejo de los rectos»,** se enseña: **estas son las otras direcciones de este mundo. Porque** el término ***levav*** **corresponde al Sur y al Norte; «al consejo de los rectos»: estas son las otras direcciones del mundo, que son seis, de acuerdo con el modelo de lo Alto;** y el término hebreo ***«veeda»,*** «y la congregación», **es el sitio de Iehuda,** Judá, el Maljut, **como está escrito: «Mi testimonio** *–veedotí–,* **que yo les enseñaré a ellos»** (Ibíd. 132:12). **¿Y** de dónde se aprende que Iehuda es el Maljut? De lo que **está escrito: «Judá todavía** *–od–,* **gobierna con Dios»** (Oseas 12:1).

Y acerca del motivo por el cual David utiliza a veces el término singular y a veces el plural, **está escrito: «Te alabaré a Ti con todo mi corazón** *–libi–;* **ante Elohim te cantaré»** (Salmos 138:1). Porque **aquí desde un sitio solo** del corazón **lo dijo,** desde el flanco del Jesed, **como está escrito: «ante Elohim te cantaré».** He aquí que su intención era la de rectificar al Juicio a través del Jesed. **Porque con respecto a este grado pronunció su cántico,** la Gevurá, **para unirlo con la derecha,** el Jesed.

Ven y **observa: Judá,** el Maljut, **se encuentra aferrado a todos los flancos: aferrado al Sur,** al Jesed, **y aferrado al Este,** el Tiferet, **porque él proviene del flanco de la izquierda,** la Gevurá, **y su comienzo es en el Norte,** el lado del Juicio. **Y se aferra al Sur debido a que se mueve hacia la derecha y se une con el cuerpo,** el Tiferet. **Debido a esto** está escrito: **«Esta vez alabaré a El Eterno».**

Tal cual lo dicho, la Torah nos enseña acerca de Lea que **«entonces**

dejó de dar a luz» *–«taamod»–:* ***vataamod*** señala **que se mantuvo en su existencia,** relacionado con el termino hebreo *laamod,* el cual también encierra el sentido de mantenerse firme, **existiendo apropiadamente, pues se rectificó todo el carruaje sagrado.**

Rabí Shimón salió hacia la ciudad y se le presentaron Rabí Aba, Rabí Jia, y Rabí Iosei. Al verlos, dijo: «¡Innovaciones de la Torah son requeridas aquí!». Se sentaron los tres con él para estudiar e innovar, como había sido indicado por su maestro. **Cuando estaba a punto de partir, cada uno abrió con un versículo.**

Rabí Aba abrió su enseñanza **y dijo** citando un versículo: **«El Eterno le dijo a Abram, después de que Lot se hubo separado de él: «Por favor alza tus ojos y mira** desde donde estás situado: al norte, al sur, al este y al oeste. Pues toda la tierra que ves, a ti te la daré, y a tu simiente por siempre». (Génesis 13:14–15). Pero, ¿acaso **Abraham heredó la Tierra** de Israel **de acuerdo con su rango de visión y no más? ¿Cuán lejos puede ver un ser humano? ¡Tres parasangas, o cuatro o cinco parasangas! Y Él dijo: ¡Pues toda la tierra que ves! Sino que debido a que las cuatro direcciones del mundo vio** y alcanzó a percibir y divisar, es como si **todo el mundo vio, porque he aquí que las cuatro direcciones del mundo incluyen al mundo entero.**

Además, El Santo, Bendito Sea, lo elevó sobre la Tierra de Israel (156a) y le mostró que ella está unida a la totalidad de **las direcciones del mundo, y es como si hubiese visto todo.**

De manera similar, quienquiera que ve a Rabí Shimón ve el mundo entero: ¡alegría de lo Alto y de lo bajo!"

Rabí Jia abrió su enseñanza **y dijo** citando un versículo: «Y he aquí que El Eterno estaba de pie sobre él y dijo: «Yo soy El Eterno, Dios de Abraham, tu padre, y Dios de Itzjak (Isaac); **la tierra sobre la cual yaces a ti te la daré y a tus descendientes».** (Ibíd. 28:13). Y preguntó: **¿pero ese sitio solamente le prometió El Santo, Bendito Sea? Porque he aquí que no era más de cuatro codos o cinco. Sino que en ese momento, en esos cuatro codos, El Santo, Bendito Sea, le plegó toda la Tierra de Israel** y **resulta que este lugar era toda la Tierra. Y si este sitio resultaba toda la Tierra, Rabí Shimón**

156a

que es la vela y la llama **de todo el mundo, mucho más aún que incluye** en su interior **al mundo entero.**

Rabí Iosei abrió su enseñanza **y dijo** citando el versículo: **«Esta vez alabaré a El Eterno»** (Ibíd. 29:35). **¿Y es que en todos los** hijos **que dio a luz no le correspondía alabar a El Eterno sino en éste? Sino que Iehuda es el cuarto hijo del Trono y es quien completa el Trono. Entonces Iehuda, solamente, es la rectificación del Trono y el pilar en el que se apoyan todos los pilares.** Y ahora bien, entonces, **Rabí Shimón, quien ilumina todo el mundo con la Torah, y una gran cantidad de velas** e iluminaciones espirituales **alumbran por su mediación, ¿no es así?**

La Torah nos relata que **«Reuben (Rubén) fue en los días de la cosecha del trigo y halló mandrágoras en el campo,** y se las trajo a su madre Lea; Rajel (Raquel) le dijo a Lea: «Por favor, dame algunas de las mandrágoras de tu hijo» (Génesis 30:14). **Rabí Itzjak abrió** su enseñanza **y dijo** citando el versículo: **«Cuán grandes son Tus obras, El Eterno, todas con Sabiduría has hecho, la Tierra está colmada de tus creaciones»** (Salmos 104:24). **Este versículo ha sido establecido en numerosos lugares, pero ¿quién puede enumerar las obras de El Santo, Bendito Sea? Porque existe una gran cantidad de huestes y campamentos diferentes uno del otro, incontables, y todos fueron creado de una vez, como un martillo** rompe la piedra **que hace salir una gran cantidad de chispas simultáneamente en todas las direcciones. Así El Santo, Bendito Sea, generó una gran cantidad de huestes y campamentos diferentes uno del otro, incontables, y todos simultáneamente.**

Ven y **observa: a través del habla y el espíritu como uno, el mundo fue hecho, como está escrito: «Por la palabra de El Eterno los Cielos fueron hechos, por el espíritu de Su boca todo su ejército»** (Salmos 33:6). Ahora se explica: **«Por la palabra de El Eterno» se refiere al habla,** el Maljut; **«por el espíritu de Su boca» se refiere al espíritu,** la Biná. **Uno sin el otro no actúan, y se unen uno con el otro, y surgen de ellos varios ejércitos** que a su vez surgen

de otros ejércitos, campamentos de campamentos, y todos simultáneamente, como ha sido señalado.

Ven y **observa: cuando El Santo, Bendito Sea, quiso crear mundos generó una Luz oculta, Luz de la cual surgen e iluminan todas las luces reveladas. Y de esa Luz surgen y se expanden y se forman el resto de las luces, y se transforma en el mundo de lo Alto.**

Además se expande esta Luz celestial suprema, la Biná, **y hace** como **un artesano, una luz que no brilla,** el Maljut, **y hace el mundo inferior. Y debido a que es una luz que no ilumina, necesita unirse a lo Alto, (156b)** y **necesita unirse a lo abajo, y a través de su conexión con lo bajo,** la recepción de las «aguas femeninas», **se vincula para iluminar a través de la unión con lo Alto. Y esta luz que no ilumina,** el Maljut, **al conectarse con lo Alto, generó todas las fuerzas y los campamentos de varios tipos, tal como está escrito** en el versículo: **«Cuán grandes son Tus obras, El Eterno».**

Y todo lo que se encuentra en el Tierra, creado por el Maljut, **así es** también en correspondencia **en lo Alto. Y no hay nada, ni siquiera lo más pequeño, en este mundo, que no dependa de otro ente supremo** de lo Alto, **encargado sobre ella en lo Alto. Porque cuando se despierta esto de abajo, se despierta eso que fue encargado sobre ello en lo Alto, porque todo está unido uno al otro.**

Ven y **observa** una prueba de lo enseñado en la Torah. **Está escrito:** «Reuben (Rubén) fue en los días de la cosecha del trigo y halló mandrágoras en el campo, y se las trajo a su madre Lea; Rajel (Raquel) le dijo a Lea: **"Por favor, dame algunas de las mandrágoras de tu hijo"».** Ahora bien: **no fueron las mandrágoras las que hicieron que Raquel dé a luz sino El Santo, Bendito Sea, que provocó este hecho a través de las mandrágoras, para que surgiera** y naciera **Isajar, que se aferró a la Torah más que todo el resto de las tribus. Porque Raquel se aferraba** siempre **a Jacob y no lo dejaba ir junto a Lea, tal como está escrito:** «Pero ella le dijo: **«¿acaso no fue bastante que tomaras a mi marido** y ahora también quieres tomar las mandrágoras de mi hijo?». **Y está escrito:** Dijo Rajel (Raquel): **«Por**

eso, en pago por las mandrágoras de tu hijo, se unirá a ti esta noche» (Génesis 30:15). **Estas** mandrágoras **provocaron que Isajar surgiera al mundo, porque** él **hizo surgir la fragancia de la Torah en presencia de El Santo, Bendito Sea, como está escrito: «Las mandrágoras emanan fragancia»** (Cantar de los Cantares 7:14).

Y está escrito: «Cuando Iaacov (Jacob) llegó del campo al anochecer, Lea salió a recibirlo, y dijo: «Vendrás a mí, pues ciertamente te he conseguido a cambio de las mandrágoras de mi hijo». **Y se unió a ella aquella** *–hu–* **noche»** (Génesis 30:16): **«*hu*», ciertamente, y ya ha sido explicado, que el mundo de lo Alto es** denominado **Hu, que es oculto y no revelado:** la Biná. **Porque he aquí que la Torah surgió del mundo de lo Alto, y en todo lugar el mundo supremo es** denominado **Hu, porque no es revelado, tal como fue dicho: «El servicio del levita es** *–hu–* en la Tienda de la Reunión y ellos cargarán con su iniquidad, es un decreto eterno para vuestras generaciones; y entre los Hijos de Israel no heredarán posesión» (Números 18:23), **porque** el servicio del levita asciende hasta la Biná, denominada Hu, y **atrae bendiciones desde allí para todos** los mundos. **E Isajar estaba aferrado a ella,** a la Biná, **y por ello se denomina «Árbol de Vida»,** ya que es **el árbol que atrae la vida suprema** del sitio oculto **denominado Hu,** Él, **y no** del sitio revelado denominado **Atá,** Tú.

Y si dijeras que estas mandrágoras que tienen el poder de la fertilidad **abrieron el vientre de Raquel, no** es así, **porque he aquí que está escrito: «Dios la escuchó y abrió su matriz»** (Ibíd., 22), es decir, **El Santo, Bendito Sea, y nada más** provocó la apertura del vientre. **Porque** tal como se enseña en el Talmud la llave del momento del nacimiento se encuentra en manos de El Santo, Bendito Sea, y **a partir de estas mandrágoras, aunque poseen este poder en lo Alto, con** todo esto **ese poder de lo Alto no es el encargado de recordar** el momento del nacimiento de **los hijos, porque los hijos** de una mujer **dependen del mazal** supremo **y no de ninguna otra cosa.**

Y si dijeras: entonces **estas mandrágoras fueron creadas de modo gratuito** y vano, ya que en la raíz de las mandrágoras no hay un encargado que determine que la mujer engendre hijos y no tienen encargado en lo Alto. **No,** no es así, **porque incluso para este (157a) hecho** de engendrar hijos ellas **ayudan a las que poseen impedimentos** debido a alguna enfermedad o dificultad, **pero no a las** que son completamente **estériles y** sobre las que **no se decretó esto** para ellas, que tuviesen hijos. En este caso no existe otra causa de la fertilidad **sino a través del mazal** supremo.

El relato de la Torah especifica que «cuando Iaacov (Jacob) llegó del campo al anochecer, **Lea salió a recibirlo, y dijo: «vendrás a mí,** pues ciertamente te he conseguido a cambio de las mandrágoras de mi hijo». Y se unió a ella aquella noche». **¡Esta expresión** y el modo de manifestarse de Lea **es** aparentemente **inconveniente! Pero no es así, sino que de aquí nosotros aprendemos** precisamente **el recato de Lea: porque no dijo nada delante de su hermana, y ella se anticipó** y salió **al camino** a recibirlo **y se lo dijo secretamente,** en privado, **y le informó que** aunque **se encontraba en el dominio de Raquel, tal como está escrito:** «vendrás a mí, **pues ciertamente te he conseguido** a cambio de las mandrágoras de mi hijo», ella ya había dispuesto el hecho. Es decir, **de Raquel he tomado el permiso. Y para evitar que esto se viera mal ante Raquel, por ello se lo dijo afuera y no en la casa.**

Y no sólo esto sino que la apertura de la entrada **de la tienda de Lea daba hacia fuera,** hacia el flanco del camino, **e hizo ingresar a Jacob a través de la puerta de afuera antes de que pudiera entrar a la tienda de Raquel. ¿Por qué razón? Para que no dijera palabra alguna delante de Raquel y no actuara imprudentemente ante su hermana.**

Y no sólo esto sino que dijo Lea para sí misma: **«si Jacob entra a la tienda de Raquel** primero, ya **no corresponde sacarlo de allí». Por eso se anticipó y salió** hacia él, **afuera,** cuando se aproximaba por el camino.

¿Y todo esto por qué? Sino que en Lea, el Espíritu de Santidad se despertó dentro de ella, y ella supo que todas estas tribus supremas, que son todas santas, surgirían de ella. Por ello se empeñó en ese momento en allegarse a su marido, **por amor a El Santo,**

157a

Bendito Sea, y debido a ello también **les asignó nombres en el misterio de la sabiduría.**

Rabí Jia y Rabí Iosei estaban marchando por el camino. Rabí Iosei le dijo al Rabí Jia: «cada vez que marchamos por el camino y profundizamos en el estudio de **la Torah, El Santo, Bendito Sea, nos realiza milagros** para nosotros. **Y ahora este camino nos aguarda; ocupémonos** del estudio **de la Torah y El Santo, Bendito Sea, se unirá a nosotros.»**

Rabí Jia abrió su enseñanza **y dijo** citando un versículo: **«En el primer** mes, **el día catorce del mes, por la noche comeréis matzot,** hasta el día veintiuno del mes por la noche» (Éxodo 12:18). **Y está escrito** también: «No comerás pan leudado con ella *–jametz–;* **durante siete días comerás matzot, el pan de la pobreza** *–lejem oni–,* pues te fuiste de la tierra de Egipto con prisa, para que recuerdes el día de tu partida de la Tierra de Egipto todos los días de tu vida» (Deuteronomio 16:3). Es decir, literalmente ***«lejem ani»*** **está escrito,** de modo carente, sin la letra Vav en la palabra *ani.* Ahora bien, **sobre esta palabra ya se despertaron los compañeros** en el Talmud (Tratado de Pesajim 16b) y explicaron el término *ani* relacionándolo con el verbo *laanot,* responder, relatar: se trata de un pan sobre el que, durante al noche de Pesaj, se responden muchos interrogantes y se relata una gran cantidad de pasajes bíblicos relacionados con la salida de Israel de Egipto. **Pero ven** y **observa** la profundidad del asunto: **cuando Israel estaba en Egipto, se encontraban bajo el dominio del Otro Lado. Y cuando quiso El Santo, Bendito Sea, acercarlos a Él,** entonces **les dio el sitio del *lejem oni,*** el pan de la pobreza. Ahora bien, el lejem ani, **¿quién es** realmente **el empobrecido** *–ani–?* **El Rey David, de quien está escrito: «porque pobre y necesitado soy yo»** (Salmos 86:1).

Y este pan de la pobreza es llamado matzá, pan sin levadura, de modo carente, sin la letra Vav, para enseñar que cuando **lo femenino,** el Maljut, se encuentra **sin lo masculino,** Zeir Anpín, **es pobre.** He aquí que ellos, los integrantes de Israel, **se acercaron primero al aspecto de mazá** al salir de Egipto. **Pero cuando los acercó** El Santo, Bendito Sea, **aún más,** y comenzaron a recibir los primeros

157a

preceptos que les fueron revelados, a través de esto se aferraron al aspecto masculino, y entonces **los hizo ingresar El Santo, Bendito Sea, en otros grados** más elevados aún, **y lo masculino se unió a lo femenino. Y entonces, cuando la matzá se une con el aspecto masculino, es denominado mitzvá,** precepto, **con el agregado de la** letra **Vav, como está escrito: «Pues este precepto** *–haMitzvá hazot–* que te ordeno hoy, no está oculto de ti y no está lejos» (Deuteronomio 30:11). Es decir, vemos que el Maljut denominada Zot es también la mitzvá. **Y debido a esto era** denominada **primeramente matzá y luego mitzvá.**

Mientras los sabios **marchaban** por el camino **escucharon una voz que decía: «Aquellos que poseen la semejanza** de su Creador **y se empequeñecen, torciendo el camino, inclinaos** y dirigíos **hacia** el camino de **arriba** y **no descendáis por el camino principal unido con lo bajo».**

Al escucharla, **Rabí Iosei dijo: surge de aquí que El Santo, Bendito Sea, quiere cuidar los caminos** por los que marchamos.

Por lo tanto **ascendieron hacia arriba e ingresaron en una montaña, entre poderosas piedras** para esconderse allí. **Dijeron: «considerando que El Santo, Bendito Sea, quiere** que marchemos por **este camino, seguramente algo** nuevo **observaremos o un milagro nos sucederá».**

Marcharon y se sentaron junto a las grietas de una piedra. Un hombre ascendió hacia ellos surgiendo desde el interior de la roca, y **quedaron estupefactos. Rabí Iosei dijo** y preguntó: **«¿quién eres tú?»**

Dijo: «soy uno de los hombres y de los habitantes **de Arka** en la que se encuentran los descendientes de Caín.»

Le dijo Rabí Iosei: **«¿pero allí hay seres humanos?».**

Le dijo el hombre: **«sí, y siembran y cosechan. Algunos de ellos se ven diferentes a mí** y, por ejemplo, poseen dos cabezas. **Y ascendí hacia vosotros para saber** y enterarme acerca **de vosotros: ¿cuál es el nombre de la Tierra en la cual vosotros os encontráis?»**

Le dijeron: «Eretz, Tierra, **porque aquí la Tierra de la Vida,** la Shejiná, **mora** y nuestra Tierra se nutre de Ella y no de las cáscaras o Klipot espirituales como las tierras inferiores, **como está escrito: «Eretz,** Tierra, **de ella surge el pan»** (Job 28:5). Es decir, **de ella surge el pan y del resto de las Tierras no surge el pan. Y si** de alguna de ellas **surge** el pan, **no es de las siete especies** principales.

Mientras tanto, el hombre **entró a su sitio** dentro de la piedra. **Estaban asombrados** y **dijeron: «ciertamente El Santo, Bendito Sea, quiere despertarnos acerca de este asunto** de las distintas Tierras y sus habitantes.»

Rabí Jia dijo: «ciertamente sobre ese versículo que tú citaste recuerdo lo que aprendí de mi abuelo: una cosa y enseñanza **suprema sobre Pesaj. El Santo, Bendito Sea, le dio a Israel este pan de la Tierra de Vida,** el Maljut, **y más tarde, el pan de los Cielos,** en referencia al Zeir Anpín. **Y** ya **hemos aprendido** y nos hemos ocupado de **este asunto.**

Además solía decir (157b): «cuando una persona surge a este mundo y nace, **no sabe** absolutamente **nada hasta que prueba el pan. Al probar el pan, se despierta para saber y conocer** (Tratado de Berajot 40a). **De manera similar, cuando Israel salió de Egipto, no sabían nada hasta que El Santo, Bendito Sea, les hizo probar del pan de esta Tierra** –Eretz–, **como está escrito: «Eretz,** Tierra, **de ella surge el pan»** (Job 28:5), **y entonces comenzaron** los hijos de **Israel a saber y a conocer a El Santo, Bendito Sea. Y un bebé no** se considera que **sabe ni conoce hasta que prueba el pan de este mundo. Y** los integrantes del Pueblo de **Israel no supieron ni conocieron sobre estos asuntos de lo Alto hasta que comieron el pan de lo Alto, y entonces supieron y conocieron en este lugar** referente al Maljut.

El Santo, Bendito Sea, quería que los integrantes de **Israel supieran más de ese lugar que se les mostró de esta Tierra,** el Maljut, **pero no podían hasta que probaron el pan de ese lugar. ¿Y quién es? El Cielo,** en referencia al aspecto masculino inferior, **como está escrito:** «El Eterno le dijo a Moshé (Moisés): **«He aquí que haré llover pan para vosotros desde el cielo;** que el pueblo salga y recoja la porción de cada día ese día, para que los pueda poner a prueba, a ver si siguen Mis enseñanzas o no» (Éxodo 16:4). **Y entonces supieron y observa-**

ron lo referente a este sitio, el del aspecto masculino inferior. **Pero antes de comer el pan de ese sitio, no sabían nada ni conocían.**

Rabí Iosei vino y lo besó. Dijo: «¡ciertamente sobre esto nos despertó El Santo, Bendito Sea! Y por ello el comienzo de Israel en el conocimiento de El Santo, Bendito Sea, **fue a través del pan.»**

Luego **se pusieron de pie y marcharon, y mientras marchaban observaron dos repollos, uno masculino y uno femenino.**

Rabí Iosei dijo: «no hay ninguna cosa en el mundo que no haya en ella los aspectos **masculino y femenino,** ya que todo proviene y emana de los aspectos masculino y femenino supremos –Maljut y Zeir Anpín– (Talmud, Tratado de Baba Batra 74b), **y** además **todo lo que se encuentra en la Tierra posee su correspondencia también con lo que se encuentra en el mar»** (Tratado de Julín 127a).

Abrió Rabí Iosei su enseñanza **y dijo** citando nuevamente el versículo analizado anteriormente: **«Cuando Iaacov (Jacob) llegó del campo al anochecer, Lea salió a recibirlo,** y dijo: "Vendrás a mí, pues ciertamente te he conseguido a cambio de las mandrágoras de mi hijo". Y se unió a ella aquella noche» (Génesis 30:16). Se analiza: **«Lea salió a recibirlo»:** mas **¿cómo lo sabía,** el hecho de que Jacob estaba llegando? **He aquí que ellos dijeron que el burro rebuznó y Lea lo supo y salió hacia él, causando** por ello **que saliera** después **de ella Isajar, como está escrito: «Isajar, un burro de huesos** –*garem*– **fuertes»** (Ibíd. 49:14). Y sobre esto se nos enseña: **no leas** el término hebreo como ***garem*** **sino** ***garam,*** «provocó», señalando **que el burro lo causó** a su nacimiento. **Lea dijo** para sí misma: **«ciertamente sé que si Jacob entra a la tienda de Raquel, no podré sacarlo. Sino que lo esperaré aquí y lo haré ingresar a mi tienda.»**

Se analiza otra parte del versículo: «Cuando Iaacov (Jacob) llegó del campo al anochecer, Lea salió a recibirlo, y dijo: "Vendrás a mí, **pues ciertamente te he conseguido a cambio de las mandrágoras de mi hijo".** Y se unió a ella aquella noche» (Génesis 30:16). Ahora bien: **¿por qué** Lea recalcó que se trataban de **«las mandrágoras de mi hijo»? Porque le provocaría satisfacción a Jacob ya que éstas**

157b - 158a

facilitan el nacimiento y la fertilidad. **Pero Jacob sabía que el asunto** en realidad **no dependía de las mandrágoras sino de lo Alto,** del mazal supremo. Por ello **abrió** Jacob **y dijo: «Él establece a la mujer estéril en su hogar como una alegre madre de hijos. Aleluya»** (Salmos 113:9). Es decir, El Eterno lo provoca y nadie más.

Rabí Jia dijo: «no fue Jacob quien dijo este versículo sino **el Espíritu de Santidad lo dijo,** la Shejiná». Es decir, la Shejiná dijo: **«Él establece a la mujer estéril en su hogar: se refiere a Raquel; "como una alegre madre de hijos"»: se refiere a Lea.**

Otra enseñanza acerca del mismo versículo de los Salmos: **«Él establece a la mujer estéril»: se refiere al mundo inferior; «como una alegre madre de hijos»: se refiere al mundo superior.** Y **debido a esto** el versículo termina diciendo: **¡Aleluya!".**

Rabí Iehuda dijo: «todas estas tribus son rectificaciones de lo bajo, del Maljut, **y todas son en semejanza con lo Alto.**

Ven y **observa:** «Vendrás a mí, **pues ciertamente te he conseguido a cambio** de las mandrágoras de mi hijo», **para generar un cuerpo de él. ¿Y quién es? La Torah,** ya que Isajar se ocupaba de la Torah día y noche. Y por esto **«pues ciertamente te he conseguido a cambio»: a ti, a tu cuerpo concretamente.** Y esto es lo que dijo también **«...pues ciertamente te he conseguido a cambio» (158a) para engendrar de acuerdo con tu imagen.**

De aquí, de Isajar, aprendemos que **quien se ocupa** del estudio **de la Torah hereda el mundo venidero y hereda el legado de Jacob.** Y la prueba de que **hereda el mundo venidero, es tal como está escrito** que **Isajar,** de acuerdo al sistema de notrikón puede leerse como ***iesh sajar,*** hay recompensa, y sobre esto dice el profeta: **«pues hay** *–iesh–* **recompensa para tus actos»** (Jeremías 31:15). Y está escrito también: **«Para hacer heredar a mis amados poseo** *–iesh–,* **y llenaré sus tesoros»** (Proverbios 8:21).

En la Torah encontramos el siguiente versículo: «Entonces Lea concibió nuevamente y le dio a Iaacov (Jacob) un sexto hijo. Dijo Lea:

«Dios me ha otorgado un buen regalo *–zevadani–;* ahora mi marido vivirá conmigo, **pues le he dado seis hijos».** Y lo llamó Zebulún (Zabulón)» (Génesis 30: 19–20). **Rabí Jizkia dijo:** las raíces espirituales de **estas** almas **son** en correspondencia con los grados de **arriba, abajo, y las cuatro direcciones del mundo. Y** por ello **quien prolongue** su oración **en** la palabra **Uno** *–ejad–* del rezo denominado Shemá Israel, **debe coronar a El Santo, Bendito Sea, arriba, abajo, y en todas las cuatro direcciones del mundo.** Es decir, debe coronarlo destacando Su completa unicidad.

Rabí Jizkia dijo que **está escrito** de dos modos diferentes: **«sobre montañas de separación»** (Cantar de los Cantares 2:17) **y** también **está escrito: «sobre las montañas de especies fragantes»** (Ibíd. 8:14). **¿Quiénes son las montañas de especies fragantes** y qué significa este concepto? **Estos son los seis hijos de Lea, que incluyen a los otros seis** hijos, los cuatro de las concubinas y los dos de Raquel, **y son doce y son seis, porque cada uno se encuentra incluido en su compañero, y** la matriarca **Lea sobre ellos, para cumplir** lo dicho en el versículo: **«...como una alegre madre de hijos. Aleluya»** (Salmos 113:9).

Y por ello está escrito en la Torah: «Si te encuentras con un nido de pájaro en el camino, en cualquier árbol o sobre el suelo, y hay en él pichones o huevos y la madre está empollando sobre los pichones o sobre los huevos, **no tomarás a la madre junto con los pichones»** (Deuteronomio 22:6). Es decir, no provocarás la separación entre ellos, **porque Ella,** Ima, el aspecto femenino superior, **es el mundo oculto y no revelado; y por ello** la Torah nos enseña: «Ciertamente **expulsarás a la madre...»,** es decir**, porque Ella es el mundo oculto y no revelado para nada; «y tomarás para ti a los pichones», tal como está escrito: «Pues inquirid ahora acerca de los días primeros que os precedieron, desde el día en que Dios creó al hombre sobre la tierra y desde un confín de los Cielos hasta el otro confín de los Cielos:** ¿ha habido alguna vez algo parecido a esta gran cosa o se ha oído alguna vez algo parecido?» (Deuteronomio 4:32). **Y todos**

son denominados «montañas de especies fragantes», con relación a los hijos de Lea; y **de aquí,** desde este grado oculto **hacia abajo son denominados «montañas de separación»,** con relación a los hijos de Raquel, **como está escrito** y sugerido: «Del Edén surge un río que riega el jardín, **y de allí se divide y se transforma en cuatro cursos de agua».** (Génesis 2:10): se refiere a las **montañas de separación.**

Rabí Ieisa dijo: «los hijos de las criadas unieron articulaciones, tal cual lo enseñado, se refiere a **las cuatro articulaciones que necesitan rectificación»**

Y dijo Rabí Elazar: «por lo tanto, estas articulaciones sobresalen hacia fuera, para sugerir a los hijos de las concubinas, **y a pesar de que todas son una. Y de aquí en adelante,** es decir, con relación al resto de los miembros del cuerpo que aluden a las demás tribus, **todas son una en línea recta** y no sobresalen hacia fuera. **Entonces** como todas son como un solo cuerpo, **todas las tribus ascienden como un testimonio de lo Alto, tal como está escrito** y aludido en el versículo: **«Pues allí ascendieron las tribus, las tribus de Dios** –Iud, Hei– **un testimonio para Israel, para alabar el Nombre de El Eterno»** (Salmos 122:4).

Y dijo Rabí Elazar acerca de lo que **está escrito** en la Torah: **«Y cuando Rajel (Raquel) dio a luz a Iosef (José),** Iaacov (Jacob) le dijo a Labán: «Déjame partir, para que vaya a mi lugar y a mi tierra» (Génesis 30:25). **¿Qué observó Jacob para marchar a su camino** precisamente **cuando nació José, y antes de que naciera José** –a pesar de que ya habían nacido el resto de sus hijos– **no quiso marchar** y salir **a su camino** de regreso? **Sino** la respuesta **es tal como ha sido enseñado** (Midrash, Bereshit Raba 73:5) **que** Jacob **vio** en su hijo José **que** precisamente ahora **había nacido el adversario** capaz de vencer al malvado **de Esaú.**

Y ven y **observa:** pues **José completó su sitio en su lugar,** el lugar de Jacob, cuando éste ascendió al sitio de su raíz, **y José se ameritó a ser llamado Justo. Y** aquí, en el Iesod, **es la terminación del cuerpo.** Y **cuando vio Jacob que** con el nacimiento de José **se**

completó el cuerpo supremo, **quiso su cuerpo salir a su camino. Y el final del cuerpo se encuentra el pacto,** el Iesod, **y con todo esto, Benjamín completó la cuenta, pues con él se completaron las doce** tribus.

Y si dijeras: ¿pero acaso Jacob no sabía que hasta aquí no se habían completado las tribus a pesar de haber nacido José? ¿Por qué razón no aguardó hasta que naciera Benjamín y se completaran por su mediación **las** doce **tribus? Sino que Jacob actuó con sabiduría y el** misterio del **asunto** ya lo **conocía. Dijo** para sí mismo: **«por supuesto, si se completan aquí todas las tribus, he aquí que yo sé que una rectificación suprema,** es decir la Shejiná, **morará sobre ellos como corresponde. Y en esta Tierra** extranjera, fuera de la Tierra de Israel, **no corresponde que se completen** las tribus **sino en la Tierra sagrada.**

Ven y **observa que es así, porque todas las doce tribus constituyen la rectificación del mundo inferior. Y debido a que nació Benjamín, murió Raquel** durante el parto, **y** regresó su alma a su raíz en la Shejiná, entonces **tomó** la Shejiná **su lugar en este mundo inferior para rectificarse por ellos.** Pues ahora que se unieron las doce tribus con la Shejiná, regresó Ella a ser la principal de la casa. **Y por ello no nació Benjamín sino en Tierra Santa, tal como está escrito: «En cuanto a mí, cuando vine de Padán, Rajel (Raquel) murió sobre mí en la tierra de Canaán, en el camino,** cuando todavía faltaba un trecho hasta Efrat; y yo la enterré allí, en el camino hacia Efrat, que es Betlejem» (Ibíd. 48:7). **Y allí murió Raquel** al momento de nacer Benjamín **y tomó** la Shejiná **en este mundo inferior, estableciéndose en una casa completa. Y todo el tiempo que Raquel existió, el mundo inferior no se rectificó a través de las tribus;** Mas cuando **Raquel murió,** inmediatamente **tomó** la Shejiná **la casa completamente.**

Y si dijeras: pero **Lea, ¿por qué no murió en ese momento** al completarse las doce tribus para que la Shejiná tomase también su lugar? **Sino porque la casa se encuentra en el mundo inferior, y todos** los actos de los integrantes de las doce tribus **son para su rectificación,** la de la Shejiná, a través de sus acciones **y no de aquellas**

que pertenecen al mundo de lo Alto. Y por lo tanto, Lea **no murió en ese momento.**

Y todas las acciones de Lea son ocultas, porque el mundo superior, representado por Lea, **está** siempre **oculto y no revelado. Y por ello no es mencionada la muerte de Lea** en el relato de la Torah tal **como** fue mencionada **la muerte de Raquel.**

Y ven y **observa que así es, ciertamente, debido a que el mundo supremo, todos sus asuntos son ocultos, y el mundo inferior, todos sus asuntos son revelados,** y **debido a esto fue ocultada Lea en la Cueva de Majpelá y Raquel en campo abierto** y revelado; **ésta de modo oculto y ésta de modo revelado.**

Y en lo oculto el mundo de lo Alto es inscrito, tal como está escrito: «Lea dijo «¡Para mi felicidad! *–beoshrí–.* **Pues las mujeres me felicitarán».** Y lo llamó Asher (Aser)» (Ibíd. 30:13). Debido a esto utilizó Lea el término hebreo *beoshri,* pues alude a un lenguaje oculto, tal como lo encontramos en la fórmula de las bendiciones: *«asher kidshanu».* **Y debido a ello llamó su nombre Asher. (158b) Y debido a esto todo es uno,** como Lea y Raquel, **porque todo deriva del mundo superior: así es. Y en todo lugar** en el cual nosotros mencionamos los **dos mundos, uno es revelado y uno es oculto. Y por ello nosotros no bendecimos a El Santo, Bendito Sea, sino a través de estos dos mundos, tal como está escrito** y sugerido en el versículo: **«Bendito sea El Eterno, Dios de Israel, desde el mundo hasta el mundo»** (Salmos 106:48). Y debido **a esto el mundo superior es llamado Hu,** Él, en tercera persona, **y al mundo inferior se lo denomina Ata,** Tú, en segunda persona, **ya que el** mundo inferior **es bendecido por el mundo superior a través del** hombre **justo, tal como está escrito: «Bendito es El Eterno desde Sión, habitando en Jerusalén»** (Ibíd. 135:21): **ciertamente a través de Sión es bendito.** Resulta sugestivo considerar que el valor numérico de la palabra hebrea Tzion, Tzdik, Iud, Nun final, es equivalente a la del nombre Iosef, José, el justo Iosef, el tzadik, quien se ocupó de nutrir a Egipto en tiempos de hambruna.

Ven y **observa que de manera similar** está escrito uno de los pasajes más herméticos del texto bíblico: «El Eterno descendió en una nube y se ubicó junto a él allí, y proclamó con el Nombre **El Eterno. El Eterno** pasó ante él y proclamó: El Eterno, El Eterno, Dios, Compasivo y Clemente, Lento para Enojarse y Generoso en benevolencia y verdad; Preserva la benevolencia por miles de generaciones, Perdona la iniquidad, el pecado intencionado, y el error, y Quien no absuelve a los que no se arrepienten, Rememora la iniquidad de los padres sobre los hijos y nietos, hasta la tercera y cuarta generación» (Éxodo 34:5–7): lo cual nuevamente alude a que **dos mundos son** los que existen, **uno revelado y uno oculto. Y por ello hay un signo** de lectura **que separa entre ellos,** los dos Nombres mencionados, **y** se aprende que **de este mundo hasta este mundo todo es uno.**

«Y cuando Rajel (Raquel) dio a luz a Iosef (José), Iaacov (Jacob) le dijo a Labán: "Déjame partir, para que vaya a mi lugar y a mi tierra"» (Génesis 30: 25). **Rabí Iehuda dijo: «ven** y **observa la integridad de Jacob, quien no quería irse sino con el permiso de Labán** a pesar de que el malvado lo había engañado y embaucado en varias ocasiones. **Y si dijeras:** pero **en** aquella **otra ocasión, ¿por qué no marchó con su permiso** cuando se relata: "Iaacov (Jacob) engañó a Labán el arameo al no decirle que huía"» (Génesis 31:20)? **Sino porque temió Jacob que no lo dejara** marchar **y** entonces las **doce tribus serían completadas en otra Tierra** y no en la Tierra de Israel. **Y por ello debido a que vio que llegó el momento** en que Raquel quedó preñada **de Benjamín, se escapó** de Labán, **tal como está dicho: «se escapó él y todo lo que tenía»** (Ibíd. 31:21).

Porque una vez que el último de los hijos, **Benjamín, nació,** la Shejiná **se unió con todas las tribus** y moró sobre ellos **y tomó la casa en todos. Y Jacob sabía a través del misterio de la sabiduría que cuando se completaran las doce tribus, la Shejiná se ornamentaría y se uniría con ellos. Y Raquel moriría, y Ella,** la Shejiná, **se haría cargo de la casa.**

Ven y **observa: así aprendimos: el mundo inferior,** la Shejiná, **se le presentó a Jacob como se le presentó a Moisés, sino que no pudo** la Shejiná unirse a Jacob **hasta que se encontraron las**

158b

doce tribus en la casa, para unirse a ellos. Entonces **Raquel fue desplazada** y murió, **y** fue entonces cuando la Shejiná **tomó la casa con todas las tribus, y se transformó en lo principal de la casa. Y entonces** fue dicho: **«Él establece a la *akeret habait*** –lit: la principal de la casa–; la madre de los hijos está alegre. Aleluya» (Salmos 113:9), **ciertamente.**

Jacob dijo a sí mismo: **ha llegado el momento para que las doce tribus sean completadas. Ciertamente, el mundo supremo,** la Shejiná, **descenderá** para morar sobre las tribus, **para que le sirvan de casa y se una a ellos y esta pobre será desplazada** ante ella. Ahora bien: **si ella muere aquí,** en territorio de Labán, **jamás saldré de aquí. Y no sólo esto sino que en esta Tierra** extranjera **no es apropiado completar la casa. Debido a esto** está escrito: **«Y cuando Rajel (Raquel) dio a luz** a Iosef (José), Iaacov (Jacob) le dijo a Labán: "Déjame partir, para que vaya a mi lugar y a mi tierra"» (Génesis 30: 25), **antes de que las tribus estuviesen completas.**

Rabí Shimón oyó y **dijo** al respecto: **«obviamente todas las palabras** y las enseñanzas **de Rabí Iehuda están bien** y siempre son correctas y acertadas, **pero esto asciende sobre todo. Y si dijeras: ¿por qué no salió al camino inmediatamente** al nacer su hijo José? **Sino que todo el tiempo que Raquel no quedó preñada de Benjamín, se demoró allí. Cuando llegó el momento de** la gestación de **Biniamín se escapó y no pidió permiso para no demorarse** allí **y Jacob se unió a todas las tribus en el sitio adecuado».**

Rabí Aba abrió su enseñanza citando el siguiente versículo: **«Moshé (Moisés) fue y regresó a Ieter, su suegro,** y le dijo: "Por favor, iré y regresaré junto con mis hermanos que están en Egipto, para ver si siguen con vida"». Y Itró le dijo a Moshé (Moisés): «Ve en paz» (Éxodo 4:18). **Ven** y **observa: Moisés era el pastor del ganado de Itró, su suegro, y su residencia se encontraba junto con él. Y cuando quiso partir** a Egipto, **no lo hizo sino con su permiso. Y Jacob, que era** un hombre **íntegro, y su residencia se encontraba siempre junto a Labán, ¿por qué no le solicitó permiso** cuando marchó? **Sino he aquí que fue dicho que** Jacob temía por Labán y

para que no urdiese ardides contra él, y entonces, en caso de tener éxito, **debería permanecer** por siempre **allí. Pues antes de esto** Jacob **le dijo** que quería marchar **e inmediatamente** Labán **urdió contra él ardides y debió permanecer allí; y ahora temía de él** que no urdiese contra él nuevos ardides y lo demorara allí. Por ello marchó y escapó sin su permiso. **Pero Itró no actuaba de esta manera con Moisés.** Y además también se puede responder que Jacob no solicitó su permiso **debido a que Labán era un hechicero, y a través de la hechicería realizó todos sus actos contra Jacob. Y ahora Jacob no quería demorarse allí, pues El Santo, Bendito Sea, le había dicho: «...regresa a la Tierra de tus padres y a la Tierra de tu nacimiento, y Yo estaré contigo»** (Génesis 31:3). **Y por ello no quiso** más **demorarse y dejar de lado el mandato de su Señor.**

Ven y **observa: está escrito: «Dios recordó a Rajel (Raquel);** Dios la escuchó y abrió su matriz» (Génesis 30: 22). Rabí Aba **abrió** su enseñanza y dijo citando otro versículo: **«Para el director: para los hijos de Koraj: pronunciaron un cántico sobre un instrumento –*alamot*–»** (Salmos 46:1). **Este versículo se debe profundizar en él porque se trata de un misterio de sabiduría. Y todos estos cánticos y alabanzas que pronunciaron los hijos de Koraj, todos innovaban estos cánticos y alabanzas que existían en un comienzo. Y así todos los cánticos y alabanzas que pronunció David y todos estos** hombres **que se encontraban junto con él, todos dijeron** y pronunciaron **a través del misterio supremo, a través del misterio de la sabiduría.**

Ven y **observa: hizo el Santo, Bendito Sea, el mundo de lo bajo en semejanza al mundo de lo Alto. Y todos los órdenes** de las guardias terrenales **que ordenaron David y su hijo Salomón, y todos los profetas verdaderos, todos (159a) los ordenaron en semejanza con lo Alto.**

Ven y **observa: así como existen guardias en la Tierra, así también en el firmamento,** sobre el **que** se enseña que los ángeles **entonan cánticos a su Señor y pronuncian un cántico de modo permanente. Y todos se ubican** en paralelo, **éstos en correspondencia con estos** otros, **y todos** se encuentran **en un orden** alineado

159a

y paralelo **de cánticos y alabanzas. Y he aquí que** este asunto ya **lo enseñaron los compañeros.**

Se retorna al versículo anterior y se explica: «Para el director: para los hijos de Koraj: pronunciaron **un cántico sobre un instrumento** –*alamot shir*–» (Salmos 46:1). **¿Qué significa *alamot shir*? Sino como está dicho: «Sesenta son las reinas y ochenta concubinas, y jóvenes** –*alamot*– **sin número»** (Cantar de los Cantares 6:8). **¿Qué significa *vaalamot* sin número? Tal como está dicho: «¿Acaso existe un número para Sus huestes?»** (Job 25:3). **Y debido a que** los ángeles **son incontables está escrito: «*vaalamot* sin número»,** asociando el término *alamot* con el concepto de recóndito u oculto: sin número. **Y todos** se ubican **hileras, hileras, rodean** el Trono de Gloria, **ordenados unos frente a los otros, para entonar cánticos y alabanzas para su Señor. Y estos** ángeles **son** denominados ***alamot shir*** porque su número es inaprensible. **Y debido a que hay innumerables** ángeles **que no entonan cánticos como ellos,** por ello **estos** ángeles en particular **son denominados *alamot shir.***

Tres órdenes, que son campamentos de ángeles, **se dividen en cada dirección de las cuatro direcciones del mundo. Y en cada orden y orden, en cada dirección, se encuentran otros tres órdenes.** Y se explica: **en el primer orden, del lado Este, se encuentran tres órdenes, y** en realidad **son nueve órdenes ya que cada orden de estos tres posee a su vez otros tres órdenes** internos. **Resulta que son nueve** órdenes. **Y muchos miles y miríadas** de ángeles **se ubica por debajo** de ellos.

Estos nueve órdenes de los ángeles, **todos se comportan de acuerdo con las letras** Iud, Hei, Vav del Nombre del Tetragrama, las que se encuentran **inscritas** en lo Alto. Es decir, la Iud en la Jojmá, la Hei en la Biná y la Vav en Daat. **Y todo orden** de estos nueve órdenes **observa a estas letras inscritas,** las que se relacionan con él, y cada orden recibe abundancia espiritual y fuerza de conducción de las letras. Es decir, cada orden se nutre de una de las letras de este Nombre. **Y todos** los nueve órdenes del lado Este **se unen y pronuncian un cántico.**

Y cuando estas letras, Iud, Hei, Vav, **se remontan dentro del aire** –Iesod– **del espíritu** –aspecto masculino inferior–, **encargado sobre todo, entonces viajan** y se elevan hacia lo Alto para pronunciar un cántico. **Y su cántico es dulce.**

Y una letra golpea desde abajo, la Hei, **y esa letra,** debido a su gran deseo, **se eleva** para unirse a las letras superiores, la Vav y la Iud, **y** luego **desciende. Y dos letras,** la Vav y la Iud, **se remontan sobre ellas,** otras dos letras de dos de los órdenes superiores. **Y esta letra** Hei **de abajo, eleva al orden** en el que se encuentra **de lo bajo hacia lo Alto, y se une a ellas,** las letras Vav y Iud, **y se transforman** juntas **en** un conjunto de **tres letras:** Vav, Iud, Hei. Y entonces pueden llevar a cabo sus acciones. **Todas** las combinaciones de las letras son **de acuerdo a las letras Iud, Hei, Vav, ya que estas tres se encuentran en el interior del Lente que ilumina. De estas** letras **se dividen tres órdenes** de ángeles en el Mundo de la Creación. **Y estas dos letras y esta letra,** la Hei, **que se eleva y se une a ellas, he aquí que resultan en** un conjunto de **tres.**

Ven y **observa: esas dos letras supremas,** la Vav y la Iud, **que se elevan en el aire se incluyen una en otra, la Misericordia** de la Iud **con el Rigor** de la Vav. **Y debido a esto ellas son dos, y son desde el mundo supremo de acuerdo con el misterio de lo masculino. Y ésta,** la Hei, **que asciende y se une con ellas, es femenina y se incluye entre ambas. Así como lo femenino se incluye por dos flancos, derecha e izquierda, y se une a ellos, de igual modo esta letra** Hei **es femenina, y se une con otras dos letras que se encuentran en los dos flancos. Éstas son superiores, y éstas inferiores, y todo es uno, masculino y femenino.**

Porque cuando el mundo fue creado todas las letras provenían del mundo supremo, la Biná, **y ellas dieron a luz todos los actos en lo bajo, a semejanza de lo Alto, concretamente. Por ello quienquiera que las conozca y sea precavido con respecto a ellas, es amado en lo Alto y amado en lo bajo.**

Rabí Shimón dijo: «estas letras, todas son masculino y femenino, incluyéndose como una de acuerdo con el misterio de las aguas superiores –masculinas– **y aguas inferiores** –femeninas–, **y**

159a

todo es uno y esta es una unificación completa. Y debido a esto quienquiera que las conozca y sea precavido con respecto a ellas, bienaventurada es su porción en este mundo y en el Mundo Venidero, porque ésta es lo principal de la unificación, como corresponde.

Tres y tres de este lado y de este lado, es decir, tres órdenes de ángeles se ubican del lado derecho, el Jesed, y tres órdenes de ángeles se ubican del lado izquierdo, la Gevurá, de acuerdo **con una única unidad,** a través del orden medio del Tiferet, **que son completos en todo. Y todos** los órdenes de los ángeles **se comportan de acuerdo con el misterio del orden superior** de las sefirot del Mundo de Atzilut, **como corresponde, de acuerdo con** las sefirot de **lo Alto,** porque también **ese orden** de las sefirot **es de tres en tres líneas en un único misterio.**

En el segundo orden del lado Sur, el lado del Jesed, en cuya cabeza se encuentra el ángel Mijael, **hay tres ordenes** de campamentos de ángeles **de ese lado** Sur **y cada orden y orden** a su vez **son tres, tres** órdenes **y son** juntos **nueve** órdenes, **tal cual lo dicho** con respecto al orden del lado Este. **Y las letras,** Iud, Hei, Vav, **se dividieron así en todas las direcciones,** es decir, también el Sur y el Norte y no sólo el lado Este, **para unirse todos** los órdenes de los ángeles, **como uno. Ya que existen letras de acuerdo con el misterio de lo femenino y letras de acuerdo con el misterio de lo masculino, y se unen todos** los órdenes de los ángeles **como uno, y se transforman en uno de acuerdo con el Nombre Sagrado completo. Y sobre ellos se encuentran ordenados, encargados de tres en tres, como se ha dicho.**

Y todo surge, es decir, los ángeles del Mundo de la Creación, **del orden de los Patriarcas supremos,** Jesed, Gevurá y Tiferet, del Mundo de Atzilut, **de acuerdo al orden con el que fueron dispuestas** y ordenadas **las letras del Nombre Sagrado, Iud, Hei, Vav, como se ha dicho.** Y además todos **estos órdenes** de ángeles, **todos se comportan de acuerdo con estas letras conocidas, y se trasladan** y se conducen **por su mediación. Y una gran cantidad de huestes** de ángeles **y príncipes, todas se ubican abajo,** en el Mundo de la Formación, **y** todas **viajan y se conducen de acuerdo con este orden,** como los ángeles del Mundo de la Creación.

En **el tercer orden, del lado Norte** de la Gevurá, en cuya cabeza se encuentra el ángel Gabriel, **se encuentran de acuerdo con tres órdenes** alineados **de este lado y son nueve. Y en tres direcciones, tres, tres, en cada flanco, sumando nueve.**

Y todos **estos órdenes de las tres direcciones, como fue dicho, son veintisiete** órdenes **(159b), de acuerdo con el misterio de las letras** de la Torah **que son veintisiete. Y a pesar de ser veintidós, la totalidad de las letras son veintisiete,** ya que se suman cinco letras finales, es decir, aquellas que cuando aparecen al final de una palabra son escritas de modo diferente: Mem, Nun, Tzadik, Pei, Kaf. **Y así es el orden de** todos **los órdenes** de los ángeles: **son veintisiete** que se dividen **en tres, tres órdenes en cada dirección. Y se resulta,** entonces**, que estos tres** órdenes **de este lado** Este **son nueve** órdenes. **Y estos tres de este lado** del lado Sur, **son nueve. Y estos tres de este lado** Norte **son nueve. En consecuencia, juntos,** en las tres direcciones, **son veintisiete. Y el misterio de estos** órdenes corresponde con las **veintisiete** letras. **Y** además se enseña considerando la división que se establece entre nueve y dieciocho letras, femeninas y masculinas, **que estas nueve** de las veintisiete **letras, que son de acuerdo con el misterio de lo femenino, para unir lo femenino,** es decir, las nueve letras femeninas, **con los dieciocho lados** o letras **restantes, tal es el misterio de lo dicho. Y todo es como corresponde.**

Ven y **observa: así como estas letras supremas en el mundo de lo Alto,** la Biná, **de igual modo las otras letras en lo bajo,** el Maljut. **Las letras superiores** de la Biná **son grandes, y las letras inferiores** del Maljut **son pequeñas. Y todas éstas son como éstas. Y todos estos misterios que se encuentran en el misterio de lo masculino y femenino** de las letras, **todo es uno, de modo completo.**

159a

Y todo lo dicho con respecto a las letras masculinas *–zajar–* y su unión con las femeninas –aludidas por el Nombre Elokim– se encuentra sugerido en el siguiente texto de la Torah: **«Dios recordó** *–vaizkor–* **a Rajel (Raquel**); Dios la escuchó y abrió su matriz» (Génesis 30:22), **pues** esto alude a que el asunto **depende del mazal,** es decir, de la influencia de la abundancia que desciende desde lo Alto. **Y debido a esto está escrito con respecto a ella,** Rajel, la expresión ***zejirá,*** asociada con el término *zajar,* masculino. Sin embargo, sobre la primera Matriarca, Sara, no se utiliza el mismo lenguaje hebreo sino: **«Y El Eterno recordó** *–pakad–* **a Sara,** tal como había dicho; y El Eterno le hizo a Sara lo que había hablado» (Génesis 21:1), lo cual aparentemente se contradice y demuestra que **no depende del mazal.** En el lenguaje de los cabalistas: no depende del Iesod sino del Maljut.

Y si dijeras que los hijos dependen siempre **del mazal** –Iesod– **y no de más abajo** –Maljut–, **¡y** que **aquí, en** particular en el caso de **Sará, no depende del mazal! Pero** la respuesta es la siguiente: ***«Y* El Eterno» está escrito, todo como uno,** es decir, la expresión «Y El Eterno» incluye al Iesod –la letra Vav–, y al Maljut, –el Tetragrama–. Es decir, también en el caso de Sara encontramos el concepto de *zejirá,* de lo masculino, pero incluido en el Maljut.

Y **de ser así, ¿por qué está escrito** el término hebreo ***«pekidá»?* Sino ciertamente que la *zejirá* ocurrió anteriormente** en el caso de Sara, **y la llave fue entregada abajo,** al Maljut, **como está escrito: «Pero** *–veet,* misterio de lo femenino– **mantendré Mi pacto** –misterio de lo masculino– **a través de Itzjak (Isaac), a quien Sara dará a luz el próximo año para esta época»** (Ibíd. 17:21). **Y luego,** en el versículo en el que se utiliza la palabra *pekidá,* **sucedió de modo similar, y como fue recordada en el misterio de lo Alto, luego está dicho, de acuerdo con el misterio de lo femenino: *pekidá,* para que sea el conjunto de todo,** masculino y femenino, **como uno.**

«Dios recordó *–vaizkor–* **a Rajel (Raquel**); Dios la escuchó y abrió su matriz» (Génesis 30:22). **Rabí Jia abrió** su enseñanza **y dijo** citando el versículo: **«También oí el gemido de los Hijos de Israel,**

esclavizados por Egipto, y recordé *–vaezkor–* **a Mi pacto»** (Éxodo 6:5). Ahora se analiza: **«Y recordé»: he aquí** el concepto de ***zejirá,*** **debido a que se encuentra en lo Alto,** ya que el gemido de Israel se encontraba en el misterio de la *zejirá.* **Puesto que este mazal, que se encuentra en lo Alto, en lo masculino,** el aspecto masculino inferior, **se une a la *pekidá,*** el Maljut, **que se encontraba** con Israel **en el exilio,** y el término *pekidá* alude **abajo a lo femenino. De manera similar** es lo que está escrito aquí: **«Dios recordó** *–vaizkor–* **a Rajel (Raquel)», tal como está dicho:** «También oí el gemido de los Hijos de Israel, esclavizados por Egipto, **y recordé** *–vaezkor,* alude al aspecto masculino inferior– **a** –et, alude al Maljut, el aspecto femenino inferior– **Mi pacto** –alude a que se unieron–».

Ven y **observa: está escrito:** «Ve y reúne a los ancianos de Israel y diles: "El Eterno, el Dios de vuestros antepasados, ha aparecido ante mí, el Dios de Abraham, Itzjak (Isaac) y Iaacov (Jacob), diciendo: **«Ciertamente os he recordado** *–pakod pakadeti–* y lo que se os hace en Egipto»". (Ibíd. 3:16). **¿Y es que** realmente cabe decir **«ciertamente os he recordado»** en relación con el Maljut? **¡Pero he aquí que** el lenguaje de ***pekidá*** **recae sobre el Maljut pero en ese tiempo** la Shejiná **se encontraba en el exilio** junto con Israel! **¿Y ella dijo «ciertamente os he recordado»?**

Sino que aquí debe observarse el tema con sumo detenimiento y profundidad, **y** también es importante destacar que **el misterio de la sabiduría se encuentra aquí. Si Ella se encuentra en el exilio,** entonces, **¿cómo se le presentó a Moisés aquí,** en nuestro mundo terrenal, al mismo tiempo? **¿Y cómo dijo «ciertamente os he recordado»? Pero así hemos aprendido: el Sol, cuando ilumina, se encuentra en los Cielos,** en lo alto, sin descender hasta lo bajo, **y** de igual modo **su poder y su fuerza ejercen su dominio sobre todo sitio. De igual modo** fue dicho con respecto a la Shejiná a través del profeta: **«El mundo está completo de Su Gloria»** (Isaías 6:3). Pero la diferencia es que **mientras el Templo existe «el mundo está completo de Su Gloria»,** es decir, **esto se** refiere a que lo principal de Su presencia estaba **en la Tierra de Israel** y que desde allí ejercía

159a

su providencia también fuera de la Tierra de Israel. **Y ahora que** los miembros de **Israel están en el exilio, Ella está arriba, mientras que Su poder y su fuerza** moran en lo bajo y **rodea a Israel para protegerlos** a sus integrantes **y a pesar de que se encuentran en otra Tierra,** en el exilio.

Y ven y **observa: la Shejiná** mora **en lo bajo y la Shejiná** mora **en lo Alto. La Shejiná** mora **en lo Alto,** en el Mundo de Atzilut, **en doce dominios, carrozas sagradas, y** en el Mundo de la Creación **en doce jaiot supremas.** Pero también **la Shejiná** mora **en lo bajo,** en este mundo, **en doce tribus sagradas. Y entonces la Shejiná está incluida en lo Alto y en lo bajo** al mismo tiempo **y todo en un mismo momento, como una** y simultáneamente. **Y a pesar de que cuando** el Pueblo de **Israel se encuentra en el exilio** cabe decir que Ella **no está rectificada en lo bajo, en lo Alto** sucede **de igual manera: no está rectificada, debido a que en lo bajo no está rectificada. Y esto es** el concepto de **que** Ella **se encuentra en el exilio con** los integrantes de **Israel, que Ella se encuentra en el exilio con ellos.**

¿Y en qué aspectos sí **se rectifica** durante el tiempo del exilio? Para explicarlo se cita un ejemplo. Esto se parece **a un rey a quien se le murió su hijo. ¿Qué hizo? Dio vuelta a su cama debido al duelo por su hijo y no rectificó su cama sino que tomó espinas y cardos y los dispuso** y los colocó **en la zona baja de su cama y se acostó sobre ellos. Así,** por decirlo de algún modo, sucede con **El Santo, Bendito Sea: debido a que fueron exiliados** los hijos de **Israel y se destruyó el Templo, tomó espinas y cardos y los colocó bajo Él, tal como está escrito: «Un ángel de El Eterno se le apareció en una llamarada de fuego que salía de un arbusto.** Él vio, y he aquí que el arbusto ardía en el fuego, mas el arbusto no se consumía» (Éxodo 3:2): **debido a que Israel se encontraban en el exilio** de Egipto se le reveló El Santo, Bendito Sea, a Moisés a través de un arbusto lleno de espinas.

Se retorna al versículo anteriormente citado: **«ciertamente os he recordado** *–padok pakadeti–*». **Quien** se encuentra en el exilio y **no se encuentra bajo su propio dominio, ¿qué?** ¿Verdaderamente **puede**

recordar a otros? **Y** además, **¿qué puede hacer** por otros? Y si la Shejiná se encontraba en el exilio, entonces cómo puede ser que se dirigiese de este modo a Israel dando a entender que ciertamente los recordó. **Sino que** debemos comprenderlo del siguiente modo: ***pakod*** **desde lo Alto,** una vez que el aspecto masculino inferior se unió con el aspecto femenino inferior, y entonces ***pakadeti*** **en lo bajo. ¿Por qué** a la sazón se le adjudica al Maljut la redención y no al aspecto masculino inferior? Sino **porque** el aspecto masculino, misterio de **esta *zejirá,*** que es el que en la práctica redime, **se ubicó sobre Ella** y se unió con Ella y le transmitió la influencia y el poder de la Redención aún **antes** de que dijera *«pakod pakadeti»,* **tal como está escrito: «Y recordé Mi pacto»** *–vaezkor et brití–:* **debido a que está dicho «recordé», he aquí que la *zejirá,*** el Iesod del aspecto masculino inferior, **fue dispuesto por encargado de Ella** y se unió a Ella. **Y debido a ello dijo después: *«pakod pakadeti»* (160a): puesto que ésta es la señal** de la Redención, que es *«pakod pakadeti»* **fue tomada desde antes.**

De manera similar sucedió **con** la matriarca **Sara, tal como está escrito: «Y El Eterno recordó** *–pakad–* **a Sara»** (Génesis 21:1). **Pero aquí, con Raquel,** ya **que no fue recordada desde antes,** por ello **no está dicho acerca de ella** el lenguaje de ***pekidá*** **sino** el de ***zejirá.*** **Y todo,** también el lenguaje de *pekidá,* **estaba** incluido **en la *zejirá*** **que es el misterio del mazal** asociado con el Iesod del aspecto masculino inferior.

Rabí Iehuda y Rabí Jizkia marchaban desde Kapodkia hacia Lod; Rabí Iehuda montaba sobre un animal **y Rabí Jizkia iba a pie. Mientras tanto descendió Rabí Iehuda y dijo: «de aquí en adelante nos ocuparemos** del estudio **de la Torah, como está escrito:** "Cuando proclame el Nombre de El Eterno, **adscribid** *–havu–* **grandeza a nuestro Dios"»** (Deuteronomio 32:3).

Le dijo Rabí Jizkia con relación al versículo citado, el cual los sabios en el Talmud lo interpretan como referido a tres personas: **«si fuésemos tres, sería mejor,** porque **uno pronunciaría** las enseñanzas de la Torah **y dos le responderían».**

160a

Él **le dijo:** ¿en qué caso se requiere de tres personas? **En lo referente a las bendiciones, ya que uno** bendice y **menciona el Nombre de El Santo, Bendito Sea, mientras que** los otros **dos le responden:** Amén, **tal como está escrito: «Cuando proclame el Nombre de El Eterno, adscribid grandeza a nuestro Dios»:** es decir, **«cuando proclame el Nombre de El Eterno», se refiere al individuo que bendice,** y **«adscribid grandeza a nuestro Dios»: se refiere a los dos restantes** que le responden Amén. **Pero con respecto a** estudiar **la Torah, incluso dos** personas que **se sientan** a estudiar **otorgan la grandeza y poder de la alabanza de la Torah delante de El Santo, Bendito Sea.**

Rabí Jizkia le dijo a modo de pregunta: «y **con respecto a las bendiciones, ¿por qué** son necesarias **tres** personas?»

Le dijo: «esto ya ha sido explicado y dicho (Tratado de Berajot 45a) **tal como está escrito: "adscribid grandeza a nuestro Dios"»,** y tal como lo hemos mencionado recientemente. **Pero aquí hay un misterio en este asunto: pues todos los misterios de las bendiciones son así: uno bendice y dos responden, para que se eleve la alabanza de El Santo, Bendito Sea, de acuerdo con el misterio del tres: uno bendice y dos reconocen** y aceptan lo dicho **y esto es** considerado como que otorga **la existencia de la bendición, y todo de acuerdo con el misterio supremo, como corresponde, y de acuerdo con el misterio del tres, como ha sido dicho.**

Mientras ellos marchaban, dijo Rabí Iehuda: «hemos aprendido (Talmud, Rosh Hashaná 32b): **«hay un recuerdo** *–zejirá–* **para bien y un recuerdo** *–zejirá–* **para mal, y** de igual modo **hay un recuerdo** *–pekidá–* **para bien y un recuerdo** *–pekidá–* **para mal». Hay un recuerdo para bien, tal como se ha enseñado,** y **tal como está escrito: «Recordaré** *–vezajarti–* **para ellos el pacto de los antepasados,** aquellos que saqué de la tierra de Egipto ante los ojos de las naciones, para ser Dios para ellos. Yo soy El Eterno» (Levíticos 26:45); y además está escrito en otro versículo: **«Dios recordó** *–vaizkor–* **a Noaj (Noé)** y a todos los animales salvajes y a todos los animales que estaban junto con él en el Arca, y Dios hizo que pasara un espíritu de consuelo sobre la tierra y las aguas se calmaron» (Génesis 8:1); y de igual modo encontramos escrito: «Dios oyó sus exclamaciones **y Dios recordó** *–vaizkor–* **Su pacto** con Abraham, con Itzjak (Isaac) y con Iaacov (Jacob)» (Éxodo 2:24). **Y existe un recuerdo** *–zejirá–* **para mal, tal como está escrito: «Él recordó** *–vaizkor–* **que ellos eran carne, un soplo que va pero no retorna»** (Salmos 78:39).

Ahora bien: existe **un recuerdo** *–pekidá–* **para bien, tal como está escrito:** «Ve y reúne a los ancianos de Israel y diles: «El Eterno, el Dios de vuestros antepasados, ha aparecido ante mí, el Dios de Abraham, Itzjak (Isaac) y Iaacov (Jacob), diciendo: **"Ciertamente os he recordado** *–pakod pakadeti–* y lo que se os hace en Egipto"» (Éxodo 3:16). Y también existe **un recuerdo** *–pekidá–* **para mal, tal como está escrito: «Y recordaré** *–pakadeti–* **con la vara sus trasgresiones y con plagas sus pecados»** (Salmos 89:33). **Y todos son misterios supremos.**

Pues **todos estos** versículos en los que es mencionada la **zejirá y pekidá para bien,** estos **son grados conocidos en el misterio de la fe** y la santidad, es decir, **masculino y femenino, un único misterio: zejirá y pekidá. Y estos son para bien.** Por el contrario, **la zejirá y la pekidá para mal éstos son el misterio del Otro Lado que existe en el misterio de «otros dioses», masculino y femenino como uno:** Sameal y Lilit. **Zejirá en éste,** el aspecto masculino, **y pekidá en éste,** el aspecto femenino. **Y éstos se encuentran siempre para hacer el mal** a los hombres, **y éstos se ubican en correspondencia con éstos** otros, la Santidad frente a su opuesto. **De aquí,** de la unificación de los aspectos masculino y femenino del lado de la Santidad, **emanan todos los misterios de la fe y todas las santidades supremas, tal como aclaramos. Y de aquí,** de la unificación de los aspectos masculino y femenino del Otro Lado, **emanan todas las malas especies, y toda muerte y todos los aspectos y las especies malas del mundo, como ha sido establecido. Y esto es lo opuesto de esto** otro.

Rabí Jizkia dijo: «Así es, ciertamente» Bienaventurado es aquél cuya porción se encuentra en el flanco bueno y no se inclina a sí mismo hacia el Otro Lado y se salva del mismo».

160a - 160b

Le dijo Rabí Iehuda: «Así es, ciertamente, y bienaventurado quien puede salvarse de él, de ese Otro Lado ¡Y bienaventurados son los justos que pueden salvarse de ellos, de los distintos aspectos del Otro Lado, **y presentar batalla contra ese Otro Lado».**

Dijo Rabí Jizkia: «¿A través de qué puede enfrentar el hombre al Otro Lado y salvarse?»

Abrió su enseñanza Rabí Iehuda **y dijo: «Porque con estratagemas harás la guerra»** (Proverbios 24:7). **¿Cuál es esta guerra? La guerra contra ese Lado Malo, que debe un hombre presentar batalla contra él y dominarlo, y salvarse del mismo.**

Ven y **observa que Jacob así luchó contra Esaú a causa de ese lado** malo **que existía en él,** en su hermano, **siendo más astuto que él y comportándose con él de modo tortuoso en todo lo necesario, para dominarlo al comienzo y al final, y todo apropiadamente. Y el comienzo y final** en lo referente al comportamiento astuto fueron **como uno, éste como éste, tal como está escrito:** «Él dijo: ¿Acaso debido a que se llama Iaacov (Jacob) me engañó *–vaiakeveni–* estas dos veces? **Mi primogenitura** tomó», **y después** está escrito en el mismo versículo: «y ahora ha tomado **mi bendición».** Luego dijo: «¿Acaso no has reservado una bendición para mí?» (Génesis 27:36), es decir, **el comienzo y el final como uno** en lo referente al comportamiento astuto, **éste como éste, para dominarlo del modo recto** para un caso semejante, **como le correspondía. Y debido a esto bienaventurado es quien se salva del mismo y puede ejercer su dominio sobre él.**

Ven y **observa: zejirá y pekidá para bien son como uno en el misterio de fe y bienaventurado es quien se esfuerza tras** el camino de **la fe, tal como está dicho: «Tras El Eterno marcharán, rugiendo como un león»** (Oseas 11:10). **Rabí Jizkia dijo: «Así es, ciertamente».**

Y ven y **observa: cuando una persona pronuncia su rezo, no debe decir: «zajreini» y «pakdeini»** sino que debe decir «zajreinu» y «pakdeinu» en plural, **porque hay zejirá y pekidá para bien, y**

zejirá y pekidá (160b) para mal, y los aspectos del Mal **se encuentran dispuestos para tomar la palabra de su boca e ir y recordar los pecados de la persona y castigarlo, a menos que se trate de un justo completo. Porque cuando** los malos aspectos **examinen sus pecados, esa zejirá y pekidá para mal, no le encontrarán** transgresiones, **tal como Esdras dijo: «¡Recuérdame** *–zajra–,* **mi Dios, para bien!** (Nehemías 13:31). **Porque en todo sitio en el que una persona pronuncia su rezo debe incluirse con la multitud, para ser incluido en la multitud** y no ser juzgado de modo individual.

Y ven y **observa** que **la Sunamita, cuando Elisha le dijo: ¿Acaso tienes algo para que hable en tu nombre al rey o al general del ejército?** (2 Reyes 4:13). **¿Acaso tienes algo para que hable en tu nombre al rey? Pues ese día era el día festivo de Rosh Hashaná, y ese día el reino de los Cielos dominan para juzgar al mundo y El Santo, Bendito Sea, es llamado Rey de Juicio en ese momento. Y debido a esto le dijo: ¿Acaso tienes algo para que hable en tu nombre al rey?**

¿Qué está escrito? «Y dijo: en medio de mi pueblo yo habito» (Ibíd.). **¿Qué dijo** y cuál fue su intención? Dijo: **«no quiero ser inscrita sola en lo Alto, sino incluir mi cabeza entre la multitud y no excluirme de entre la totalidad de ellos.» De manera similar debe el hombre incluirse dentro de la multitud y no aislarse, para que ellos no lo examinen, recordando sus pecados, como se ha dicho.**

Rabí Iehuda abrió su enseñanza para profundizar aún más en el tema anterior **y dijo** citando un versículo: **«¿Se te han revelado las puertas de la muerte** *–mavet–?* **¿Has visto las puertas de la oscuridad profunda** *–tzalmavet–?»* (Job 38:17). **Este versículo se lo dijo El Santo, Bendito Sea, a Job cuando vio que Job se afligía** con sus consideraciones **acerca de la justicia del Santo, Bendito, Sea.**

Ven y **observa: Job dijo: «Sí me matara,** ***lo aiajel»*** (Ibíd. 13:15), lo cual, de modo literal significa: «en Él depositaré mi esperanza». Es decir, en este versículo caben dos interpretaciones: que El Eterno mata a los hombres enviando al ángel de la muerte, lo cual se entien-

160b

de de la primera parte del versículo; y también se puede interpretar que Job consideró que una vez que la muerte ejerce su dominio ya no hay poder de eliminarla. Pues en este versículo la palabra hebrea ***lo*** **está escrita con** la letra **Alef,** significando «no»: es decir, no tengo por qué tener la esperanza de que volveré a vivir tras la muerte. **Y su lectura,** el *kri,* **es con** la letra **Vav,** significando que El Eterno enviará al ángel de la muerte para matarme por toda la eternidad. **Y todo es uno** y un mismo significado.

El Santo, Bendito Sea, le dijo: ¿y es que yo mato a las personas? «¿Se te han revelado las puertas de la muerte *–mavet–?* ¿Has visto las puertas de la oscuridad profunda *–tzalmavet–?»* Y esto le fue dicho para que entienda que **muchas puertas permanecen abiertas de ese Lado** del Mal, **y** quien las traspasa e ingresa a través de las mismas debe saber que **la muerte ejerce su dominio sobre ellas.** Es decir, la persona misma ingresa en la muerte y la muerte por sí misma llega a la persona. **Y todas se encuentran ocultas de los hombres y no saben cuidarse ante ellas** y por ellos mismos ellos caen, **porque ellas están ocultas ante los hombres y** ellos **no conocen acerca de estas puertas.**

El versículo pregunta: **«¿has visto las puertas de la oscuridad profunda** *–tzalmavet–?»* Ahora bien: **¿quiénes son las puertas de la muerte *–mavet–?* ¿Y quiénes son las puertas de la oscuridad profunda *–tzalmavet–?* Sino que la muerte y la oscuridad profunda son como una, y su unión es una. La muerte, como se ha dicho, es el Ángel de la Muerte, como se ha establecido;** mientras que ***tzalmavet,*** palabra compuesta ***–tzel mavet–*** la sombra de la muerte, **ésta es la que monta sobre ella,** Samael sobre la Serpiente, **y es su sombra y su poder,** la de la Serpiente, **acoplándose como uno en un único vinculo; y todos esos grados que surgen de ellos y que se unen a ellos son** consideradas **las puertas de ellos, como en lo Alto, tal como está dicho: «¡Alzad las cabezas, oh puertas!»** (Salmos 24:7): **y éstas son denominadas ríos y arroyos,** y son las **seis direcciones del mundo. Aquí también estas puertas de la muerte y de la profunda oscuridad son del Otro Lado, grados conocidos que ejercen su dominio sobre el mundo. Puertas de la muerte,**

puertas de la oscuridad profunda; ésta femenina y ésta masculina, y las dos en realidad son **como una.**

Y por eso le dijo El Santo, Bendito Sea, a Job, debido a todas las palabras que él dijo: «Como una nube se desvanece y se marcha, así el que descienda al Sheol no subirá» (Job 7:9). **Y** de igual manera **todas las otras palabras** que dijo Job y que algunas de ellas ya fueron mencionadas. **El Santo, Bendito Sea, dijo** ante ellas y respondió: **«¿se te han revelado las puertas de la muerte para saber que todo** Mal **se encuentra en Mi dominio y que todas** estas puertas **están destinadas a ser exterminadas del mundo, como está escrito: «Tragará la muerte por toda la eternidad»** (Isaías 25:8)? Es decir, la muerte está en manos de El Eterno y Él puede salvar de ella a quien quiera y cuando quiera.

Ven y **observa: «Dios recordó a Rajel (Raquel); Dios la escuchó y abrió su matriz»** (Génesis 30:22). **Dos veces** está escrito el Nombre **«Elokim», «Elokim», ¿por qué? Sino una por el Mundo de lo Masculino y una por el Mundo de lo Femenino, porque del** ***mazal*** **depende el asunto** de engendrar hijos y procrear. **Y cuando Raquel se despertó para** ponerle **este nombre** a través del Nombre del Tetragrama, **tal como está escrito:** «Y lo llamó Iosef (José), diciendo: **"que El Eterno me agregue otro hijo"»** (Génesis 30: 24), **Jacob sabía que ella era adecuada para completar todas las tribus y que no perduraría en el mundo. Debido a esto** Jacob **quiso marchar** inmediatamente a la Tierra de Israel. **Sin embargo, no pudo** hacerlo. Y **cuando llegó** y se aproximó **el momento** del nacimiento **de Benjamín, se escapó y se marchó, para que en una Tierra extraña no se completara la casa** de Israel, las doce tribus, **vinculando al mundo sagrado con él,** la Shejiná sagrada con Jacob. **Tal como está escrito: «Y El Eterno le dijo a Iaacov (Jacob): "regresa a la Tierra de tus padres y a la Tierra de tu nacimiento, y Yo estaré contigo"»** (Ibíd. 31:3). **¿Qué significa «y Yo estaré contigo»? Sino que Le dijo: «hasta ahora Raquel estaba contigo y era lo principal de la casa. Desde ahora en adelante, Yo estaré contigo y tomaré la casa contigo, con las doce tribus», tal como está escrito: «En**

cuanto a mí, cuando vine de Padán, Rajel (Raquel) murió sobre mí en la tierra de Canaán, en el camino, cuando todavía faltaba un trecho hasta Efrat; y yo la enterré allí, en el camino hacia Efrat, que es Betlejem» (Ibíd. 48:7): **sobre mí recae, y por mi causa fue el asunto de que ella fuera desplazada y vino otro habitante** a residir en su lugar, es decir, la Shejiná, **y tomó la casa debido a mí, para vivir conmigo**.

«Mas Labán le dijo: «Si he hallado gracia en tus ojos, he sabido, por adivinación, que El Eterno me ha bendecido por tu causa». **Y dijo: «dime** *–nakva–* **cuál es tu salario y te lo daré»** (Ibíd. 30:27–28). **¿Qué significa *nakva?* Rabí Itzjak dijo** explicó al respecto: **«ese malvado** de Labán **dijo: "yo veo que Jacob no observa sino a las mujeres** *–nukvei–*"» (161a) **y debido a esto,** a su amor por ellas, **trabajará para mí.** Por ello **dijo: «dime** *–nakva–* **cuál es tu salario»,** es decir, **he aquí que una mujer será su salario, como al principio,** aunque en realidad Labán se refería que le pagaría vinculándolo con Lilit. **«Y te lo daré»: dime a qué mujer has observado y te la daré y trabajarás para mí por ella.**

Y dijo Iaacov (Jacob): «no me des nada» (Ibíd. 31). Es decir, **dijo Jacob: «¡Dios me libre! Pues he aquí que yo, todo lo que hice, en el Nombre del Rey sagrado lo hice. Y no por lujuria propia. Por ello: no me des nada, pues no era mi intención esto sino,** si realmente quieres que trabaje para ti, entonces: "no me des nada; **si haces esto,** continuaré pastando y cuidando a tus ovejas"» (Ibíd.).

El relato bíblico continúa: **«Y aquel mismo día, quitó los chivos** rayados y manchados, y todas las cabras moteadas y manchadas, todas las que tenían color blanco, así como también los corderos marrones, y dio en mano de sus hijos. Y puso una distancia de tres días entre él y Iaacov (Jacob); y Iaacov (Jacob) se ocupó de apacentar el resto del rebaño de Labán» (Ibíd. 35–36). **Rabí Elazar abrió** su enseñanza **y dijo** citando un versículo: **«El Eterno, ¿quién puede habitar en Tu tienda?...»** (Salmos 15:1). **He aquí que lo explicaron** de modo revelado **y** también **fue explicado por los compañeros** que lo que está escrito en el versículo: **«marcha con integridad»** *–tamim–*, **se refiere a Abraham, porque cuando fue circuncidado, «íntegro»** *–tamim–* **fue denominado; «y actúa justamente» se refiere a Itzjak; «y dice la verdad», se refiere a Jacob.**

Ciertamente Jacob a la verdad se apegó. Ahora bien: **si a la verdad se apegó,** entonces, **¿por qué razón actuó con Labán de este modo** utilizando el método de las varas? **Sino que Jacob estaba examinando si era la hora de su** ***mazal,*** **porque a la persona se le permite examinar su hora antes de** salir al camino y **retornar a su Tierra. Y si su** ***mazal*** **lo acompaña en su tarea, bien; y si no, no debería dar un paso hasta que ascienda** el *mazal* **en su favor.**

Ven y **observa: está escrito: «Que mi rectitud atestigüe por mí en el futuro,** cuando revises mi salario; cualquier cabra que encuentres en mi posesión que no tenga motas ni manchas, o cualquier cordero que no sea marrón, es robado» (Ibíd. 33). **Porque él no actuó para obtener de lo de él gratuitamente sino todo** lo hizo **de acuerdo con la verdad y la integridad de la voluntad. Y no sólo esto sino que tomó el permiso de Labán. Y sobre esto está escrito:** «Mas Labán le dijo: «si he hallado gracia en tus ojos, he sabido, **por adivinación, que El Eterno me ha bendecido por tu causa»** (Ibíd. 27). **¡Cuántos tipos de hechicerías hizo Labán y examinó su mazal a causa de Jacob! Y encontraba** añadidos **por causa de Jacob cien animales** en el rebaño **cada mes, cien corderos, cien cabras, más que** lo que correspondía que estuviese en **su rebaño.**

Rabí Aba dijo que en realidad encontraba **mil** animales **en el rebaño, y mil corderos y mil cabras le traía Jacob más cada mes y mes, tal como está escrito: «Pues lo poco que tenías antes de que yo llegara se incrementó en gran manera desde que El Eterno te bendijo con mi llegada;** y ahora, ¿cuándo haré yo también algo para mi propia casa?» (Ibíd. 30). **Y la bendición de lo Alto no es menos que** el misterio de **mil de cada especie y especie: de los animales del rebaño encontró mil; de los corderos encontró mil; de las cabras encontró mil. Sobre todo lo que se pose la bendi-**

161a

ción de lo Alto, nunca es menos de mil. Hasta que por causa de Jacob se elevó Labán a una gran riqueza.

Y cuando Jacob vino a tomar su pago no encontró sino diez de cada especie y especie, y Jacob lo consideró como suficiente riqueza ¡Mira cuánto tomó de lo de él, de Labán, **de lo que él le daba, por su mérito, a Labán! Y todo lo que ascendió en** la porción de **Jacob no fue sino por la fuerza de esas varas que colocó junto al rebaño.**

Ven y **observa: cuánto se esforzó Jacob, ese** hombre **íntegro, para** el bien de **Labán. Está escrito: «Y puso una distancia de tres días** entre él y Iaacov (Jacob); y Iaacov (Jacob) se ocupó de apacentar el resto del rebaño de Labán» (Ibíd. 36). **Y** Jacob **le trajo toda esa riqueza y con todo esto no quiso Labán que el pago de Jacob fuese así,** tal como lo había estipulado, **sino que tomó diez de esta** especie, **y diez de esta** otra, **y se la dio en su mano. Y dijo: «toma éstos** animales **y si ellos tienen cría como has dicho, de este modo será** y recibirás **tu pago», tal como está escrito:** «Éstos son mis veinte años en tu casa: catorce años te serví por tus dos hijas; seis años por tus rebaños, **y tú cambiaste mi salario cien** *–aseret–* **veces»** (Ibíd. 41): **diez de ésta** manera **y** otras **diez de ésta** manera, **y está escrito** que Jacob dijo a sus esposas: **«y vuestro padre me ha mentido, cambiándome el salario cien** *–aseret–* **veces;** mas Dios no permitió que me hiciera daño» (Ibíd. 31:7): **y con estos diez** animales de cada especie que recibió, de todos modos **se esforzaba tras** el servicio de **El Santo, Bendito Sea, y Lo bendijo. Y todo lo que acordó Labán con Jacob, volvió de su palabra,** se retractó, **y tomó todo de Jacob, hasta que El Santo, Bendito Sea, tuvo compasión por él y tomó** animales **de él,** de Labán, **por la fuerza,** para sumarlos al rebaño del patriarca.

Rabí Elazar dijo: «todos estos versículos vienen a mostrar sabiduría, porque hemos aprendido que los entes de lo Alto, algunos dependen de los actos de los preceptos prácticos **y algunos del habla, y algunos de la voluntad del corazón. Y quien quiera atraer bendiciones** de lo Alto puede atraerlas **con su rezo: con su habla y con su voluntad** del corazón; **y entre ellas hay** bendiciones

que no dependen del rezo sino del acto del precepto con la intención apropiada.

Ven y **observa: Jacob, el** hombre **íntegro** por excelencia, **todo lo que hizo, con sabiduría lo hizo. Está escrito: «Y colocó las varas ya descortezadas en los abrevaderos de agua** a los que iban a beber los rebaños, enfrente de los rebaños, para que se estimularan a concebir cuando iban a beber» (Ibíd. 30:38): **todo con** profunda **sabiduría, para atraer bendiciones desde el manantial de todo, a todos esos grados supremos, que son parte y su porción.**

Acerca de **«las varas». ¿Qué son las varas? Estos son grados de este Tribunal del Juicio,** asociado con las sefirot Gevurá, Hod, y Maljut; **«ya descortezadas»:** es decir, que les quitó las cáscaras rojas lo cual sugiere **que les apartó el** rigor del **Juicio** a través del agua, que alude al Jesed; **«en los abrevaderos de agua»: es como está escrito: «El rey está atado en los abrevaderos...»** (Cantar de los Cantares 7:6), **porque de ese rey,** la Biná, **llegan las bendiciones a todos los mundos.**

Otra cosa y una nueva enseñanza: **(161b) «El rey está atado en los abrevaderos»: este rey está atado en esos abrevaderos supremos, de los cuales fluyen las bendiciones para todo, del rey supremo,** la Biná; «y colocó las varas ya descortezadas **en los abrevaderos de agua** a los que iban a beber los rebaños», (Génesis 30:38) es decir, **se refiere a los arroyos de los que salen y regresan** las aguas, la abundancia espiritual, **hasta que llegan al sitio donde** finalmente **se reúnen allí:** el Maljut.

«Y colocó las varas ya descortezadas en los abrevaderos de agua **a los que iban a beber los rebaños,** enfrente de los rebaños, para que se estimularan a concebir cuando iban a beber» (Ibíd., 38), **tal como está dicho: «Dan de beber a todas las bestias del campo, y sacian la sed de los animales salvajes»** (Salmos 104:11), **y en ese sitio en el que se reúnen allí las aguas, todos vienen a beber de él.**

Sobre el detalle del versículo que comenta: **«...para que se estimularan** a concebir cuando iban a beber» (Ibíd.), se pregunta: **¿qué**

161b
significa que **se estimulaban? Ven** y **observa: cuando el viento norte sopla, las aguas se congelan y no fluyen hacia fuera y no irrigan, ya que el Juicio está pendiente y el frío del Norte congela el agua. Y cuando el viento sur se despierta, las aguas se calientan, y pasa su congelamiento y entonces fluyen** nuevamente **para irrigar a todo, debido a que el calor del Sur descongela el agua, y** entonces **todos se calientan y se alegran bebiendo de lo que estaba previamente frío** a causa del viento proveniente **del Norte, tal como está escrito:** «para que **se estimularan...».**

¿«Se estimulaban», en lenguaje femenino: *vaiejamna*? **Y he aquí que está escrito:** «Los rebaños **se estimulaban** *–vaiejemu,* en masculino– con las varas y daban a luz a crías con rayas, con motas y con manchas» (Ibid 39). **Sino que** lo que está escrito *vaiejamna* en femenino **es porque todas eran hembras.**

Y esta fue la intención de Jacob al hacer sus actos con sabiduría, y esto es lo que está escrito: «Iaacov (Jacob) tomó varas de álamo frescas, de avellano y de castaño. Raspó con rayas sacándole la corteza, descubriendo el interior blanco de sobre las varas» (Ibíd. 37)

Abrió Rabí Elazar su enseñanza **y dijo: «Pues a Jacob lo eligió Dios, a Israel como Su tesoro»** (Salmos 135:4). Ahora bien, del versículo en hebreo y de su modo lingüístico, resulta difícil saber quién eligió a quién. **Ven** y **observa: «Pues a Jacob lo eligió Dios»: hasta aquí no sabemos quién eligió a quien: si El Santo, Bendito Sea, eligió a Jacob** o **si Jacob eligió a El Santo, Bendito Sea. Sin embargo, de lo que revela el versículo sabemos que El Santo, Bendito Sea, tomó a Jacob como Su porción, tal como está escrito: «Pues la porción de El Eterno es su pueblo; Iaacov (Jacob) es la medida de Su herencia»** (Deuteronomio 32:9).

Ven y **observa** que **de manera similar, Jacob seleccionó su heredad y su parte en su porción, y se elevó por encima de todos los grados y tomó para su parte «varas** *–livné–* **de álamo frescas»,** lenguaje que encierra el significado de blancura y purificación, es decir, **el grado blanco del flanco derecho,** del Jesed; **y «de avellano y de castaño»,** que son de tonalidad roja, **es decir, el grado rojo del flan-**

co izquierdo, de la Gevurá; «y raspó con rayas sacándole la corteza, **descubriendo el interior blanco** de sobre las varas», lo cual viene a sugerir **que apartó de ellas el Juicio y se aferró a la derecha. Y él ingresó entre ellos y los tomó como uno, y se hizo todo uno, de dos tonalidades. No obstante, se expone el blanco pues prevalece el blanco sobre el rojo.**

¿Y todo esto para qué? Para atraer bendiciones a ese grado de su porción del manantial de todo y para equilibrar ese grado, para que sean tres como uno.

Retornamos al versículo: «Y colocó las varas ya descortezadas **en los abrevaderos de agua a los que iban a beber** los rebaños, enfrente de los rebaños, para que se estimularan a concebir cuando iban a beber» (Ibíd., 38), **tal como hemos explicado. Y entonces, a través de este acto de sabiduría, fluyen las bendiciones hacia lo bajo y son irrigados todos los mundos, y moran sobre ellos las bendiciones, tal como ha sido explicado,** y **tal como está escrito:** «Biniamin (Benjamín) es lobo depredador; **a la mañana devorará** la presa y a la noche repartirá el despojo» (Génesis 49:27), asociando a la mañana con el Jesed, **y después de esto «y a la noche repartirá el despojo» (162a) para que todos los mundos de lo bajo sean bendecidos. Y Jacob tomó su porción de estas bendiciones que moran sobre él en lo bajo, porque es Su parte y Su porción de El Santo, Bendito Sea.**

Rabí Ieisa, el pequeño, estaba en presencia de Rabí Shimón. Le dijo: «en cuanto a eso que está escrito: «Bendiciones sobre la cabeza del justo» (Proverbios 10:6), en realidad **¡»para el justo» debería decir! ¿Qué significa «sobre la cabeza del justo»,** precisamente? **Le dijo** a modo de respuesta: **«la cabeza del justo» es la corona sagrada, y ha sido explicado. Más** aún, **«la cabeza del justo» es Jacob,** el Tiferet, **quien toma las bendiciones y las hace fluir hacia el Justo,** el Iesod, **y desde allí son lanzadas hacia todos los miembros, y** entonces **todos los mundos son bendecidos.**

Pero he aquí que fue explicado: «bendiciones sobre la cabe-

162a
za del justo»: «la cabeza del justo» se denomina a ese sitio del Pacto desde el cual emanan los manantiales hacia fuera, porque **el orificio del recipiente del vino por el cual sale es** denominado **«la cabeza». De manera similar, «la cabeza del justo» es el sitio que lanza manantiales hacia lo femenino y es llamado «la cabeza del justo» porque es la cabeza de todas las bendiciones que en él moran.**

Más aún: **es similar al hombre que merece cuidar su pacto sagrado y cumple con los preceptos de la Torah, el cual es llamado Justo,** Tzadik, **y desde su cabeza hasta sus pies así será llamado. Y cuando las bendiciones fluyen al mundo,** ellas **moran** primero **sobre su cabeza y a partir de él existen las bendiciones en el mundo en los hijos sagrados** y **merecedores que engendró.**

Rabí Ieisa nuevamente preguntó y dijo: está escrito: «He sido joven y también he envejecido...» (Salmos 37:25). **Este versículo ha sido establecido** y explicado en el Talmud (Ievamot 16b), **que el Ministro del Mundo,** Metatrón, **lo dijo** y lo pronunció, **y él lo dijo con más sabiduría que lo que piensan los hombres.**

Le dijo Rabí Shimón: **«¡hijo mío, es correcto** lo que acabas de decir! **Porque fue dicho en un momento de unificación sagrada** y también cuando la misma se interrumpe: **"He sido joven,** cuando se produce la unificación, **y también he envejecido** cuando la unificación se evita"», **y así es** Metatrón que posee estos dos aspectos. Y la parte del versículo que dice: **«y no vi a un justo abandonado» se refiere a la alabanza de la unificación, en la cual no se encuentra día ni noche,** es decir, no existen por separado lo masculino y lo femenino. **Pues** el Maljut, que es **la noche, se encuentra con él,** el aspecto masculino, **permanentemente. Y** lo que está escrito: «y no vi a un justo abandonado», es porque **el justo** –el Iesod– **se encuentra aferrado en lo Alto,** al Tiferet, para recibir la abundancia de la unificación sagrada, **y está aferrado a lo bajo,** al Maljut, para influir en él. Y lo que está escrito: **«...y su descendencia que pida comida», ¿qué es** y qué significa? **Sino que cuando** el Iesod **lanza y emana la simiente, no requiere cortejar a lo femenino, ya que**

junto a él mora, porque no se separa de él jamás y está dispuesta para él. Porque la simiente no fluye sino cuando lo femenino se encuentra dispuesto, y (162b) el deseo de ambos es como uno, con un único apego, pues no se separan uno del otro. **Y por eso no requiere cortejarla.**

Le dijo Rabí Ieisa: **«pero en el tiempo del exilio no es así».**

Le dijo Rabí Shimón»: **«su descendencia» está escrito y no él.** Es decir, durante la unificación no es abandonado, pero cuando no hay unificación, es decir, en el exilio, él no influye su abundancia. **¿Cuándo emana** la simiente sagrada? **Cuando lo femenino se encuentra en un apego único con lo masculino.**

Y si dijeras que está escrito: **«y no vi a un justo abandonado»,** es decir, que jamás lo he visto de este modo, ni en tiempos de unificación ni en tiempos de exilio, entonces, **durante el tiempo de exilio, ¿cómo es** y como se entiende el versículo? **Sino que** también durante el tiempo del exilio **se encuentra aferrado a lo Alto,** al Tiferet, **y no es abandonado jamás.** Por ello **en otro tiempo,** cuando el Templo existe, **no es abandonado por lo femenino** pues entonces él está **aferrado en lo Alto y aferrado en lo bajo,** al Tiferet y al Maljut. Y además se explica que está **aferrado a lo Alto durante el tiempo del exilio. Y en otro tiempo,** cuando el Templo existía, estaba **aferrado a los dos aspecto: a lo Alto y a lo bajo, y jamás es abandonado.**

Está escrito en la Torah acerca de las luminarias: **«Y Dios las colocó en el firmamento de los Cielos para que den luz sobre la Tierra»** (Génesis 1:17): **se refiere al justo,** ya que el firmamento alude al Iesod, **y a pesar de que fue dicho «en el firmamento de los Cielos»,** y los Cielos aluden al Tiferet. **Sino «en el firmamento de los Cielos», ciertamente, que** se considera que **es la finalización del cuerpo.**

Ven y **observa** que **hay dos firmamentos:** el del aspecto femenino, la Biná, y el del aspecto masculino inferior, **y ellos son el principio y el final. Uno en correspondencia con el otro. El comienzo es el octavo firmamento,** ya que la Biná es la octava sefirá a partir del

162a

Maljut, **en la cual están insertadas todas las estrellas pequeñas y grandes, y éste es el firmamento supremo, cerrado, que otorga existencia a todo y de él surge todo, y es el octavo desde abajo hacia arriba, y es el comienzo de la emanación de toda** abundancia.

De manera similar es el octavo firmamento, el Iesod, **desde lo Alto hacia lo bajo, en el cual se encuentran insertadas todas las estrellas, toda las luces y velas, y él toma a todos, y esto es el final de todo.**

Así como ese octavo firmamento, que es el comienzo de todo, la Biná, **de él penden todas las luces, y las toma, y de él surgen, así también este octavo firmamento,** el Iesod, **penden de él todas las luces y él las recibe, y de él salen hacia todos los mundos.** He aquí que **el comienzo y el final de un modo similar existen, y por eso es un río que fluye y sale y no se interrumpen sus aguas jamás. Todo para que sea igual el final como el comienzo. Y debido a esto: «Y Dios las colocó en el firmamento de los Cielos** para que den luz sobre la tierra» (Génesis 1:17) **¿Y por qué? «Para que den luz sobre la Tierra». Y a pesar de que ya fue dicho todo,** de igual se repite para informar que **de un mismo modo existen. Y esto es la aclaración del asunto.**

Ahora bien: **¿qué hay** y qué diferencia existe **entre éste y aquel** Iesod? **Sino que uno otorga existencia y sustenta al mundo de lo Alto, en el que se encuentra en él, y** también **a todos los flancos supremos. Y éste** otro **otorga existencia y sustenta al mundo de lo bajo, y a todos los flancos inferiores.**

Y si tú dijeras: el mundo de lo Alto, ¿quién es? He aquí que este firmamento octavo supremo, oculto, es el mundo supremo, y así es llamado, en referencia a la Biná, **porque hay dos mundos, como se ha dicho.** Y de ser así, entonces, cómo puede ser que se explicó que la Biná sustenta al mundo supremo, si en realidad son uno sólo. **Sino que** la Biná **es el mundo supremo, y** también **todos aquellos que emanan de él son llamados por su nombre,** el de la Biná. **Y** así **aquellos que emanaron del mundo inferior son llamados por su nombre. Y todo, esto y aquello, conforman**

una única unidad. ¡Bendito sea Él para siempre y por toda la eternidad!

Ven y **observa: «Los árboles de El Eterno se saciarán, los cedros del Líbano que Él plantó»** (Salmos 104:16). **¿Quién es el Líbano? Esto ya ha sido explicado y fue dicho** todo lo referente a **este versículo.** Y lo que está escrito: **«Allí los pájaros construyen sus nidos; la cigüeña tiene su hogar en los enebros»** (Ibíd. 17), se debe explicar del siguiente modo: **«Allí los pájaros construyen sus nidos», ¿en qué sitio? En el Líbano. Y estos son los dos pájaros que fueron mencionados en varios sitios (163a) y de estos se apartaron muchos otros pájaros. Pero estos** dos pájaros **son supremos y salen del Líbano, que se encuentra en lo Alto,** con relación a Aba, **y el misterio del asunto** se encuentra sugerido en el versículo: **«Labán tenía dos hijas.** La mayor se llamaba Lea y la menor se llamaba Rajel (Raquel)» (Génesis 29:16).

Se continúa analizando: **«la cigüeña tiene su hogar en los enebros»,** alude a Ima cuando se reviste **con los seis hijos supremos,** es decir, **los seis flancos del mundo, tal como está escrito: ¿por qué es llamada cigüeña** *–jasidá–?* **Sino que este mundo supremo, a pesar de que es femenino, es denominado masculino porque cuando se expande todo el bien y todas las luces, de él emanan. Y debido a esto, que es** denominada ***jasidá,*** **surge de ella la bondad, que es la luz primordial, como está escrito: «Dijo Dios: «que haya luz»,** y hubo luz» (Ibíd. 1:3).

Y sobre eso está escrito: **«la cigüeña tiene su hogar en los enebros** *–beroshim–*». Y los sabios nos enseñan acerca del término hebreo ***beroshim:*** **no leas *beroshim* sino *berashim,*** es decir, que la casa de Ima se encuentra en las cabezas espirituales; **porque el otro mundo,** el Maljut, denominado mundo inferior, **en lo inferior,** el Mundo de la Creación, **posee su casa.** Y desciende al Mundo de la Creación **y ella es** denominada **el Tribunal del mundo** y lo juzga, y es denominada con el Nombre Adonai. **Y algunas veces es denominada de acuerdo con el modo de lo Alto con todos esos nombres,** tal como Kel, Elokim, etc. **Y sobre este sitio está escrito: «Y Se consoló El Eterno** por haber hecho al hombre sobre la Tierra **y Su corazón se**

163a

entristeció» (Génesis 6:6), y también lo que está escrito: «El Eterno le dijo a Moshé (Moisés): «Toma a todos los líderes del pueblo. Cuélgalos ante El Eterno contra el Sol, **y la ira de El Eterno** se alejará de Israel» (Números 25:4), **porque de este sitio depende. Porque todo lo que se encuentra en lo Alto, todo es con luz** del Jesed, **vitalidad para todos los flancos. Y sobre esto se enseña** en el Talmud (Tratado de Jaguigá 5b): **«no hay tristeza ante el Omnipresente»,** es decir, **«ante» precisamente. Y por ello está escrito: «Servid a El Eterno con alegría, venid ante Él con cánticos»** (Salmos 100:2). Se explica: **«Servid a El Eterno con alegría», en correspondencia con el mundo supremo,** desde el comienzo del Mundo de Atzilut hasta Maljut; **«venid ante Él con cánticos», en correspondencia con el mundo de lo bajo.**

Bienaventurados son los miembros de **Israel en este mundo y en el Mundo Venidero. Por ello está escrito: «Bienaventurado eres, Israel: ¡Quién es como tú! Pueblo salvado por El Eterno, el Proveedor de tu ayuda, Quien es la Espada de tu grandeza;** tus enemigos tratarán de engañarte, mas **tú pisotearás** a sus altivos» (Deuteronomio 33:29).

Se retorna al versículo de la Torah: **«Y colocó las varas ya descortezadas en los abrevaderos** de agua a los que iban a beber los rebaños, enfrente de los rebaños, para que se estimularan a concebir cuando iban a beber» (Génesis 30:38). **Rabí Elazar abrió** su enseñanza **y dijo** citando un versículo: **«Si eres sabio, eres sabio para ti mismo; si te burlas, solo cargarás con esto»** (Proverbios 9:12). Se analiza: **«Si eres sabio, eres sabio para ti mismo»: ven** y **observa: ¡y pobres de los pecadores del mundo que no conocen y no atienden las palabras de la Torah! Y cuando las atienden, debido a que carecen de entendimiento, las palabras de la Torah se presentan ante ellos como si todas fuesen asuntos huecos y sin utilidad. Y todo es porque ellos están vacíos de conocimiento y entendimiento. Porque todas las palabras de la Torah, todas son palabras supremas y valiosas. Y cada palabra y palabra, está escrito con respecto a ella: «Ella es más preciosa que los piedras preciosas»**

(Proverbios 3:15); **«y todo lo que tu deseas no puede ser comparado a ella»** (Proverbios 8:11).

Y todos aquellos tontos, de corazón cerrado, cuando observan las palabras de la Torah, no les basta con que no las conozcan sino que ellos dicen y opinan **que estas son palabras defectuosas, asuntos sin utilidad** alguna. **Y pobres de ellos cuando los juzgue El Santo, Bendito Sea, por la humillación de la Torah** que han provocado **y sean castigados a través del castigo que les corresponde a quienes se revelan ante su Señor.**

¿Qué está escrito en la Torah? «Les dijo: «Prestad atención a todas las palabras que yo atestiguo contra vosotros hoy, con las que habéis de ordenar a vuestros hijos, para ser precavidos de cumplir con todas las palabras de esta Torah, **pues no es algo vacío para vosotros,** sino que es vuestra vida, y a través de esto prolongaréis vuestros días en la Tierra por la que cruzas allí el Jordán para poseerla» (Deuteronomio 32:46–47): **y** los sabios nos enseñan que **si es vacía, de vosotros es** la vaciedad. **Porque la Torah toda está repleta de todas piedras preciosas y perlas valiosas, y de todo lo bueno del mundo, como está dicho: «Y todo lo que tú deseas no puede ser comparado a ella»** (Proverbios 8:11). **Y** entonces, **¿cómo se puede decir que ella está vacía?**

El Rey Salomón dijo: «Si eres sabio, eres sabio para ti mismo; si te burlas, sólo cargarás con esto» (Proverbios 9:12). **Porque cuando una persona aumenta su sabiduría a través de la Torah, éste es su** propio **beneficio** y su provecho, **ya que a la Torah no puede** ni debe **agregarse ni una** sola **letra** porque ella ya es perfecta y completa; **«si te burlas, sólo cargarás con esto», porque la Torah no disminuirá su gloria en absolutamente nada. Y su burla es** como si la persona se burlara **a sí mismo, y queda en él** un pecado **para eliminarlo de este mundo y en el Mundo Venidero.**

Ven y **observa: cuando las letras supremas se reúnen todas en este grado,** el Maljut, todas lo hacen en **el último de** todos **los grados sagrados supremos. Y se llena de ellas y se bendice a través del Mundo Supremo. Entonces este grado otorga existencia dando de beber a todos los rebaños** de ángeles de los tres mundos inferiores, a **cada uno y uno como le corresponde, y cada uno y uno es regado con Juicio y Misericordia.**

Ven y **observa: ¿qué está escrito? «Y colocó las varas ya descortezadas en los abrevaderos** de agua a los que iban a beber los rebaños, enfrente de los rebaños, para que se estimularan a concebir cuando iban a beber» (Génesis 30:38). Significa **que Jacob quiso establecer el rezo de la noche** *–arvit–,* **e iluminar la Luna,** el Maljut, **y irrigarla** desde la Biná, **y bendecirla desde todos los flancos. Tal como está escrito: «Y colocó las varas»: éstas son el din y la geruvá que surge de la Gevurá de lo Alto. Y Jacob, cuando quiso establecer este grado, quitó ese din y gevurá de ella,** el Maljut, **y los colocó en los abrevaderos: en esos cuatro abrevaderos,** en referencia a los cuatro campamentos de ángeles conocidos **que se encuentran debajo del pozo que cavaron los ministros** de lo Alto, **que es llenado por esos arroyos y manantiales supremos. Porque cuando el agua surge de este pozo sagrado, estos cuatro** campamentos **reciben todo, y por ellos son llamados abrevaderos** *–rehatim–,* palabra hebrea asociada con el fluir. Y de allí **(163b) vienen todos a beber. Y estos dinim y** esta **gevurá, todos permanecen allí, para ser tomados por cada uno y uno de acuerdo con el modo que le corresponde.**

«Y colocó las varas ya descortezadas en los abrevaderos de agua **a los que iban a beber los rebaños, enfrente de los rebaños,** para que se estimularan a concebir cuando iban a beber» (Génesis 30:38): **éstos,** los juicios, **frente a estos** ángeles.

«Y colocó las varas ya descortezadas en los abrevaderos de agua a los que iban a beber los rebaños, enfrente de los rebaños, **para que se estimularan** a concebir cuando iban a beber» (Génesis 30:38). **¿Qué significa «que se estimularan»? Cuando ellos son coronados a través del juicio, se estimulan con este juicio y marchan y deambulan por el mundo, y examinan los caminos** y las conductas **de los hombres, ya sea para bien o para mal.**

Ven y **observa: ¿qué está escrito después? «Los rebaños se estimulaban con las varas** y daban a luz a crías con rayas, con motas y con manchas» (Ibíd., 39) **debido a esas** juicios, denominados **va-**

ras, se estimulaban y examinaban los juicios del mundo, supervisándolos. Y entonces los hombres son juzgados por ellos, por sus actos, **tal como está dicho: «Según el decreto supremo es el veredicto y por orden de los santos la sentencia»** (Daniel 4:14).

Rabí Jia abrió y dijo: «Mi alma se apega a Ti; Tu mano derecha me sostiene» (Salmos 63:9). **Este versículo, debe observarse en él** y meditar acerca del mismo: **«Mi alma se apega a Ti», porque el Rey David se apegaba a sí mismo constantemente tras El Santo, Bendito Sea, y no temía de otras cosas mundanas, sino apegarse a Él con su alma y su voluntad. Y como él se apegaba al Santo, Bendito Sea,** el Santo, Bendito Sea, **lo apoyó y no lo abandonó. De aquí** nosotros aprendemos **que cuando un hombres viene a apegarse al Santo, Bendito Sea, el Santo Bendito Sea lo aferra y no lo abandona.**

Otra cosa y una nueva enseñanza: **«Mi alma se apega a Ti;** Tu mano derecha me sostiene» (Salmos 63:9), **para coronar su grado en lo Alto. Porque cuando se apega ese grado a los grados supremos, ascendiendo tras ellos, entonces la diestra,** el Jesed, **se aferra para elevarlo y para unirlo en un sólo vínculo,** de acuerdo con el misterio, **como corresponde. Tal como está dicho: «A tu mano derecha me aferro** –para elevarme–» (Salmos 139:10), **y está escrito: «y su mano derecha abrazándome»** (Cantar de los Cantares 2:6). **Y por ello** está escrito: **«Tu mano derecha me sostiene». Y una vez que se aferró a El Santo, Bendito Sea, entonces está escrito: «Su mano izquierda debajo de mi cabeza, y su mano derecha abrazándome** (Cantar de los Cantares 2:6): **y ésta es una única unificación y un único vínculo. Y cuando se trata de un único vínculo, entonces se colma su grado y es bendecido. Y cuando se colma, todos esos abrevaderos se colman a partir de los cuatro flancos del mundo. Y todos los rebaños reciben su bebida, cada uno y uno en su propio flanco.**

Y cuando vino Jacob a establecer este grado, el Maljut, **eligió el flanco derecho, apropiado para él; mientras que el otro lado, que no le es apropiado, se separó de él, tal como está escrito:** «Iaacov

163b
(Jacob) separó a los corderos e hizo que los rebaños estuvieran frente a los rayados y a todos los marrones de los rebaños de Labán. **Formó hatos propios** –lit: solos– **y no los puso con los rebaños de Labán»** (Génesis, Ibid, 40): **«propios»,** lo cual alude a que **sólo estaba, por sí mismo,** cada uno de los flancos, **pues no utilizó otros dioses, de otros flancos** pertenecientes al Otro Lado. **Bienaventurada es la porción de Israel, sobre el cual está escrito: ¡Porque eres un pueblo santo para El Eterno tu Dios y a ti te eligió El Eterno!** (Deuteronomio 14:2).

Y ven y **observa: Jacob es el más selecto entre los Patriarcas, y él los incluye a todos. Y debido a que los incluye a todos, debido a esto él está dispuesto para iluminar la Luna, pues Jacob está dispuesto a establecer el rezo de la noche** –arvit–. **Y toda esta rectificación** y establecimiento del rezo de la noche **fue porque le resultaba apropiado a él: todos esos flancos sagrados, todos los estableció de modo rectificado en su flanco, separando su parte de la parte de las demás naciones.** Pues **estos aspectos supremos son sagrados con la santidad suprema; y estos otros flancos impuros, son impuros con la impureza. Y he aquí que hemos establecido, tal como está escrito: «Formó hatos propios** –lit: solos– y no los puso con los rebaños de Labán»: **«formó», pues estableció rectificaciones para la fe; «propios», como está dicho: «y a ti te eligió El Eterno para ser un pueblo atesorado entre todas las naciones»...** (Ibíd.).

«Iaacov (Jacob) separó a los corderos e hizo que los rebaños estuvieran frente a los rayados y a todos los marrones de los rebaños de Labán. Formó hatos propios –lit: solos– **y no los puso con los rebaños de Labán»** (Génesis, Ibid, 40): **porque** Jacob **no colocó su parte y su porción con ellos. Y por eso Jacob, que era el selecto entre los Patriarcas, estableció el misterio de fe, separando su parte y su porción de las partes y porciones del resto de las naciones. Y por eso está escrito: «Pero vosotros que estáis apegados a El Eterno, vuestro Dios, estáis todos vivos hoy»** (Ibíd. 4:4).

Rabí Aba dijo: «¡bienaventurada es la porción de Israel, que

es superior a la del resto de las naciones! Porque su grado se encuentra en lo Alto, mientras que los grados de las otras **naciones** del mundo se encuentran **en lo bajo. Éstos en el flanco de la santidad y éstos en el flanco de la impureza; éstos a la derecha, y éstos a la izquierda.**

Y una vez que el Templo fue destruido, ¿qué está escrito? «Él retiró hacia atrás Su derecha ante el enemigo» (Lamentaciones 2:3), **y entonces está escrito: «¡Salva Tu derecha y respóndeme!»** (Salmos 60:7). **Y la izquierda,** en referencia a las naciones, **prevalecieron y la impureza se fortificó, hasta que construya El Santo, Bendito Sea, el Templo y rectifique al mundo como corresponde. Y regresarán todas las cosas como corresponde** a sus respectivos lugares **y será eliminado el** Otro **Lado impuro del mundo, como ha sido dicho, y como está escrito: «Eliminaré el espíritu de la impureza de la Tierra»** (Zacarías 13:2), **(164a) y está escrito: «Devorará a la muerte para siempre»** (Isaías 25:8). **Y permanecerá El Santo, Bendito Sea, solo, tal como está escrito: «Y los ídolos serán anulados completamente»** (Ibíd. 2:18), **y está escrito: «El Eterno permanecerá solo en ese día»** (Ibíd. 17): **Él sólo, como está escrito: «Y no hay junto a El dios extraño»** (Deuteronomio 32:12), **porque será erradicada la impureza del mundo. Y no permanecerá en lo Alto y en lo bajo sino solamente El Santo, Bendito Sea, e Israel para servirlo como un pueblo santo, y será denominado «santo»,. Tal como está escrito: «Quienquiera que permanezca en Sión, y quede en Jerusalén, "santo" le será dicho»** (Isaías 4:3). **Todo el que está escrito «para la vida»,** se encontrará **en Jerusalén, y entonces habrá un único Rey arriba y abajo, y un único pueblo para servirlo, tal como está escrito: «¿Quién es como Tu pueblo Israel, una única nación sobre la Tierra?»** (1 Crónicas 17:21).

Rabí Itzjak y Rabí Ieisa marchaban por el camino. Dijo Rabí Ieisa: «¡he aquí la Shejiná está con nosotros! ¡Ocupémonos de las palabras de la Torah! Porque quienquiera que se ocupa de las palabras de la Torah y se esfuerza en ella, merece atraerla a Ella hacia él».

164a

Rabí Itzjak abrió su enseñanza **y dijo** citando un versículo: **«¡El Eterno, vive! ¡Bendita sea mi Roca! ¡Engrandecido sea el Dios de mi salvación!»** (Salmos 18:47). **Este versículo es un misterio.** Está escrito: **«¡El Eterno, vive!» Y ¿acaso no sabemos que El Santo, Bendito Sea, es llamado Jai, Vivo? Sin embargo ciertamente se refiere al Justo,** el Iesod, **quien es llamado Jai, porque el Justo,** que es el Iesod, **es denominado Jai en lo Alto y** también **Justo en lo bajo,** pues en un carruaje para el Iesod, y también es llamado Jai. **En lo Alto, El Santo, Bendito Sea,** es decir, el Iesod, **es llamado Jai; y en lo bajo, el** hombre completamente **justo es denominado Jai, tal como está escrito: «Y Benaiahu, hijo de Iehoiadá, hijo de un hombre vivo** *–ish jai–*» (2 Samuel 23:20). **¿Por qué es llamado Jai? Porque él es un justo, porque el justo es denominado Jai, Jai Haolamim,** porque da vida a los mundos.

«¡Bendita sea mi Roca!», todo es uno, pues **Jai,** el Iesod, **y Baruj,** el Maljut, **no se separan mutuamente; porque cuando se unen como uno,** esta unión **es denominada 'pozo de aguas vivientes,'** –beer maim jaim–, **éste fluye hacia adentro, y éste se colma del mismo.**

«**¡Engrandecido sea el Dios de mi salvación!: se refiere al mundo de lo Alto, que es engrandecido y encumbrado, engrandecido sobre todo, pues de él surge todo, y toda afluencia fluye para colmar el pozo, como corresponde. Y de allí se bendice** el Maljut **para iluminar a todos aquellos** que se encuentran **en lo bajo. Y cuando se colma toda, como corresponde, entonces: «¡engrandecido sea el Dios de mi salvación!».**

Rabí Ieisa abrió su enseñanza **y dijo** citando un versículo: **«No quita Sus ojos del justo; con reyes sobre el trono Él los sienta para siempre, y ellos son engrandecidos»** (Job 36:7). **Ven** y **observa: cuando los pecadores no gobiernan en el mundo y son eliminados del mismo, entonces el justo,** el Iesod, **ejerce su domino sobre el mundo, tal como está escrito: «No vivirá el malvado, pero concede justicia a los pobres»** (Ibíd.).

¿Qué está escrito después? «No quita Sus ojos del justo». ¿Qué

son Sus ojos? Tal como está dicho: «Los ojos de El Eterno están sobre los justos» (Salmos 34:16).

«Con reyes sobre el trono»: éstos son los reyes que reinan, que se aferran al trono.

«Él los sienta para siempre»: perdurando en su trono para siempre, con una existencia plena.

«Engrandeciéndolos». ¿Qué significa engrandeciéndolos»? Para gobernar el mundo, para que el trono sea establecido sobre sus sostenes.

Otra cosa y una nueva enseñanza: **«engrandeciéndolos», porque ellos toman el trono y lo yerguen hacia lo Alto, para que se aferre a su sitio como corresponde, y entonces todo se convierte en una única unidad.**

Mientras iban marchando vieron a un hombre que se acercaba y un niño con él montado sobre sus hombros. Rabí Itzjak dijo: «¡ciertamente este hombre es un hombre **judío, y para dar méritos a los hombres viene!»**

Rabí Ieisa dijo: hagamos méritos nosotros en primer lugar ayudándolo y colaborando con él**».**

Cuando llegó hasta ellos, dijo Rabí Ieisa: «¿dónde está la jarra de medida de líquidos y el preparado denominado trimá **en la canasta que se lleva en el camino?»**

Dijo: «soy pobre y marcho sin nada **para que la gente pueda hacer méritos** a través del precepto de rescatar a los cautivos *–pidión shvuim–*. **Porque tengo dos hijos y vino un ministro gobernante con su tropa a la ciudad y los tomó cautivos. Y ahora yo marcho para que los hombres puedan hacer méritos** dándome dinero para poder rescatarlos». **Ellos hicieron méritos a través de él y le dieron de comer.**

Mientras tanto ese hombre **judío abrió** su enseñanza **y dijo** citando un versículo: «Da órdenes a los Hijos de Israel y diles: **Mi ofrenda, Mi comida para Mis fuegos,** Mi aroma agradable, seréis cuidadosos de ofrendarme en su tiempo designado» (Números 28:2). **La ofrenda de El Santo, Bendito Sea, cada día es para**

nutrir al mundo, y para dar satisfacción en lo Alto y en lo bajo. Porque a través del despertar de bajo, se produce el despertar de lo Alto, y con esto obtienen satisfacción cada uno y uno, como corresponde.

«Da órdenes a los Hijos de Israel y diles: **Mi ofrenda, Mi comida para Mis fuegos,** Mi aroma agradable, seréis cuidadosos de ofrendarme en su tiempo designado», **como está escrito: «He comido mi panal con mi miel, he bebido mi vino con mi leche»** (Cantar de los Cantares 5:1).

«Da órdenes a los Hijos de Israel y diles: Mi ofrenda, Mi comida **para Mis fuegos,** Mi aroma agradable, seréis cuidadosos de ofrendarme en su tiempo designado», **tal como está escrito: ¡Comed, amigos!...»** (Ibíd.), en relación a los ángeles inferiores denominados ishim, literalmente: fuegos. **Y así como El Santo, Bendito Sea, ordena que la nutrición sea despertada arriba** a través de los sacrificios **para despertar la nutrición abajo, de ese alimento** de lo Alto, **quien otorga alimento a un necesitado para suplir su necesitad vital, mucho más que El Santo, Bendito Sea, lo bendice y despierta para él el alimento de lo Alto. Y el mundo se bendice por su mediación,** tal como se despertaba la abundancia espiritual cuando el Templo estaba en pie.

Dijo Rabí Itzjak: ciertamente que este misterio es apropiado y bien ha sido dicho.

Dijo Rabí Ieisa: ciertamente sobre esto dijeron que una persona no debe jamás despreciar a otra persona en el mundo ya que por dos caminos hacemos méritos gracias a este hombre: por la posibilidad que nos dio de ayudarlo y por la Torah que nos enseñó.

Abrió y dijo este hombre: **éste versículo fue dicho** y explicado **(164b) por Rabí Elazar.** Lo que está escrito: «Da órdenes a los Hijos de Israel y diles: **Mi ofrenda** *–et korbaní–,* **Mi comida para Mis fuegos,** Mi aroma agradable, seréis cuidadosos de ofrendarme en su tiempo designado»: **«Mi ofrenda» es el misterio de la Congregación de Israel,** el Maljut, **tal como está escrito: «et»,** es decir, **«et»**

precisamente, éste es el sacrificio y el vínculo para unir los aspectos masculino y femenino.

«Mi comida»: éste es el alimento que proviene de lo Alto, con el despertar de lo bajo.

«Mis fuegos»: para incluir al resto de las huestes y otros ángeles **que requieren nutrición, cada uno y uno como le corresponde.**

«Mi aroma agradable»: esto se refiere a la voluntad y la intención de los sacerdotes al ofrecer sus sacrificios, **y** también **el vínculo que une a todo a través del misterio del mundo de lo Alto.**

«...seréis cuidadosos de ofrendarme en su tiempo designado». ¿Qué es «su tiempo designado»? Cuando Abraham se despertó para hacer Su Voluntad, la de su Creador, **tal como está escrito: «Y Abraham se levantó temprano por la mañana»** (Génesis 22:3), con relación a la ofrenda matutina; **y** también **cuando fue maniatado Itzjak sobre el altar, porque ésa era la hora del crepúsculo,** con relación a la ofrenda del atardecer.

Y dijo Rabí Ieisa: de ser así, entonces l**o que está escrito:** «...seréis cuidadosos de ofrendarme **en su tiempo designado»,** en singular, **«en sus tiempos asignados debería decir».**

Le dijo el hombre a modo de respuesta: alude a que **en esa hora se incluye el fuego en el agua y el agua en el fuego,** es decir, se incluyen mutuamente el Jesed y la Gevurá, **y debido a ello está escrito «en su tiempo designado». Ven** y **observa: en todos los sacrificios no está escrito como está escrito aquí «...seréis cuidadosos de ofrendarme».** Significa: **«seréis cuidadosos» de acuerdo con el misterio de «cuidaréis»** *–shamor–*, en referencia al Maljut que requiere el cuidado de los entes malignos externos. **Pues ella debe ser aproximada en lo Alto** al aspecto masculino inferior, **tal como está escrito: «...seréis cuidadosos de ofrendarme** –lit: *lehakriv:* ofrendar, sacrificar y aproximar– **en su tiempo designado»,** es decir, **a la derecha y a la izquierda, como lo dicho con respecto a Abraham e Itzjak. Y todo es un misterio supremo. Dijo Rabí Ieisa: si no hubiera venido aquí sino solamente para escuchar estas palabras, me hubiese sido suficiente. Bienaventurados son Israel en este**

164b

mundo y en el Mundo Venidero, y sobre esto está escrito: «Y tu pueblo, todos ellos serán justos, para siempre heredarán la Tierra, es el retoño que Yo he plantado, obra de Mis manos, para glorificarme» (Isaías 60:21).

Se retorna al texto de la Torah: **«Labán había ido a esquilar su rebaño** y Rajel (Raquel) robó los ídolos *–terafim–* de su padre» (Génesis 31:19). **Rabí Iosei dijo: ¿qué son *terafim?* Sino que eran idolatría. ¿Y por qué son llamados *terafim?* En señal de ignominia, como se ha enseñado: 'en el sitio de la pudenda** –toref–.' **¿Y de dónde aprendemos que eran idolatría? Como está escrito: «¿Por qué robaste mis dioses?»** (Ibíd., 30), **y está escrito: «Aquel en el que encontraras a tus dioses,** no vivirá...» (Ibíd., 32). **Y Labán era el hechicero de todos los hechiceros del mundo, y a través de esto,** los terafim, **sabía todo lo que quería saber.**

Rabí Jia dijo: «los terafim **fueron hechos a través de magia».**

Rabí Iosei dijo: «por brujería».

Rabí Iehuda dijo: «no fueron hechos sino en momentos precisos que son aptos para hacer descender poderes astrológicos. **¿Y por qué son llamados *terafim?* Porque en ese momento** de ser hechos **se los golpea, y en ese momento se detiene** *–arpei–* la presión sobre ellos, **como está dicho: ¡Basta, detén *–heref–* tu mano!»** (2 Samuel 24:16), todos estos lenguajes relacionados con la raíz de la palabra *terafim.* Porque **cuando el artesano hace** los terafim, **ése que es experto en** hacer coincidir **los momentos y los tiempos, se paraba junto a él,** al artesano que golpeaba con el martillo, **y decía: «¡ahora detén! ¡ahora haz!». Y no encontrarás otra labor que requiera el detenimiento sino esta.**

Y ellos hablaban constantemente y daban malos consejos para dañar al alma de la persona. Y Raquel temía que los *terafim* **le dieran un consejo** a Labán **para hacer daño a Jacob. Y para mancillar a la idolatría los puso debajo de ella, hasta que ellos no podían hablar. Pues cuando se los disponía para que hablasen,** el espacio **delante de ellos es barrido y rociado, y ahora ¿qué está escrito? «Y ella se sentó sobre ellos»** (Génesis, Ibíd. 34). Y ellos **eran mascu-**

lino y femenino, y muchos servicios rituales **eran realizados para ellos antes de que hablasen. Y debido a esto se demoró Labán** por el término de **tres días, pues no sabía que Jacob se había escapado, como está escrito: «A Labán se le dijo al tercer día que Iaacov (Jacob) había huido»** (Ibíd., 22).

Y dijo Rabí Iehuda: «Labán **se preparó de maneras: se armó con toda la hechicería que poseía y se armó con armas para eliminarlo** a Jacob **del mundo, tal como está escrito:** «Entonces proclamarás y dirás ante El Eterno, tu Dios: **«Un arameo trató de destruir a mi antepasado»** (Deuteronomio 26:5). **Cuando El Santo, Bendito Sea, vio que quería exterminar a Jacob, ¿qué está escrito?** «Pero Dios se apareció a Labán el arameo en un sueño nocturno, y le dijo: **«Cuídate de no hablar con Iaacov (Jacob), ni bien ni mal»** (Génesis, Ibid 24), **es decir, como está escrito: «Podría hacerles cualquier daño,** mas el Dios de tu padre Se dirigió a mí anoche, diciendo: Cuídate de no hablar con Iaacov (Jacob) ni bien ni mal» (Ibíd., 29). **¿En qué confió** para hablar de esta manera? **En la brujería que poseía en sus manos.**

Ven y **observa: en un solo día Labán marchó** por **el camino que Jacob marchó durante siete días, porque quería extirparlo del mundo. Uno, porque se escapó y uno por esos terafim. Y a pesar de que Raquel había hecho esto para extirparlo a su padre de la idolatría, fue castigada porque** murió cuando dio a luz a su hijo y **no pudo criarlo a Biniamín, y no convivió con él ni por un instante, debido a que afligió a su padre a pesar de sus buenas intenciones.**

Rabí Itzjak dijo: «todo a esta amonestación que Jacob le dio a Labán lo hizo regresar a Labán al buen camino **y reconocer a El Santo, Bendito Sea, como está escrito:** "Si afligieras a mis hijas o si te tomares otras mujeres, además de mis hijas, aunque no haya hombre entre nosotros, **ve, Dios será nuestro testigo"»** (Ibíd., 50). **Ven** y **observa: está escrito: «Que el Dios de Abraham y el dios de Najor juzgue entre nosotros;** el dios de su padre». Y Iaacov (Jacob) juró por el Temor de su padre Itzjak (Isaac)» (Ibíd., 53). Es decir, **volvió ese malvado a su tropiezo, pues una vez que dijo «el Dios de Abraham» volvió y dijo «el dios de de Najor».**

165a
(165a) «Y Iaacov (Jacob) juró por el Temor de su padre Itzjak (Isaac)» (Ibíd.). **¿Por qué por el Temor de su padre, Isaac, y no por el Dios de Abraham? Porque él no quería molestar a la Derecha por Labán. Y no sólo esto sino que no debe una persona jurar a pesar de decir la verdad, jurando en el sitio más elevado de todo** utilizando uno de los Nombre divinos.

Rabí Iosei dijo: «ciertamente para que se cumpliera de modo apropiado Jacob juró así, por el Temor de su padre, Isaac, **y así corresponde** hacer. **Y Jacob meditó en el asunto,** y **dijo: «he aquí que él,** Labán, **dijo "el Dios de Abraham" y abandonó a mi padre** Itzjak. Por eso **yo completaré todo». Inmediatamente juró Jacob por el Temor de su padre Itzjak.**

Otra cosa y una nueva enseñanza: **«para incluirlo en el Juicio, enfrentando a Labán.»**

El relato continúa: **«Iaacov (Jacob) prosiguió su camino y los ángeles de Dios lo encontraron»** (Génesis 32:2). **Rabí Aba abrió y dijo: «Los creó hombre y mujer. Los bendijo y los llamó Hombre el día que fueron creados»** (Ibíd. 5:2). **¡Cuánto deberíamos meditar en las palabras de la Torah! ¡Ay de aquellos de corazón cerrados, de ojos tapados! He aquí que la Torah proclama ante ellos: '¡Venid, comed de mi pan y bebed del vino que he mezclado! ¡Quienquiera que sea simple –peti– venga aquí!', ella dice a aquellos vacíos de sentido»** (Proverbios 9:4–5). **¡Pero no hay quien atienda** esta proclama!

Ven y **observa: este versículo, hay en él misterios supremos, unos por dentro y unos por fuera. «Los creó hombre y mujer»: se puede entender de este modo,** de acuerdo con el sentido llano, **y se puede entender de este modo,** en referencia a los aspectos masculinos y femeninos inferiores. Además, **se puede entender que el Sol y la Luna se encuentran en una única unión, tal como está escrito: «fueron creados»** –beraam–, **tal como está dicho** en singular: **«Sol, Luna, se detiene** –*amad*– **en su morada»** (Habakuk 3:11). **Y se entiende que Adán y Eva fueron creados como uno, en una única unión. Y como aparecieron en una única unión, inmedia-**

tamente: «Los bendijo», ya que la bendición no mora sino en un sitio en el que se encuentra lo masculino y lo femenino.

Ven y **observa: cuando salió Jacob para marchar a Jarán, estaba solo, pues no se había casado. ¿Qué está escrito? «Se topó con el lugar** –quiso apegarse a Dios, al Makom o Omnipresente– y allí pasó la noche, pues el Sol se había puesto; tomó de las piedras del lugar y las dispuso en derredor de su cabeza, y se recostó en aquel lugar» (Génesis 28:11), **y no le respondieron sino a través de un sueño.** Y **ahora que se casó y venía con todas las tribus, es como si campamentos supremos** de ángeles **se topasen con él** –literalmente, la raíz hebrea pei, guimel, ain, significa también «rogar» o «suplicar– **y le rogaron** que los bendijera. **Tal como está escrito:** «Iaacov (Jacob) prosiguió su camino y los ángeles de Dios **se toparon con él»** (Ibíd. 32:2): **ellos volvieron para toparse con él** y suplicarle una bendición. **Y anteriormente él «se topó con el lugar»,** y **ahora ellos «se toparon con él», porque debido a Jacob y esas tribus ellos son regados** espiritualmente **por el agua del gran mar,** el Maljut.

Y no sólo esto sino que en un comienzo recibió su revelación **por la noche a través de un sueño,** y **ahora con la visión de sus ojos y durante el día.** Es decir, el segundo nivel es mayor que el primero. **Tal como está escrito: «Iaacov (Jacob) dijo al verlos: «¡Éste es un campamento de Dios!».** Y llamó a aquel lugar Majanaim» (Ibíd. 32:3).

¿Y cómo (165b) los reconoció? Sino que vio que ellos eran los mismos ángeles **que había visto en el sueño** de la escalera. **Y debido a esto los llamó «Majanaim»,** en plural, es decir, **los campamentos que se le aparecieron en lo Alto,** en su sueño, **y los campamentos que se le aparecieron en lo bajo,** estando despierto.

¿Por qué aparecieron para toparse con él y rogarle? **Porque la Shejiná marchó a él para tomar su casa,** es decir, morar en casa de Jacob. **Y aguardaba a Benjamín, para tomar la casa** y morar con él, **junto con Jacob, como corresponde.** Y entonces **está escrito: «Jacob retornará y estará calmo y seguro, nadie lo atemorizará»** (Jeremías 30:10).

Véase al final del volumen: Sitrei Torah (anexo 3)

ANEXO 1

MIDRASH HANEELAM

(134a) «Y éstas son las crónicas de Itzjak (Isaac), hijo de Abraham. Abraham engendró a Itzjak (Isaac)». Rabí Itzjak abrió su enseñanza sobre este pasaje bíblico citando otro versículo: **«Los higos emanaron su aroma»** (Cantar de los Cantares 7:14). **Enseñaron los sabios: en un futuro El Santo, Bendito Sea, resucitará a los muertos, y los sacudirá de su polvo.** Es decir, quitará de ellos la impureza inoculada por la Serpiente, la cual provocó y trajo la muerte al mundo, tal como relatan los sabios acerca de lo que sucede a la persona en la tumba. **Porque no serán una estructura de polvo tal como eran en un comienzo, cuando fueron creados concretamente del polvo, algo que no se mantiene** y que carece de una consistencia perdurable, **tal como está escrito: «Y formó El Eterno Dios al hombre del polvo de la tierra»** (Génesis 2:7). **Y en esta (134b) hora, serán sacudidos del polvo de esa estructura,** es decir, de la bajeza del polvo físico del cual fueron creados al comienzo, **y serán incorporados en una estructura firme, poseedora de** real **existencia, tal como está escrito** y aludido en el versículo del profeta: **«Sacúdete del polvo, levántate, siéntate, Jerusalén»** (Isaías 52:2). Y entonces **existirán plenamente, y ascenderán** los cuerpos **de bajo la tierra,** estando aún fuera de la Tierra de Israel, y después serán hechos rodar hasta allí. **Y** entonces **recibirán sus almas en la Tierra de Israel** para obtener una existencia eterna, **y en ese mo-**

134b

mento El Santo, Bendito Sea, hará soplar sobre ellos todo tipo de aromas del Gan Eden, es decir, sobre los hombres que resuciten, **tal como está escrito: «Los higos emanaron su aroma»** (Cantar de los Cantares 7:14). **Dijo Rabí Itzjak: No leas** la expresión hebrea como ***«hadudaim»*** –los higos– **sino como *«hadodim»*** –los amados–: **son el cuerpo y el alma que son amados y compañeros uno con el otro.** Porque en un futuro, cuando el cuerpo sea purificado y tendrá más relación y cercanía con el alma. **Rav Najman dijo** que el versículo se refiere a **«higos» concretamente: así como los higos generan amor en el mundo,** ya que tienen la cualidad de incentivar la procreación, **también ellos,** el cuerpo y el alma, **generan amor en el mundo. ¿Y qué significa «emanaron aroma»? Se refiere a los actos aptos** que también son considerados como un buen aroma en el mundo. Y a través de éstos los hombres justos merecerán **conocer y aprehender a Su creador.**

Y lo que está escrito en el mismo versículo del Cantar de los Cantares: **«y sobre nuestras puertas»,** se enseña que **éstas son las puertas de los Cielos que están abiertas para hacer descender almas a los cuerpos,** es decir, a los cuerpos que, al estar sin alma aún, son como muertos; **«todas las delicias»,** es decir, en referencia a frutos exquisitos, lo cual alude **a esas almas** que son los frutos provenientes de las manos divinas; **«nuevos, también antiguos»: esos cuya alma salió hace muchos años, y esos cuya alma salió hace pocos días, y merecieron a través de sus actos aptos ingresar al Mundo Venidero. Todas** estas almas **en un futuro descenderán en un mismo momento para ingresar en los cuerpos que les están dispuestos. Dijo Rabí Aja hijo de Iaakov: un eco celestial surge y dice: «nuevos, también antiguos, que para ti, amado mío, he guardado»,** es decir, para el cuerpo, en referencia a las almas **que he guardado en esos mundos** supremos. **«Para ti»** significa: **para ti,** en referencia al cuerpo, **ya que tú eres un cuerpo sagrado y limpio** de toda impureza.

Otra cosa y una nueva enseñanza: **«Los higos» se refieren a los ángeles de paz; «emanaron su aroma»: éstas son las almas que son el aroma del mundo** debido a sus actos aptos; **«emanaron»:**

significa más exactamente que **abandonaron,** en referencia al mérito que aportaron y abandonaron en este mundo para las generaciones posteriores. **Como está dicho: «Y no dio Sijón a Israel»** (Números 21:23), **y se traduce** también aquí, sobre el mismo término hebreo, en arameo: **«Y no abandonó Sijón».**

Y ahora se trae una demostración de que los ángeles acompañan al alma **de lo que se enseñó** que **dijo Rabí Iehuda: «Tres grupos de ángeles servidores** –en correspondencia con los tres niveles de nefesh, ruaj, neshamá– **marchan cada mes y cada Shabat para acompañar al alma hasta su propio grado** y nivel espiritual. Y entonces, **¿sobre qué recae** la expresión: **«sobre nuestras puertas, todas las delicias»? Dijo Rabí Iehuda: estos son los cuerpos,** en referencia a las delicias aquí mencionadas, **que se encuentran en las puertas de sus tumbas** dispuestos **a recibir sus almas. Y Duma entrega una libreta con la cuenta** de los nombres de los cuerpos que merecen incorporarse en la Resurrección de los Muertos, **y él proclama y dice: «Señor del Mundo: «nuevos y también antiguos»: aquellos enterrados hace mucho tiempo y aquellos enterrados hace pocos días, todos los «que para ti he guardado», para sacarlos según la cuenta.**

(135a) Dijo Rav Iehuda en el nombre de Rav: en un futuro el Santo, Bendito Sea, se alegrará en ese momento con los justos, haciendo morar a Su Shejiná sobre ellos, y todos se alegrarán con esta alegría, tal como está escrito: «El Eterno se alegrará con sus actos» (Salmos 104:31), con los actos de los justos. **Dijo Rabí Iehuda: en un futuro los justos, en ese momento, crearán** nuevos **mundos** a través de sus innovaciones en el campo de la Torah, **y resucitarán muertos** a través del rocío de resurrección que hará descender El Eterno desde lo Alto. **Le dijo Rabí Iosei** a modo de pregunta: **¡y fue enseñado que «no hay nada nuevo bajo el Sol»** (Eclesiastés 1:9)! Es decir, cómo los justos habrán de resucitar a los muertos a los que no pudieron revivir en este mundo. **Le dijo Rabí Iehuda:** obviamente que los justos pueden resucitar muertos también en este mundo, sino **ven y escucha: mientras los malvados se encuentran en el mundo y se multiplican,** entonces es como si **el mundo ca-**

135a

reciera de existencia ya que ellos disminuyen el poder de los justos para resucitar a los muertos. **Y cuando los justos se encuentren en el mundo** y los malvados hayan sido eliminados, **entonces el mundo alcanzará una existencia plena.** Y esto será solamente en ese tiempo y entonces **en un futuro resucitarán a los muertos, tal como ha sido dicho: «Todavía se sentarán ancianos y ancianas en las calles de Jerusalén, y cada uno con su bastón en su mano, debido a su avanzada edad»** (Zacarías 8:4), **como está escrito** y detallado **más adelante** (114b), lo cual sugiere que los justos revivirán a los muertos y esto no será un fenómeno realmente nuevo ya que simplemente son los malvados quienes evitan que ellos lo hagan en nuestro mundo. Es decir, ya existe en potencia aunque no en acto.

En ese momento de la Resurrección de los Muertos **alcanzarán los justos un conocimiento completo, tal como dijo Rabí Iosei: el día en el que se alegre el Santo, Bendito Sea, con sus actos en un futuro, los justos lo conocerán en su corazón, y entonces se multiplicará la sabiduría en sus corazones tal como si Lo estuvieran mirando con sus propios ojos, tal como está escrito: «Y dijo: en ese día, he aquí Éste, nuestro Dios»** (Isaías 25:9). Es decir, es como si lo señalaran con el dedo y dijeran: «Éste es nuestro Dios». **Y la alegría del alma con el cuerpo será superior a todo debido a que los dos existirán** y podrán servir nuevamente a El Eterno. **Y conocerán y aprehenderán a su Creador y gozarán del Resplandor de la Shejiná, y ése es el bien reservado para los justos en el Mundo Venidero. Tal como está escrito: «Y éstas son las crónicas de Itzjak (Isaac), hijo de Abraham»,** es decir, **éstas son las crónicas.** ¿Y cuáles son las crónicas? Y se enseña que las crónicas de Itzjak, son **la alegría y la risa que habrá en el mundo en ese tiempo,** aludidas por **el hijo de Abraham,** la raíz de cuyo nombre también significa risa y alegría: es **el alma que merecerá esto,** generar la alegría **y ser íntegra en su nivel** espiritual. Lo cual debe entenderse del siguiente modo: **«Abraham engendró a Itzjak». El alma engendra la alegría y la risa en este mundo.**

Dijo Rabí Iehuda a Rabí Jia: esto que aprendimos (Tratado de Baba Batra 75a) **que en un futuro el Santo, Bendito Sea, hará una**

comida para los justos, en el Mundo Venidero, ¿qué es y qué significa? **Le dijo: hasta que no fui ante esos ángeles sagrados, los Sabios de la Mishná, así escuché** que se trata de una comida de carne, pescado y buen vino preparada a partir del Leviatán y del Shor Habar, junto al vino añejo realizado con las uvas de los seis días de la creación. **Debido a que escuché lo que dijo Rabí Elazar, se asentó en mi corazón** la idea de que el tema de esa comida se refiere a la percepción absoluta de la divinidad. **Tal como dijo Rabí Elazar: la comida de los justos en un futuro, tal como está escrito: «Y verán a Dios y comerán y beberán»** (Éxodo 24:11), debe ser explicado **tal como ha sido enseñado en relación** a que los justos **«se nutren»** del resplandor de la Shejiná (Tratado de Berajot 17), **y dijo Rabí (135b) Elazar** al respecto que **en un lugar está escrito «gozan»** los justos del resplandor de la Divinidad, **y en otro lugar está escrito «se nutren»** (El Zohar, 104a). **¿Qué** diferencia **hay entre uno y el otro** caso? **Sino que así dijo mi padre: los justos que no lo merecen completamente gozan de ese resplandor, pues no aprehendieron en gran manera** a la Divinidad, **pero los justos que merecieron** hacerlo en gran manera, **se nutren hasta alcanzar una aprehensión completa. Y la comida y la bebida no se refieren sino a esto, y ésta es la comida y el acto de alimentarse:** el aprehender a la Divinidad. **¿Y de dónde** lo aprendemos a **esto? De Moisés, tal como está escrito: «y estuvo allí con El Eterno, cuarenta días y cuarenta noches, pan no comió y agua no bebió»** (Éxodo 34:18). **¿Qué significa «pan no comió y agua no bebió»? Debido a que se nutría de otra comida: de ese resplandor de lo Alto, y de igual modo será la comida de los justos en el Mundo Venidero.**

Dijo Rabí Iehuda: la comida de los justos en el Mundo Venidero será para alegrarse de Su alegría, tal como está escrito: «En El Eterno se loará mi alma, **escucharán los humildes y se alegrarán»** (Salmos 34:3). Es decir, cuando los humildes, que son los justos, vean la salvación de El Eterno, se alegrarán por Su salvación. **Rav Huna dijo: de aquí** se aprende: **«Y se alegrarán todos los que en Ti se refugian, que para siempre se regocijen»** (Salmos 5:12). **Dijo Rabí Itzjak: esto y esto sucederá en el Mundo Venidero:** la aprehensión de la divinidad y la alegría de los justos por la salvación de El Eterno.

Y aprendimos: dijo Rabí Iosei: el vino añejo de uvas de los seis días de la creación alude al siguiente misterio: **estas son enseñanzas antiguas que no le fueron reveladas al hombre desde el día en que el mundo fue creado, y que les serán en un futuro reveladas a los justos en el Mundo Venidero, y a esto refiere la comida y la bebida. Ciertamente así es.**

Dijo Rabí Iehuda hijo de Rabí Shalom: entonces, ¿qué es el Leviatán y qué es el Shor Habar mencionados en los textos bíblicos? **Como está escrito:** «He aquí a Behemot que he hecho» (Job 40:15), dispuesta para el futuro, **«porque cosecha los montes le harán crecer»** (Job 40:20), es decir, en referencia a la comida del Shor Habar.

Dijo Rabí Iosei: ¡pero he aquí que está escrito que **«en ese tiempo recordará El Eterno** para golpear **con Su dura espada y grande y poderosa sobre el Leviatán,** el cual es parecido al **Najash Bariaj y sobre el Leviatán** de la especie de **Najash Hakalatón, y matará** El Eterno **al Tanin,** otro animal marino gigante **que se encuentra en el mar»** (Isaías 27:1)! **¡He aquí que existen tres** grandes gigantes marinos que formarán parte de esa comida! Respuesta: **sino que se trata de una alusión que se refiere a los reinos** denominados Behemot y Leviatán, a quienes matará El Eterno en un futuro. **Dijo Rabí Tanjum: no hay nada que comentar acerca de lo que dijeron los sabios: ciertamente así es** aunque ahora nos resulte incomprensible que en un futuro habrá de existir tal comida.

Dijo Rabí Itzjak: yo estuve ante Rabí Iehoshúa y le pregunté sobre esto. Le dije: la comida de los justos en el Mundo Venidero si es así, mi corazón no lo comprende, pues he aquí que dijo Rabí Elazar: la comida de los justos en el Mundo Vendido será de este modo, (136a) como está escrito: «Y vieron a Dios y comieron y bebieron» (Éxodo 24:11). Es decir, vemos que el comer y el beber se refieren a la aprehensión de la Divinidad y no a una comida concreta. **Dijo Rabí Iehoshúa: bien ha dicho Rabí Elazar, y así es. Aún más dijo Rabí Iehoshúa: esa fe que mencionaron los sabios de la ma-**

136a

yoría de la gente que consideran que la comida será de carne, pescado y vino, es lo que se enseña a la gente menos estudiosa, **quienes están invitados a esa comida del Leviatán y de ese Shor y a beber del buen vino añejo de los seis días de la creación.** Pues los sabios **un versículo encontraron e interpretaron, pues está escrito: «comerán de vuestro pan hasta la saciedad»** (Levítico 26:5), versículo que se refiere al Mundo Venidero, **como dijo Rabí Zeira: con todo tipo de seducciones El Santo, Bendito Sea, sedujo a Israel, para devolverlos al** camino del **bien y éste es el mayor de todos, que les dijo: «comerán de vuestro pan hasta la saciedad»; y en las maldiciones** mencionadas en la Torah está escrito: **«y comeréis y no os saciaréis»** (Ibíd. 26), **y esto es más duro que todo** castigo posible. **¿Por qué razón? Pues está escrito: «Quién nos hubiera permitido morir por la mano de El Eterno en la Tierra de Egipto»** (Éxodo 16:3), y por esto **dijo Rabí Zeira: enseña que por comida estaban dispuestos a entregar sus vidas en su mano,** la de Egipto, **y cuando vio El Eterno su avidez, les dijo: «si escuchaséis la voz de los preceptos comeréis hasta saciaros»,** lo cual fue dicho simplemente **para aplacarlos. De la misma manera vieron los sabios que el exilio se prolongaría y se basaron en versículos de la Torah y dijeron que en un futuro vosotros comeréis y os alegraréis en una gran comida que en tiempo futuro El Santo, Bendito Sea, hará para vosotros, y por eso la mayoría de la gente soportaron el exilio, debido a esa comida** que imaginaban que en un futuro les sería servida.

Dijo Rabí Iojanán: no hay que echar por tierra la fe de todos, sino hacerla cumplir concretamente, ya que ellos creen en algo cierto. **Pues la Torah lo atestigua,** en los versículos citados, **pues nosotros conocemos la fe de los justos y cual es su deseo, tal como está escrito: «Nos regocijaremos y nos alegraremos en Ti»** (Cantar de los Cantares 1:4), **y no a través de la comida.** De igual modo: **«nos acordaremos de tus amores más que del vino»** (Ibíd.), es decir, del vino que representa a la sabiduría de la Torah y no del vino concretamente. **Y esa comida a la que estás invitados** que será concretamente de alimentos y manjares, **nosotros también tendremos una**

parte para gozar de ella. Y esto, la revelación de la Divinidad, **es la alegría y la risa** que se alcanzará en esa comida que El Eterno dispondrá. Y a esto alude lo escrito: **«Y éstas son las crónicas de Itzjak (Isaac)»,** hijo de Abraham. Es decir, **que los justos se reirán en el Mundo Venidero.** Y lo escrito que **«Abraham engendró a Itzjak (Isaac)», se refiere a la pureza del alma** alcanzada gracias a los preceptos y las buenas acciones. Es decir: **engendró a esta risa y a la alegría del mundo.**

(136b) Acerca del versículo: **«Itzjak (Isaac) tenía cuarenta años** cuando tomó por mujer a Rivka (Rebeca), hija de Betuel el arameo de Padán Aram, hermana de Labán el arameo», **Rabí Bo, en el nombre de Rabí Iosei abrió** su enseñanza **y dijo: «Que me bese con besos de su boca»** (Cantar de los Cantares 1:2): **a través de muchos grados** espirituales **fue creado el mundo, tal como aprendimos** que **dijo Rabí Aja bar Iaakov: todo lo que creó el Santo, Bendito Sea, en sus mundos, excepto Él** Mismo, **fueron** creados **de** acuerdo al **modo asociado** entre dos aspectos paralelos al alma y al cuerpo, excepto, como se ha dicho, a la Luz de Su propia esencia que mantiene la más absoluta unidad. Y sobre esto se pregunta: **¿y es que acaso Rabí Aja dijo así?** ¡Dios **no lo permita! Pues a través de esto se aumenta la discrepancia en el mundo** entre los sabios, ya que evidentemente todos disputarán con él acerca de su enseñanza. **Pues si dijeras así,** sobre **los ángeles que son criaturas** provenientes **concretamente del Espíritu Sagrado,** ¿acaso **dirá que hay asociación en ellos** también del mismo modo y que poseen cuerpo y alma? **¡He aquí que todos los aspectos, el de ellos y el nuestro, sería similar!** Respuesta: **dijo Rabí Aba: en esto no se multiplicará la disputa en el mundo pues he aquí que aprendimos en nuestra Mishná que todo lo que hizo el Santo, Bendito Sea, lo hizo según** el modelo **de cuerpo y alma. Y si dijeras que los ángeles no tienen cuerpo, así es, pero no pueden realizar ninguna acción en el mundo hasta que se asocia con ellos esa alma sagrada** que es la Shejiná, **que es la ayuda desde lo Alto** para poder actuar, y entonces, el ángel ante Ella es como el cuerpo ante el alma. **Y de igual manera, todo Lo**

que hizo requirió de esa ayuda desde lo Alto, por lo tanto, todo grado superior, además de ser la ayuda del grado inferior, debe ser aprehendido como el alma del grado inferior, el cual, a su vez, debe ser entendido como un cuerpo.

Dijo Rabí Iosei: en ese momento en el que en un futuro el Santo, Bendito Sea, resucitará a los muertos, he aquí que es sabido **que el fin de todas las aflicciones** del mundo **será después de los cuarenta** años. **Y he aquí que se estableció un pacto** que todo tipo de aflicciones no continuarán más allá del número misterio del número cuarenta, tal como está escrito: **«Cuarenta veces lo azotará y no agregará»** (Deuteronomio 25:2). Y tal como encontramos que **el final de la marcha de Israel por el desierto fue en el año cuarenta.** De igual modo, **cuarenta años antes de la resurrección del cuerpo lo espera el alma en la Tierra de Israel y en el año cuarenta se levantarán los cuerpos del polvo;** y también encontramos que **en cuarenta** días **concluyó la lluvia** en el Diluvio, **tal como está escrito: «Y fue la lluvia sobre la tierra cuarenta días»** (Génesis 7:12). **Y está escrito: «Y fue al final de los cuarenta días que Noé abrió** la ventana del arca que había hecho», lo cual sucedió también cuarenta días después de que fueron vistas las cimas de las montañas. Entonces comenzó el tiempo del despertar de la Misericordia, y envió a la paloma para ver si se habían terminado las aguas de sobre la faz de la tierra. De igual modo, **el tiempo de la redención de Israel** de todas las aflicciones que pasaron sobre ellos, antes de la Resurrección de los Muertos, **es en el año cuarenta.** Es decir, cuarenta años después de la reunión de los dispersos por las diásporas será la Resurrección de los Muertos. **Y en el** año **cincuenta,** relacionado con la Biná, **sucederá el asentamiento** y la rectificación **del mundo, similar al Jubileo,** cuando los esclavos salen en libertad. De igual modo, entonces se alcanzará la libertad del mundo por el poder de la Biná, **la cual devuelve (137a) el alma al cuerpo** durante la Resurrección de los Muertos, **en el año cuarenta desde que lo espera** el alma al cuerpo **en la Tierra de Israel, tal como está escrito: «Itzjak (Isaac)** –que sugiere al alma– **tenía cuarenta años», en los que aguardó al cuerpo, «cuando tomó por mujer a Rivka (Rebeca)», y la hizo ingresar**

137a

al cuerpo que le estaba dispuesto en ese momento, y entonces, al ingresar en él, no es otro el anhelo y los deseos del alma **sino el de gozar del resplandor de la Presencia Divina y el nutrirse de su resplandor. Tal como está escrito: «Que me bese con besos de su boca».**

Dijo Rabí Aba: «Que me bese» significa **que me sustente, pues el sustento** de las almas **no es otro que el goce y el nutrirse del resplandor de lo Alto** de la Presencia Divina. **Dijo Rabí Iosei: el final del versículo lo demuestra,** que la intención de «que me bese» es nutrirse del resplandor de la Presencia Divina, **como está escrito: «pues tus amores** –literalmente: pechos– **son preferibles al vino».** Es decir, alude a la alegría del alma con la Shejiná. **«Hija de Betuel»: hija de la hija de Dios,** o lo que es lo mismo, la Shejiná es denominada «hija de Dios» debido a la bondad que ella recibe, y el cuerpo es hijo de la Shejiná.

Rav Huna dijo: así es. Yo estuve en las ciudades del mar y escuché que llamaban a ese hueso de la columna, ése que permanece en la tumba de todo cuerpo una vez que éste se descompone: **«Betuel el engañador». Pregunté acerca de él y dijeron: es como la cabeza de una serpiente, que es engañadora. Y ese hueso es más engañador que todo el resto de los huesos, pues aprendimos: dijo Rabí Shimón: ese hueso, ¿por qué permanece y existe más que todo el resto de los huesos** tras la muerte de la persona? **Debido a que es un engañador,** pues engaña a todo los demás huesos al hacerles creer que también él se nutre de la misma fuente que ellos. **Sin embargo no soporta el sabor del alimento que comen los hombres como el resto de los huesos** y por eso no disfrutó al comer del Árbol del Conocimiento como el resto de los huesos, y por eso existe eternamente. **Y por ello es más poderoso que el resto de los huesos y él será el principal** en el momento de la resurrección, **pues el cuerpo se construirá a partir de él, tal como está escrito: «hija de Betuel, el arameo».** El cuerpo es como la hija de ese hueso, denominado «Betuel, el arameo». **Y aprendimos: dijo Rabí Shimón: es un engañador. Y desde siempre es un engañador, desde el momento en que engañó la serpiente al Primer Hombre, y entonces éste**

hueso engañó a la serpiente, y mora junto al Mal Instinto, que es un engañador. Así como el Mal Instinto, que es la serpiente, engañó al Primer Hombre para que comiera del Árbol del Conocimiento del Bien y del Mal, de igual modo este hueso engañó a la serpiente y no tomó provecho alguno del Árbol prohibido. Por ello la putrefacción no ejerce dominio sobre él, **tal como está escrito: «hija de Betuel, el arameo»: hueso engañador.** El cuerpo es como la hija y la descendencia del hueso denominada «Betuel, el arameo».

La Torah nos relata que era **«de Padán Aram»,** lo cual viene a aludir a **un conjunto de engañadores** ya que el cuerpo pertenece a ese conjunto de engañadores constituido por los malvados, **tal como fue enseñado** el significado de la expresión ***«padana de torei»*** como **una yunta de bueyes, que es un conjunto.** También se nos enseña que era **«la hermana de Laban»: la hermana del Mal Instinto,** la cual se refiere al cuerpo que reside junto al Mal Instinto **–en arameo:** *–ramai–* que se ocupa de engañar a las criaturas, **como fue enseñado** acerca del Mal Instinto: **en un comienzo, que era un ruin en los pecados de este mundo era denominado Lot,** lenguaje asociado con la maldición; **en un futuro, que no será un ruin como al comienzo, como quien se limpia y se sumerge** para librarse **de su impureza,** entonces **será llamado Labán. De todos modos, el Mal Instinto no se anula del mundo** pues es necesario para incentivar a la persona en lo referente al precepto de crecer y multiplicarse.

Ven y escucha: la prueba de que el Mal Instinto no será anulado del mundo es **porque así fue aclarado en la Mishná** que **las dos hijas de Lot son los dos poderes del cuerpo que despiertan al Mal Instinto** (véase página 109b). **Pero ahora que no es tan ruin y se limpió de su impureza, (137b) es denominado Labán. Y esas dos hijas no se anulan concretamente. Tal como está escrito: «Y Labán tenía dos hijas»:** aunque asume su nuevo nombre de Labán, aún posee sus dos hijas. **Dijo Rabí Iosei: así es,** tal como dijiste que **allí,** sobre las hijas de Lot, **está escrito: «La mayor y la menor»** (Génesis 29:16). **Y aquí,** sobre las hijas de Labán **está escrito: «La grande y la pequeña»,** es decir, que son similares a esas jóvenes. **Dijo Rabí Iosei: pero no poseen el poder de hacer el mal y de**

137b

despertar al Mal Instinto como en un principio, y esto surge de lo que está escrito: «El nombre de la grande Lea», que significa **que se agotó** *–leá–* **de su poder y de su capacidad de hacer el mal,** es decir, que se aplacó su poder de despertar al Mal Instinto; **«y el nombre de la pequeña Rajel»,** lo cual también demuestra que ya **no posee el poder de despertarse** hacia los deseos, **tal como ha sido dicho: «Y como una oveja** *–rajel–* **delante de sus esquiladores hace silencio»** (Isaías 53:7). Así en un futuro se debilitará el poder del Mal Instinto y no tendrá ya el poder de despertar al hombre hacia los deseos de este mundo físico. Y así **dijo Rav Huna: es el Mal Instinto, y sus dos hijas se transforman tal como eran en un comienzo. Al principio Lot era maldito y ruin, ahora Labán es emblanquecido** *–melubán–*, **pues no es maldito y ruin en su vileza como en un comienzo. Al comienzo sus dos hijas eran poderosas, cada una y una en su poder, y ahora, «el nombre de una es Lea»,** lo cual significa, **Lea: sin fuerza, Lea, sin poder, Lea, agotada de sus primeros actos; «y el nombre de la pequeña Rajel», tal cual lo dicho,** que se enmudece, sin acción alguna, **y no como sucedía en un comienzo.**

Dijo Rabí Aja bar Iaakov: ven y observa: ¿qué está escrito? «Itzjak (Isaac) suplicó ante El Eterno frente a su mujer, pues ella era estéril. El Eterno aceptó su plegaria y su mujer Rivka (Rebeca) concibió» (Génesis 25:21). **Dijo Rabí Aja: ¿por qué era estéril? Porque el Mal Instinto no se encontraba con su** plena **fuerza en el mundo** para incitar a cumplir el precepto de crecer y multiplicarse, **y por ello no se encontraba el crecer y el multiplicarse sino solamente a través de la plegaria,** ya que a través de ella se actúa en los mundos superiores de tal modo que de allí desciendan y nazcan almas, lo cual genera que también en los mundos inferiores exista el deseo de crear cuerpos para que revistan a estas almas. **¿Qué está escrito? «El Eterno aceptó su plegaria y su mujer Rivka concibió».** Es decir, gracias a la plegaria quedó embarazada. **Como se despertó el Mal Instinto aparece también** en el plano físico **el acto** del precepto **de crecer y multiplicarse.**

Dijo Rabí Iosei: de ser así, ¿qué diferencia existe entre este mundo y ese tiempo futuro si también en ese momento actuará el Mal Intinto para despertar el deseo de crecer y multiplicarse? **Y además: he aquí que el versículo dijo que El Santo, Bendito Sea, Él hace** que las personas se despierten hacia este acto, tal como está escrito: «El Eterno aceptó su plegaria y su mujer Rivka (Rebeca) concibió» (Génesis 25:21). A modo de respuesta **dijo Rabí Aja: así es: que El Santo, Bendito Sea, lo despierta** al Mal Instinto **para ese asunto del acoplamiento,** para ese asunto exclusivamente **y no para que en todo momento se encuentre permanentemente con el hombre, como sucede ahora, pues** ahora **él se encuentra siempre** con el hombre **y pecan por su mediación las personas. Sino** que lo despertará **exclusivamente para el acoplamiento. Y ese despertar** del Mal Instinto **será de El Santo, Bendito Sea, tal como está escrito: «Y quitaré el corazón de piedra de vuestra carne»,** que es el Mal Instinto, **«y les daré un corazón de carne»** (Ezequiel 36:26). **¿Qué significa «un corazón de carne»? Dijo Rabí Iehuda: un corazón para producir carne,** es decir, para producir y generar hijos, **y no para otra cosa.** Es decir, que El Santo, Bendito Sea, El mismo nos dará un corazón para despertarnos hacia el cumplimiento del precepto de crecer y multiplicarse.

(138a) Rabí Itzjak, hijo de Rabí Iosei, venía de Kapotkia a Lod. Lo encontró Rabí Iehuda. Le dijo Rabí Itzjak: dime tu enseñanza **acerca de lo que nuestros colegas, los sabios de la Mishná, se despertaron con respecto a ese tema que estudiamos que el Mal Instinto será olvidado** y será anulado **del mundo, excepto en el momento del acoplamiento. Le dijo: ¡Por tu vida!** Así **será requerido el Mal Instinto para el mundo, como la lluvia para el mundo. Pues si no fuera por el Mal Instinto no habría alegría en el estudio** de la Torah en el mundo y no habría motivación para el cumplimiento del precepto de crecer y multiplicarse. **Pero** el Mal Instinto **no será ruin como lo era anteriormente para pecar a través de él, tal como está escrito: «Y no les hará mal y no los corromperá en todo mi Monte Sagrado»** (Isaías 11:9). **Dijo Rabí Shimon: ese**

138a
Monte es el corazón en el que habita el Mal Instinto. **Rabí Eliezer dice: un buen corazón es lo que genera la construcción del cuerpo y del alma. Y debido a esto está escrito: «Amarás a El Eterno, tu Dios, con todo tu corazón», que es lo principal de todo,** y con él hay que amar al Santo, Bendito Sea.

Cuando vino Rav Kahana dijo: así dijeron en nombre de los sabios de la Mishná: los dos constructores del cuerpo son el hígado y el corazón, como dijo Rabí Shimón en nombre de Rabí Iehudá: el hígado y el corazón, ellos conducen al cuerpo con todos los flancos de sus miembros. Es decir, **el conductor de la cabeza es el cerebro, pero el cuerpo posee dos** conductores: **el primero es el hígado y el segundo es el corazón. Y esto es lo que está escrito en la sección** de la Torah: **«Los hijos reñían en sus entrañas** y ella dijo: "De ser así, ¿por qué me sucede esto?". Y fue a interrogar a El Eterno». No leas «hijos» *–banim–* sino constructores *–bonim–*. **Éstos son los dos constructores del cuerpo:** el hígado y el corazón. **¿Qué significa «reñían** en sus entrañas»? Es decir, por qué el hígado y el corazón riñen. **Porque el Mal Instinto fue anulado del corazón.** Y entonces, ¿por qué está escrito **«reñían»? ¡»Hacían la paz» debería decir! Sino que dijo Rav Huna: «reñían»** significa que **fueron quebrantados, es decir, su fuerza y su poder se quebrantó,** los del corazón y del hígado, el poder de desear las codicias de este mundo. **Dijo Rabí Iehuda: el cuerpo, ¿qué dice** después de que el Mal Instinto fue anulado? **«De ser así, ¿por qué me sucede esto?».** Es decir: **por qué fui creado,** pues si no se fortifica permanentemente el Mal Instinto, ¿qué importancia y valor posee el trabajo espiritual? **Inmediatamente: «Y fue a interrogar a El Eterno».**

«Y El Eterno le dijo: «Dos pueblos *–goim–* **hay en tu vientre; dos naciones** de tus entrañas se separarán; el poder pasará de una nación a otra y la mayor servirá a la menor». Nuevamente, los comentaristas nos enseñan: no leas el término hebreo como *«goim»* sino como *«gueim»* –orgullosos–: **estos son los dos orgullosos** que son **el hígado y el corazón,** los cuales conducen al cuerpo. **Rabí Iosei dijo** por su parte: se refieren a **el cerebro y el corazón,** ya que el cerebro conduce a la cabeza y el corazón al cuerpo. **Rabí Iehuda dijo** su enseñanza: **el cerebro no está incluido** en los dos «orgullosos», **lo cual surge de lo escrito: «en tu vientre», y el cerebro no está en el vientre sino en la cabeza. «Dos naciones de tus entrañas** se separarán... **y la mayor servirá a la menor»,** significa: **éste es el hígado que es mayor y grande, y él presta su servicio al corazón,** que es menor. **Como dijo Rabí Iehuda: el hígado absorbe a la sangre y presta servicio al corazón,** pues a la sangre selecta la eleva y la entrega al corazón.

(138b) La Torah nos relata: **«El primero salió rojo,** como un manto peludo; y lo llamaron Esav (Esaú)». **Dijo Rav Kahana: el hígado es el primero** en ser creado **y él es rojo. ¿Por qué él es rojo? Porque absorbe la sangre primeramente. Rabí Eliezer dice: ¿por qué el hígado es llamado «el primero»? Porque él es el primero en absorber la sangre a partir de todo alimento, y él es el primero en referencia a la sangre** porque transforma al alimento en sangre, **pero no en lo referente al momento de su creación,** ya que el corazón es creado primero, antes del hígado. Entonces, **¿cómo interpretamos: «la mayor servirá a la menor»?** ¿Por qué el hígado es llamado «mayor»? **Porque es mayor y más grande** en su tamaño **que el corazón, y él presta servicio al corazón,** pues el corazón es el rey de todos los miembros.

Dijo Rabí Aba: ¿por qué viene y qué busca enseñar **esta sección? Sino que** viene **para mostrar a los hombres que a pesar que en el futuro existirá la perfección en la Tierra,** de todos modos **el carácter y la naturaleza del mundo no serán modificados,** porque entonces también los hombres se alimentarán y beberán, y el hígado transformará al alimento en sangre.

Rabí Ieisa dijo: ven y **observa: el hígado** alude a Esaú que **es el cazador de presa, y la presa se encuentra en su boca,** y él engaña con su boca a las personas y lo arrastra hacia las vanidades de este mundo. Pero **el corazón es el que piensa, y es** paralelo a Jacob, el cual **«habita en tiendas»,** tal como está escrito: **«Iaacov (Jacob) preparó un guiso,** y Esav (Esaú) llegó del campo y estaba exhausto» (Génesis 25:29). Es decir, **tenía pensamientos,** ya que *«nazid»* es de la misma raíz de «pensamiento», es decir, que **estaba ocupado del estudio de la Torah.**

Está escrito en la Torah que **«Iaacov (Jacob) preparó un guiso,** *–nazid–* y Esav (Esaú) llegó del campo y estaba exhausto». **Rabí Ba, en nombre de Rabí Aja, dijo** y enseñó que **jamás la naturaleza del mundo cambia,** incluso en el futuro, cuando él continuará requiriendo de bebida y comida. **Ven** y **observa: ¿qué está escrito? «Iaacov preparó un guiso», tal como está dicho** en otro versículo: «Ahora sé que El Eterno es más grande que todos los dioses, **pues utilizando sus propios planes** *–zadu–* **se elevó sobre ellos»** (Éxodo 18:12). **Y su traducción** al arameo es: ***«dejashivu»,*** término relacionado con el pensamiento. **Es decir, el corazón piensa y reflexiona en la Torah acerca del conocimiento de su Creador. ¿Qué está escrito? «y Esav llegó del campo y estaba exhausto».** Significa: **el hígado,** asociado con Esaú, **que su naturaleza es la de salir y cazar una presa** –el alimento– **con su boca para engullir pero no encuentra** absolutamente nada, entonces **es denominado «exhausto» y él le dice al corazón: «antes de reflexionar sobre estas palabras de la Torah, reflexiona** y piensa **sobre la comida y la bebida para sustentar a tu cuerpo». Tal como está escrito: «Esav (Esaú) le dijo a Iaacov (Jacob): «Coloca en mi boca un poco de ese potaje tan rojo** *–adom–,* pues estoy exhausto». **Pues éste es mi modo: el de engullir la sangre y** después de ser filtrada en mi interior, **enviarla al resto de los miembros** del cuerpo. Y esto le dijo el hígado: **«pues estoy exhausto», sin comida y bebida.** Y después de que el hígado engulle el alimento, entonces **el corazón dice: «dame lo primero y lo selecto de todo lo que engulles».** Y esto está aludido en las palabras de Jacob a Esaú: **dame tu primogenitura, tal como está escrito: «Dijo Iaacov (Jacob): «Véndeme este día tu primogenitura».** Significa: «dame **el comienzo de lo** más **deseado». Antes de que el corazón reflexione y piense en el alimento, el hígado engulle. Pues si no fuera por ese deseo y por esa reflexión del corazón sobre el alimento no podría el hígado y los** demás **miembros engullir** y digerir al alimento. **(139a) Porque dijo Rabí Iosei: así es la costumbre de los esclavos: que no comen antes de**

que su amo comienza a comer. Es decir, se alude a que el hígado y el resto de los miembros del cuerpo son los esclavos del corazón, y ellos no podrían digerir el alimento si el corazón no tuviese el deseo de comer.

Dijo Rabí Iosei: está escrito después: «Iaacov (Jacob) le dio a Esav (Esaú) pan y guiso de lentejas, y él comió y bebió, se levantó y se fue; y Esav (Esaú) despreció la primogenitura». **¿Qué significa «lentejas»?** Que **son redondas como una rueda, y la rueda gira en el mundo. Es decir,** que viene a significar que **no será olvidado su modo** de girar y regresar. **Así será el hombre en ese tiempo** de la Resurrección de los Muertos: **a pesar de que todo ese bien y honor y perfección existirán** en el mundo, con todo esto **el modo de comportamiento del mundo** de comer y beber **no será olvidado.**

Se ha estudiado en la Mishná: **se ha enseñado** (Tratado de Guitín 31b): **cuatro vientos soplan en el mundo, y en el futuro el Santo, Bendito Sea, despertará un viento** del Gan Eden **para otorgar existencia al cuerpo** durante la Resurrección de los Muertos, **el cual estará compuesto por** otros **cuatro vientos,** en correspondencia con los cuatro elementos fundamentales de la creación, **tal como está escrito** sobre los muertos que revivió el profeta Ezequiel: **«De los cuatro vientos que venga el viento...»** (Ezequiel 37:9). Es decir: **«en cuatro» no está escrito sino «de los cuatro vientos del mundo»,** es decir, un viento **que está compuesto por los cuatro. Y se enseña: ese viento es un espíritu que otorga vida,** es decir, que le dará al hombre un espíritu de vida y es **el espíritu que** lleva a la persona a que **coma y beba. Y no hay entre este mundo y el Mundo Venidero sino el sometimiento de los reinos exclusivamente,** tal como está escrito en el Talmud (Tratado de Berajot 34b). **Y no hay entre este mundo y el Mundo Venidero sino la limpieza** y purificación del veneno espiritual de la serpiente **y la aprehensión del conocimiento** de la divinidad. **Rav Najman dijo** y agregó: **y** también hay entre ellos **la prolongación de los días,** ya que los justos que habrán de incorporarse durante la Resurrección de los Muertos, prolongarán sus días y no volverán a morir. **Dijo Rav Iosef: ¿y es que acaso los días del Mesías** –*iemot hamashiaj*– **y la Resurrección de**

los Muertos no se trata de un mismo tiempo? **Le dijo: no, pues se enseña:** la reconstrucción del tercer **Templo** sucederá **antes de la reunión de los dispersos** *–kibutz galuiot–*, **y la reunión de los dispersos** sucederá **antes de la Resurrección de los Muertos.** He aquí que existe un orden, **y la Resurrección de los Muertos es la última** etapa **de todas. ¿De dónde** lo aprendemos? **De lo que está escrito: «Construye Jerusalén, El Eterno; el desplazado de Israel ingresará; Quien cura a los quebrantados de corazón, y recubre su tristeza»** (Salmos 147:2). **Esto se refiere a la Resurrección de los Muertos, que es la cura a los quebrantados de corazón por sus muertos** que han perdido. Y se explica: **primero construye Jerusalén,** es decir, la construcción del tercer Templo, **y después el desplazado de Israel ingresará** nuevamente a la Tierra de Israel, en referencia a la reunión de los dispersos; **y «Quien cura a los quebrantados de corazón»,** es decir, la Resurrección de los Muertos», será **la última** etapa **de todo.**

Enseñaron: habrá cuarenta años antes de la reunión de los dispersos de Israel **hasta la Resurrección de los Muertos, tal como está dicho** y sugerido en el versículo: **«Itzjak (Isaac) tenía cuarenta años** cuando tomó por mujer a Rivka (Rebeca), hija de Betuel el arameo de Padán Aram, hermana de Labán el arameo». **En estos cuarenta años ¿qué sucederá? Dijo Rav Kahana en nombre de Rabí Beroka: desde la reunión de los dispersos hasta la Resurrección de los Muertos, habrá muchas aflicciones, muchas guerras se despertarán contra Israel, y bienaventurado es el que se salva de ellas, tal como está escrito: (139b) «Y en ese tiempo se salvará tu pueblo, todo el que se encuentra escrito en el libro»** (Daniel 12:1), es decir, los hombres justos se salvarán de las desgracias. **Rabí Iehuda dijo: de aquí,** a partir de la reunión de los dispersos del Pueblo de Israel, **muchos serán seleccionados y emblanquecidos, y purificados** a través de las aflicciones. **Rabí Itzjak dijo: de aquí** se aprende lo anteriormente enseñado: **«y los purificaré, como se purifica la plata, y los examinaré como se examina al oro, y en esos días habrá días en los que dirán «no tengo deseo»** (Zacarías 13:9). **Y desde el momento que pasen estas aflicciones hasta que llegue**

la Resurrección de los Muertos transcurrirán cuarenta años. Rav Huna dijo y agregó: **ven y observa: «pues cuarenta años anduvieron** los hijos de **Israel por el desierto... pues no escucharon la voz de El Eterno»** (Josué 5:6), y **de igual modo aquí** habrá cuarenta años entre la reunión de los dispersos y la Resurrección de los Muertos. **Dijo Rav Iosef: todos estos** sabios **dijeron una única cosa:** que antes de la Resurrección de los Muertos habrá aflicciones durante cuarenta años y refinarán a Israel para limpiarlos y purificarlos. **Y al final de los cuarenta años, cuando las aflicciones pasen y los malvados sean eliminados, vivirán los muertos, habitantes del polvo. ¿Cuál es la razón** por la que resulta suficiente un refinamiento de cuarenta años? **Porque está escrito:** «¿Qué piensan de El Eterno? ¿Qué la destrucción provoca? **No sucederá dos veces la misma desgracia»** (Najum 1:9), **y es suficiente con lo que pasaron, y durante el tiempo de la Resurrección de los Muertos el mundo se asentará de modo apropiado, tal como está escrito: «Y en ese día será El Eterno Uno y Su Nombre uno».**

Rabí Elazar ben Araj estaba sentado y se encontraba muy afligido debido a la prolongación del exilio. **Ingresó ante él Rabí Iehoshúa. Le dijo** a modo de apelativo y pregunta: **«Aspecto de la luz de la vela del mundo», ¿por qué tu rostro se encuentra oscuro?** En pocas palabras, por qué te encuentras tan afligido. **Le dijo** a modo de respuesta: **«un gran temor y miedo han ingresado en mí, porque yo veo en lo que se han despertado nuestros compañeros, los sabios de la Mishná, sobre quienes moraba el espíritu divino. Y eso que comentaron de que en el sexto milenio sucederá la Redención, bien dijeron. Pero yo veo un tiempo más prolongado** hasta que suceda la resurrección **de los que habitan en el polvo. Porque en el sexto milenio, hasta el tiempo de cuatrocientos ocho años, todos los que habitan en el polvo se incorporarán en su nueva existencia. Por ello, nuestros compañeros se despertaron ante el versículo:** «Y habló a los hijos de Jet» (Génesis 23:3), **en el que** los habitantes de polvo **son denominados «hijos de Jet»,** lo cual hace alusión a que **Jet** significa que **los muertos se incorporarán en el**

año cuatrocientos ocho –valor numérico de la palabra hebrea Jet– a partir del comienzo del sexto milenio. **Tal como está escrito: «En este** *–zot–* **año de Jubileo regresará cada hombre a su patrimonio ancestral»** (Levítico 25:13), versículo en el que vuelve a aludirse al mismo número: 408, de la palabra hebrea *zot*. Es decir, **cuando se termine** el año ***zot,*** **que es el año 5408, regresará cada hombre a su patrimonio ancestral: a su alma, que es su patrimonio ancestral y a su heredad.** Ahora, bien, considerando que este año ya ha pasado, cabe citar la enseñanza que aparece en Hagaot Mahartzá, donde el mismo valor numérico aparece sugerido en las iniciales hebreas del versículo: «Hoy, si Su voz escucháis…» (Salmos 95:7), de lo cual se aprende que la Resurrección de los Muertos debería ya haber sucedido si la generación correspondiente hubiese escuchado a la voz de El Eterno y a sus preceptos.

Dijo Rabí Iehoshúa a modo de respuesta **que esto,** la prolongación de los años, **no te resulte una dificultad, porque he aquí que aprendimos: tres grupos existen** durante la Resurrección de los Muertos: **el de los completamente justos, el de los completamente malvados, y el de los intermedios. (140a) Los completamente justos se incorporarán de acuerdo con la existencia de aquellos que murieron en la Tierra de Israel, que ellos son los primeros** en resucitar anteriormente **en varios años** en relación con los demás, **en el año cuarenta a partir de la reunión de los dispersos** del Pueblo de Israel; **y todos los demás después** resucitarán hasta **el año cuatrocientos ocho del sexto milenio, tal cual lo dicho.** Y nuevamente dijo Rabí Elazar ben Araj: **¿quién tendrá el mérito** de vivir después **de un tiempo tan prolongado y quién podrá existir de acuerdo con el cumplimiento de su conocimiento** de la Torah **en ese tiempo** oscuro de tanto exilio espiritual? ¡Por ello yo me aflijo al pensar y al meditar en todos estos hechos!

Le dijo Rabí Iehoshúa a Rabí Elazar: **Rabí, he aquí que aprendimos** que la expresión del versículo del Génesis: **«y que sea la luz»** es del mismo valor numérico –guematria– que **«que sea un misterio»** *–raz–*, lo cual significa que la luz de la Redención sucederá de acuerdo a un modo oculto y no será revelado a ninguna persona. ¿Y cómo entonces dijiste un tiempo explícito acerca de la Resurrección de los Muertos, a partir de lo cual sabremos que el tiempo de la Redención sucederá cuarenta años antes? Entonces Rabí Elazar **volvió y dijo: a través del retorno** al camino del bien *–teshuvá–* **se adelantará** absolutamente **todo,** el tiempo de la Redención y el momento de la Resurrección de los Muertos. Le **dijo Rabí Iehoshúa: si no hubieras dicho así estaríamos tapando la boca de aquellos que aguardan la Redención cada día. Tal como está escrito: «La fortificación de las salvaciones** *–ieshuot–...*» (Isaías 33:6). **¿Qué significa salvación? Hace referencia a los que aguardan la Redención cada día.**

¿Cuál es y de dónde se aprende **la opinión de Rabí Elazar? Es como está escrito: «Y muchos de los que duermen en la tierra, el polvo, se despertarán»** (Daniel 12:2), y **surge de lo escrito «de los que duermen»,** es decir, que sólo parte de los que duermen se despertarán: **estos son los justos** que retornaron al camino correcto *–teshuvá–* durante su vida, **quienes se levantan primeramente en su resurrección antes de esto,** es decir, del tiempo del resto de los hombres. **¿Y cuántos años antes ellos se incorporan? Rabí Iehuda dice: doscientos diez años. Rabí Itzjak dice: doscientos catorce años, tal como está escrito: «Y descendió** *–vaiered–* **de Jacob...»** (Números 24:19), lo cual viene a sugerir que la cantidad equivalente al valor numérico de la palabra ***iered,*** 214 **años, se anticipan** en incorporarse **los justos antes que todos los hombres. Rav Najman dijo: de acuerdo a la cantidad de años que ya se encuentra consumiéndose en la tierra,** tal será el número de años en los que se anticiparán en resucitar. **Le dijo Rabí Iosei: entonces, muchas resurrecciones habrá,** pues cada cuerpo se consume en otro momento. **Sino que todas las resurrecciones sucederán en un mismo momento, y esto fue dicho en la visión** de Daniel, **y el asunto es** absolutamente **verdadero y un ejército grande** se levantará de modo conjunto.

«Había hambre en la tierra, además de la primera hambre que hubo en los días de Abraham; e Itzjak (Isaac) fue a Abimelej, rey de los filisteos, a Guerar» (Génesis 26:1). **Rabí Abau abrió** su enseñanza **y dijo: «Mientras el rey estaba en su mesa, mi nardo dio**

140a

su aroma» (Cantar de los Cantares 1:12). **Tal como se ha enseñado: cuatro etapas y cuatro tiempos distintos uno de otro atravesarán los justos en el futuro: uno, en ese** primer **tiempo la Sabiduría se multiplicará en el mundo y se alcanzará una aprehensión que no fue alcanzada en este mundo, tal como fue enseñado: dijo Rabí Pinjas: la aprehensión de los justos en el mundo venidero es mayor que la de los ángeles servidores, tal como está escrito:** «No harán mal ni dañarán en todo mi santo monte; porque la tierra será llena del conocimiento de El Eterno, **como las aguas cubren el mar»** (Isaías 11:9). **Durante el segundo** tiempo **se ocuparán** de los misterios de la Torah, como dijo Rav: ¿Qué está escrito? «Mientras el rey estaba en su mesa»: la Congregación de Israel dice: mientras el Santo, Bendito Sea, se encontraba con los justos y los ángeles «mi nardo dio su aroma»: todos los justos y los ángeles de ese mundo dieron su aroma. Es decir, darán su aroma proveniente de los misterios de Torah, y el Santo, Bendito Sea estará alegre, tal como está escrito: «El Eterno se alegrará con sus obras…»

ANEXO 2

TOSEFTA

(151b) «Observó y he aquí que había un pozo en el campo». Para interpretar este versículo **Rabí Elazar dijo: está escrito: «Escuchadme, los que persiguen la justicia»** (Isaías 51:1). Es decir, aquellos que buscan rectificar al Maljut denominado Tzedek, justicia, y las palabras «los que persiguen la justicia» pueden ser interpretadas de tres modos: 1. **Los que exigen** y buscan **el misterio de la fe,** es decir, que se esfuerzan en comprender los misterios del Maljut. 2. **Los que se apegaron al nexo de la fe,** es decir, a través del estudio de la Torah se apegan y se vinculan con el Maljut. 3. **Los que conocen los caminos del Rey supremo,** es decir, que conocen y saben cómo la abundancia espiritual llega de la Biná al Maljut.

Y explica el misterio y dice: **cuando se elevan los dos** ángeles –Metatrón y Sandal– **y salen** del Mundo de la Creación **en dirección** al Maljut del Mundo de Atzilut, que es el misterio **de la unidad,** entonces el Jesed y la Gevurá **lo reciben** al Maljut **entre los dos brazos,** que son el misterio de los dos brazos; **dos** sefirot, Netzaj y Hod **descienden hacia abajo** para rectificar al Maljut. **Estas dos tienen una** sefirá **en el medio,** el Iesod; **estas dos son el asiento** y la raíz **de los profetas, sitio del que la toman** a la profecía. **Una de ellas,** el Iesod, **que se une a todas** las sefirot, **él toma de todas** e incluye en su interior todas las luces que surgen de Ima.

152a

Ese pozo sagrado (152a) existe debajo de ellos, del Netzaj, el Hod y el Iesod, él **es** denominado **«el campo de manzanos sagrados»** al recibir las luces y las influencia de las sefirot superiores. **De este pozo,** el Maljut, **beben** todos **los rebaños,** que son **todos esos carruajes** de ángeles del Mundo de la Creación. **Todo esos** seres **alados. Tres se ubican y yacen sobre ese pozo** para rectificarlo y colmarlo, y **este pozo de ellos se llena, tal como está escrito: «pues de ese pozo daban de beber a los rebaños»,** ya que el pozo otorga de la abundancia a los ángeles de los Mundos Inferiores. **Este,** el Maljut, **es llamado** con el Nombre **Adonai,** Mi Señor, **y sobre esto está escrito: «Mi Señor, Dios, Tú has empezado a mostrarle** a Tu servidor Tu grandeza y Tu mano fuerte...» (Deuteronomio 3:24), y al Maljut se refiere este versículo, **y está escrito: «Ilumina con Tu rostro sobre tu Templo destruido, por Tu Señor»** (Daniel 9:17), es decir, se aprende del versículo de un modo evidente que Daniel le reza al Zeir Anpín para que ilumine al Maljut que se encuentra en el exilio. Y por eso el Maljut es denominado **«el Señor de toda la Tierra», tal como está escrito: «He aquí el Arca del Pacto, el Señor de toda la Tierra»** (Josué 3:11).

ANEXO 3

SITREI TORAH

(146b) «Iaacov (Jacob) salió de Beersheba y se dirigió hacia Jarán» (28:10). Primero se cita otro versículo: **«y brilló el Sol y se puso el Sol»** (Eclesiastés 1:5). **¿Qué vio el rey Salomón que el comienzo del libro de** Kohelet, en la cual se pone de manifiesto **su sabiduría, de esto es** y trata, es decir, que comenzó con el tema del brillo y la puesta del Sol? **Sino que dijo Rabí Elazar: el rey Salomón ubicó su libro en base a las siete vanidades** *–havalim–* que aparecen el él, en correspondencia con las siete sefirot inferiores, **y el mundo se ubica sobre ellas, y ellas son las bases y los pilares que otorgan existencia al mundo.**

Porque debido a esto son llamados vanidades. Como este aliento *–hevel–* que sale de la boca de la persona y gracias al mismo ella existe. Y se despertaron los compañeros en el Talmud acerca de este tema (Tratado de Shabat 119b) y enseñaron que **«el mundo no existe sino gracias al aliento que sale de la boca de los niños que estudian la Torah». Otra cosa** y una nueva enseñanza: tal como fue explicado en la Mishná (Pirkei Avot 1:2): **«sobre tres cosas** *–lit: palabras–* **el mundo se sostiene: sobre la Torah, sobre el servicio espiritual y sobre los actos de bondad».** Ahora bien: **«Torah» es Jacob; el servicio espiritual es Itzjak, y los actos de bondad son Abraham. Estas tres cosas** o palabras **son los pilares supremos, tres de los siete *havalim*.**

Así como el cuerpo del hombre **no existe sin el aliento** *–hevel–* **así también el mundo no existe sino sobre estos *havalim* que dijo** y mencionó **el rey Salomón. Y estos son siete, tal como está escrito: «Dijo Kohelet: vanidad** *–hevel–* **de vanidades** *–havalim–;* **vanidad** *–hevel–* **de vanidades** *–havalim–,* **todo es vanidad»** *–hevel–,* **he aquí siete.**

Y si dijeras: entonces, si los havalim **son** como **perlas buenas sobre las que el mundo se sostiene, he aquí que en otro sitio** de Kohelet está escrito *«havalim raim»*, lit: malas vanidades **y estos son** y producen **la destrucción del mundo, tal como (6:2): «esto es hevel, y es una mala enfermedad». Y** más lo que está escrito (4:4): **«esto es hevel y un espíritu quebrantado». Sino que ciertamente a pesar de que estos siete havalim, que son sagrados, son la existencia del mundo, pero existen en correspondencia con estos** otros **siete havalim que de ellos surgen y se expanden todos los juicios del mundo. (147a) Y son denominados «otros havalim»,** los cuales sirven **para castigar a la persona y para rectificarlos para que marchen por el camino recto. Y son denominados havalim porque en ellos mora la mala enfermedad.** Y son denominados **havalim porque en ellos mora el espíritu quebrantado. Y son la base por la cual los hombres marchan por el camino recto y temen de El Santo, Bendito Sea. Y por ello son muchos los** malos **havalim que se expanden a partir de los siete** havalim de santidad.

(147b) Acerca de las pruebas a las que fueron sometidos los hombres de la antigüedad se enseña que **Adán ingresó** a los ámbitos del mal para ponerse a prueba, **y no se cuidó** a sí mismo **y fue seducido tras ella,** es decir, la tentación. **Y pecó con esa mujer prostituta, la Serpiente primera.**

Noé ingresó a los ámbitos del mal para ponerse a prueba, **y no se cuidó y fue seducido tras ella y** también **pecó** y cayó en manos de la tentación, tal como le había sucedido al Primer Hombre. **Tal como está escrito: «Bebió del vino y se emborrachó, y se descubrió dentro de su tienda»** (Génesis 9:21).

Abraham ingresó en paz **y salió** íntegro al ponerse a prueba ante los espíritus malignos, y a diferencia de sus antepasados no cayó en su trampa. **Tal como está escrito:** «Había hambre en la Tierra **y Abram descendió a Egipto** para habitar allí, pues el hambre era grave en la tierra» (Génesis 12:10). **Y está escrito** allí: **«Y Abram ascendió de Egipto,** él y su mujer y todo lo que era suyo, y Lot con él, y se dirigió hacia el sur» (Génesis 13:1).

Itzjak ingresó en paz **y salió** en paz, sin caer en manos de los malos espíritus, **tal como está escrito:** «Había hambre en la tierra, además de la primera hambre que hubo en los días de Abraham; **e Itzjak (Isaac) fue a Abimelej, rey de los filisteos, a Guerar»** (Génesis 26:1). **Y está escrito: «De allí ascendió a Beersheba»** (Génesis 26:23).

Jacob, debido a que ingresó a el ámbito de **la fe,** al Maljut, **debió ingresar (148a) y descender a ese Flanco** del mal, **porque quien** salió íntegro de la prueba y **se salvó de allí, es un amado y un** hombre **selecto para El Santo, Bendito Sea. ¿Qué está escrito? «Iaacov (Jacob) salió de Beersheba», el flanco del misterio de la fe, «y se dirigió hacia Jarán», el flanco de la mujer prostituta, mujer adúltera»** (28:10).

El misterio de todos **los misterios** relacionados con las Klipot cuando surgen de la Gevurá y esto es lo enseñado: **desde el interior del poder de la luz del mediodía,** que es el momento del poder del Juicio **de Itzjak, del interior de la borra del vino surgió una klipá clavada y aferrada,** es decir, su raíz a la santidad, **incluyendo juntos** los aspectos **masculino y femenino.** Y la klipá es **roja como la rosa,** y estos aspectos malignos **se separan hacia varios flancos y senderos. El masculino es denominado Samael, y su aspecto femenino se encuentra incluido en él** y apegado a su lado **constantemente. Tal como sucede en el flanco de la santidad, así también** acontece **en el Otro Lado.** Es decir: **lo masculino y lo femenino se incluyen uno en otro.**

Se enseña también que **el aspecto femenino de Samael es denominado Najash,** serpiente, **la esposa adúltera, el fin de toda carne, el fin de los días** *–ketz haiamim–*. Y estos **dos aspectos malignos** mencionados anteriormente **se apegan como uno,** y pesar de esto **el espíritu masculino es** más **fino** que el femenino. **El espíritu femenino se expande en varios caminos y senderos,** y **se apega a ese espíritu masculino.**

Ahora se enseña acerca del comportamiento del aspecto femenino de la klipá. **Se adorna a sí misma con varios atuendos, como una prostituta desechada** que llama a los caminantes, **se ubica en la cabeza de los caminos y los senderos para seducir a los hombres. El tonto que se ubica cerca de ella, a él lo ataca y lo besa** y **le sirve vino con la borra, en la que se encuentra el veneno de serpientes. Una vez que bebe del vino,** ya **se desvía tras ella. Después que ella lo observa que se desvió tras ella,** apartándose **del camino de la verdad, ella se quita de sí misma todos esos arreglos** y adornos **con los que se arreglaba** y adornaba **frente a ese tonto** ya que sólo servían para atraer a la persona.

Acerca de **sus adornos** que son **para seducir a los hombres** se enseña: **sus cabellos se encuentran arreglados, rojos como la rosa; su rostro es blanco y rojo; de sus oídos penden seis arreglos de tejido egipcio; penden de su cuello todos los adornos de la Tierra del Oriente. Su boca se arregla con una pequeña apertura, agradable en su modo en que está dispuesta. Su lengua es como una espada filosa; sus palabras son resbaladizas como el aceite. Sus labios son bellos, rojos como una rosa; su dulzura es como toda la dulzura del mundo. Su ropaje es de púrpura. Ella se adorna a través de cuarenta adornos, menos uno,** es decir, treinta y nueve en total.

El tonto, se desvía tras ella y bebe de la copa de vino, y hace con ella actos de adulterio y se desvía tras ella. ¿Qué hace ella? Lo abandona durmiendo en el lecho, es decir, lo adormece para que no medite acerca del verdadero sentido de la vida. **Y asciende a lo Alto y lo acusa y solicita permiso y desciende. Y cuando este tonto se despierta y piensa sonreírle a ella como antes,** ya no tiene con quien hacerlo pues **ella ya se quitó de sí misma los adornos y vuelve a ser** como **un valiente poderoso que lo enfrenta. Se viste con un vestido de fuego ardiente y hace recaer sobre él un temor**

estremecedor (148b) sobre el cuerpo y el alma. Ella se encuentra llena de ojos atemorizantes, que son las manchas dejadas en su vestimenta por el pecado de los hombres. **Una espada afilada se encuentra en su mano; gotas amargas** del veneno de muerte **penden de esa espada. Asesina a ese tonto y lo arroja al interior del Infierno.**

Jacob descendió hacia ella y fue a su lugar, tal como está dicho: «Iaacov (Jacob) salió de Beersheba **y se dirigió hacia Jarán»** (Génesis 28:10), fuera de la Tierra de Israel, sitio de las Klipot. **Y observó todos los adornos de su casa y se salvó de ella,** y regresó a la Tierra de Israel. **El aspecto masculino de ella,** su esposo, **Samael, le pareció mal ante sus ojos** que Jacob se salvara de ella **y descendió para enfrentarlo en batalla. Y no pudo con él, tal como está escrito:** «Iaacov (Jacob) se quedó solo **y un hombre luchó con él** hasta el amanecer» (Génesis 32:25). **Entonces se salvó de todo** mal **y se completó íntegramente y se elevó en un grado consumado, y fue denominado Israel. Entonces ascendió al grado supremo, y se completó con todo** grado que también poseían sus ancestros. **Y se transformó en el pilar central,** en correspondencia con el Tiferet que se encuentra entre el Jesed y la Gevurá. **Y sobre él está escrito: «El listón del medio** entre los tablones se extenderá de un extremo a otro» (Éxodo 26:28).

APÉNDICE

ACERCA DE LA REENCARNACIÓN EN LAS FUENTES MÍSTICAS JUDÍAS

CONCEPTOS GENERALES

De acuerdo con la concepción de los sabios cabalistas, condensada principalmente en la obra *Shaar Haguilgulim* del Rabino y Cabalista Isaac Luria Ashkenazi (Jerusalén 1534 – Safed 1572), todas las almas provienen de un sitio espiritual, el cual está definido como «bajo el Trono de Gloria». Encontrándose en aquel estado original ellas gozaban del resplandor de la Presencia divina –Shejiná–. Mas en el momento en el que El Eterno quiso beneficiar y otorgar el bien máximo a las almas –ya que en la situación primordial las almas perciben que gozan gratuitamente y se alimentan del «pan de la vergüenza»– entonces las hizo descender a este mundo, el Mundo de la Acción, el mundo físico, en el cual las almas, a través del estudio de la Torah, el cumplimiento de los preceptos y la realización de buenos actos, pueden volverse merecedoras del Mundo Venidero, como se ha dicho, no por la bondad divina exclusivamente sino por mérito propio. Ahora ya no sienten que se nutren del «pan de la vergüenza» *–nehama dekisufa–* sino que trabajar arduamente para conseguirlo.

El Primer Hombre y las almas

Tal como lo relata la Torah, en un comienzo El Eterno creó al Primer Hombre, Adán, el cual no debe ser aprehendido como un ente individual y aislado ya que en él se encontraban incluidas todas las almas, y su alma era un «alma general», es decir, contenía a todas las demás almas. Por consiguiente, cuando el Primer Hombre transgredió con el Árbol del Conocimiento del Bien y del Mal, pecaron junto a él todas las almas que incluía y se vieron afectadas espiritualmente, cada una de acuerdo a la porción que ocupaba y a su ubicación dentro de Adán ya que su transgresión involucró a ciertos aspectos y sentidos de su persona más que a otros. Por ejemplo, escuchó lo que Eva había aprendido del Culebro, observó el árbol, ingirió de él, degustó el «fruto prohibido», aunque no olió su aroma. En aquel momento, y de acuerdo con la ubicación de cada una de las almas, algunas se vieron mínimamente afectadas mientras que otra fueron perturbadas en gran manera. Como consecuencia de esto las almas más «dañadas» cayeron en las profundidades de las Klipot y, por consiguiente, fue necesario que todas las almas retornaran nuevamente a este mundo para rectificar su deterioro, cada cual de acuerdo a su insuficiencia.

La reencarnación

Y cuando un alma que ya estuvo en este mundo, y vivió en el interior de una persona que finalmente murió, regresa nuevamente en el cuerpo de otra persona, éste es el concepto de reencarnación. En la lengua hebrea la palabra reencarnación, *guilgul,* comparte raíz con la palabra rueda, giro, circulación, lo cual alude a la misma concepción: a las almas que se reencarnan *–mitgalgelot–* y vuelven al mundo para rectificar su daño espiritual.

Pongamos un ejemplo. Los sabios cabalistas nos enseñan que los tres patriarcas también eran almas generales que incluían en su interior a las almas de todo el Pueblo de Israel. Posteriormente éstas se reencarnaron en los integrantes de las doce tribus; luego en los setenta descendientes del patriarca Jacob que descendieron a Egipto, y por último se subdividieron en seiscientas mil chispas grandes que equivalen a todo el pueblo que salió de Egipto al liberarse de la esclavitud.

Más en detalle, los sabios nos enseñan que Abraham –quien, como se ha dicho, su alma ya se encontraba en la de Adán– llegó al mundo para rectificar la transgresión de idolatría que cometió el Primer Hombre al comer del Árbol del Conocimiento, lo cual explica la razón por la cual durante la vida del primer patriarca fue puesto a prueba en lo referente a la profundidad y la firmeza de su fe.

El segundo patriarca Itzjak, por su parte, llegó al mundo para rectificar la transgresión de Adán al traer la muerte al mundo, ya que, antes de su pecado, el hombre pudiera podido vivir eternamente. Por esta razón, durante la vida Itzjak fue probado acerca de su disposición a entregar su propia vida por mandato divino.

El tercer patriarca, Jacob, llegó al mundo para rectificar lo referente a las transgresiones sexuales del Primer Hombre –tema muy profundo, que no debe ser tomado literalmente, y que excede los límites de este apéndice–, y también en esto fue puesto a prueba durante su vida.

De igual modo sucede con cada alma particular que dejó de cumplir un precepto positivo –no completó su misión en este mundo–, o que transgredió un precepto negativo –se extralimitó espiritualmente–, la cual debe regresar a este mundo para rectificar su carencia espiritual. Aunque debemos destacar que existen almas selectas que regresan al mundo con la finalidad de completarse aún más y recibir una recompensa mayor en el mundo supremo.

Los niveles del alma

También se nos enseña que existen en la persona tres niveles espirituales: *nefesh, ruaj, neshamá,* y que cada una de estas tres partes debe ser completada. Por lo tanto, una persona que a lo largo de su vida logró rectificar por completo su nivel de *nefesh,* aunque no su nivel de ruaj; o, por el contrario, que rectificó su nivel de *ruaj* pero no logró rectificar su nivel de *neshamá,* deberá reencarnarse nuevamente en el mundo físico para rectificar los aspectos carentes de cada uno de los niveles de su alma.

La persona que ha transgredido y es considerado por la Torah como un malvado, deberá reencarnarse en varias ocasiones, y también su cuerpo deberá descomponerse en la tierra después de cada vida, lo cual le sirve para quitarse el mal de su alma y de su cuerpo y purificarse hasta que permanezca en él únicamente la chispa de bien que lo habita.

¿Quién necesita regresar y reencarnarse?

Todas las almas que fueron afectadas por no haber realizado un precepto determinado o debido a una transgresión que cometieron, y no retornaron en vida al camino del bien *–teshuvá–*, todas ellas están obligadas a volver al mundo físico. De este modo, tendrán la oportunidad de cumplir el precepto que en su vida anterior no realizaron, o superar la prueba que seguramente se les presentará y no cometer la transgresión de su vida anterior. Como se ha dicho, también existen almas que son reencarnadas para su propio bien, es decir, para aumentar a través de su nueva vida su nivel espiritual y lograr acceder a mundos espirituales aun más elevados.

Resulta fundamental hacer incapié que los sabios cabalistas nos enseñan igualmente que una persona durante su vida debe estudiar los cuatro niveles de la Torah: *pshat, remez, drash y sod.* Y si durante su vida solamente logró estudiar alguno de estos niveles, deberá regresar para completar su labor y profundizar el los demás aspectos de la Torah.

Resulta importante aclarar que no necesariamente el alma en su totalidad debe reencarnarse sino sólo aquella parte que aún no haya sido rectificada. Mas el nivel que logró ser completado ya no regresa al mundo ya que ha completado su tarea. Esto también arroja luz sobre el concepto de «descenso generacional», ya que las almas que descienden en la actualidad son «menores» en comparación con las de generaciones anteriores.

También se debe subrayar que existen almas que, en caso de regresar al mundo físico, producirían más daño aún y no actuarían con la finalidad de su rectificación. Estas almas no son reencarnadas sino que son ingresadas al Guehenóm, al Infierno, para que alcancen su purificación y su rectificación de este modo. Pero a los justos, cuyos pecados son mínimos, El Eterno los hacer retornar para que, a través de sufrimientos personales, logren su más amplia rectificación, y de este modo, en cada vida, no dejan de agregar niveles espirituales a los anteriores ya alcanzados.

Diferencia entre *guilgul* e *ivur*.

Existen dos modos a través de los cuales una persona puede regresar a este mundo físico. El primero, como se ha explicado a través del *guilgul* o reencarnación. Es decir, el alma entra en otro cuerpo para una nueva vida, cuya finalidad es la rectificación. El segundo es cuando a una persona se le presenta la ocasión de cumplir un precepto determinado, el cual solía ser cumplido por algún justo en particular que ya se murió, y entonces el alma de este justo ingresa fugazmente en la persona y lo ayuda a cumplir este precepto. En estos casos se considera como si ambos hubiesen cumplido este precepto y se nutren de su recompensa.

Encontramos diferencias y particularidades para cada caso. Cuando una persona se reencarna, el alma desciende a un nuevo cuerpo desde el momento del nacimiento y permanece dentro del mismo hasta el momento de morir. Mas cuando un alma ingresa a una persona de acuerdo al modo de *ivur,* entonces la acompaña solamente durante el cumplimiento del precepto, se nutre espiritualmente de este acto, y no asume responsabilidad con las transgresiones cometidas por la persona en la que ingresó. En el lenguaje de los cabalistas el alma que ingresa de este último modo es denominada «chispa», *nitzotz,* y puede marcharse cuando lo desee.

Bibliografía recomendada acerca de la reencarnación en la cábala:

El canto del alma (Rabí Iejiel Bar Lev, Ediciones Obelisco)
El camino de Dios (Rabí Moshé Jaim Luzzatto, Ediciones Obelisco)
La sabiduría del alma (Rabí Moshé Jaim Luzzatto, Ediciones Obelisco)

GLOSARIO

En el presente glosario aparecen las definiciones puntuales de las palabras, los términos y los conceptos principales. Debido a la complejidad y profundidad de ciertos temas, en el glosario simplemente se describe el tópico de modo extremamente resumido, el cual muchas veces aparece luego explicado por el mismo texto de El Zohar. De todos modos, esperamos que resulte de ayuda para el lector.

– A –

Aba: Uno de los cinco Rostros o Partzufim, en este caso identificado con la sefirá de Jojmá.

Academia Celestial: En el lenguaje de los sabios cabalistas se refiere al lugar espiritual al que ascienden los justos tras su muerte para continuar estudiando *Torah* y completar sus niveles espirituales.

Adam Kadmón: Lit.: Hombre Primordial. Se refiere a uno de los estados principales y esenciales de la concatenación y creación de los Cuatro Mundos.

Adonai: Nombre divino relacionado con la sefirá de Maljut y la letra Tav. Es uno de los diez Nombres divinos sobre los que recae la prohibición de ser borrado.

Ain: Una de las veintidós letras del abecedario hebreo. Su valor numérico es 70. Los sabios cabalistas la asocian con el signo de Capricornio, el enojo y el mes hebreo de Tevet.

Alef: Primera letra del abecedario hebreo. Su valor numérico es 1.

Alef Hei Iod Hei: Nombre divino relacionado con la sefirá de Keter. Es uno de los diez Nombres divinos sobre los que recae la prohibición de ser borrado.

Amá: Medida de longitud equivalente, aproximadamente, a medio metro.

Amalek: El primer pueblo que atacó por la espalda a Israel al salir de Egipto. Archienemigo espiritual de Israel, se considera que el Nombre de El Eterno no estará completo hasta que el recuerdo de este pueblo sea borrado, lo cual constituye un precepto bíblico. En el lenguaje de los sabios cabalistas, representa a la klipá que se opone al nivel de Daat de Santidad.

Amidá: Conjunto de Dieciocho bendiciones que se pronuncia tres veces al día, mañana, tarde y noche, las cuales resumen los pedidos tanto del individuo como los de la comunidad en general. En el lenguaje de los sabios este rezo también es denominado simplemente como «el rezo». Sus otros nombres son Amidá y Shmona Esré.

Arameo: Lengua relativamente cercana al hebreo. Hasta el exilio en Babilonia el arameo era conocido sólo por los sabios, mas allí el pueblo aprendió el idioma popular y casi olvidó el hebreo. El arameo del Talmud es coloquial, a diferencia del arameo literario que aparece en la Biblia (Daniel, Ezra).

Arij Anpín: Uno de los cinco Rostros o Partzufim, en este caso identificado con la sefirá de Keter.

Arvat Haminim: Lit: Cuatro especies. Una de las cuatro especies que se bendicen la fiesta de Sukot, la fiesta de las Cabañas: *etrog* –cidra–, *lulav* –rama de palmera–, *hadás* –mirto– y *aravá* –sauce.

Arvit: Rezo nocturno, uno de los tres rezos que se pronuncian a diario. De acuerdo con la enseñanza de los sabios del Talmud, este rezo fue establecido por el patriarca Jacob.

Atik Iomin: Uno de los Rostros o Partzufim. Conocido también como el Anciano de los Días.

Aza y Azael: Véase el Volumen I.

– B –

«Baraita»: Del arameo «externa». Se trata de enseñanzas que no fueron incluidas dentro de la recopilación de la Mishná. Estas mishnaiot fueron compiladas por separado y en parte son citadas en el Talmud.

Bet: Segunda letra del abecedario hebreo. Su valor numérico es 2.

Bein Hashmashot: Tiempo comprendido entre la puesta del Sol y el momento en el que se divisan en el cielo tres estrellas. Es un período en el que dudamos si es de día o de noche y existen distintas opiniones acerca de su duración.

Biná: Lit.: Entendimiento. Una de las tres sefirot más elevadas, junto con el Keter y la Jojmá. Si establecemos un paralelismo con el cuerpo humano, corresponde al cerebro, el hemisferio izquierdo, y el corazón.

Birkat Hamazón: Bendición posterior a las comidas ordenada por la *Torah*. Está compuesta por otras cuatro bendiciones: la bendición por la comida, la bendición y agradecimiento por la Tierra de Israel, la bendición por la reconstrucción de Jerusalén y la bendición por el bien recibido de Dios.

Birkot Hashajar: Lit.: Bendiciones de la mañana. Se refiere a las primeras bendiciones que se pronuncian al levantarse, y que constituyen un corpus dentro del Sidur o libro de oraciones.

Brit Milá: Circuncisión. Se realiza a todo hijo varón de Israel al octavo día de su nacimiento. Es realizado por un Mohel, persona especialmente preparada para efectuarlo, y se considera que libera al niño de importantes grados de impureza ritual.

Buen Instinto: *Véase*: Ietzer Hatov.

– D –

Daat: Lit.: Conocimiento. Una de las diez sefirot, la cual es contada y nombrada en el caso de no incluirse al Keter entre las sefirot. Está asociada con la letra hebrea Bet y el candelabro del Tabernáculo.

Dalet: Cuarta letra del abecedario hebreo. Su valor numérico es 4.

Día del Perdón: Llamado en hebreo Iom Kipur, se trata de uno de los días más sagrados del año judío. En este día –el 10 del mes de Tishrei– Moisés alcanzó el perdón divino para el pueblo tras el pecado del becerro de oro. Es un día dedicado por completo al ayuno, al arrepentimiento y al rezo.

Diez locuciones: Se refiere a las diez veces que durante los seis días de Creación aparece escrito «Y dijo Dios». De aquí se aprende también que el mundo fue creado a partir de la Palabra divina. El primer versículo bíblico es considerado por los sabios del Talmud como la primera de las locuciones.

– E –

Ein Sof: Lit.: Sin límite o Infinito. Expresión que refiere a la Voluntad ilimitada del Creador, antes del Tzimtzum y del comienzo del proceso de Creación.

Elohim: El primero de los Nombres divinos que aparece en la *Torah,* el cual está asociado con la Gevurá, el Juicio y el Rigor divinos, con la vocal de shvá, el brazo y mano izquierdos, la letra Guimel, y con la mesa del Tabernáculo. Es uno de los diez Nombres divinos sobre los que recae la prohibición de ser borrado.

Elohim Tzevakot: Nombre divino relacionado con la sefirá de Hod. Es uno de los diez Nombres divinos sobre los que recae la prohibición de ser borrado.

Erev rav: Referente a la Mixtura de gente que, sin pertenecer al Pueblo de Israel, salió junto a sus integrantes cuando éste se liberó de Egipto, tal como lo relata la *Torah* en el libro del Éxodo. Los sabios cabalistas nos enseñan que los miembros de esta Mixtura afectan a Israel durante el exilio, y debido a esta razón Moisés debe reencarnarse en cada generación para ayudar y salvar a su pueblo de la influencia dañina de estas almas. En el lenguaje de los sabios cabalistas también tal Mixtura de gente aparece asociada con todos aquellos entes que aún no pudieron ser rectificados y que son afectados por la klipá o cáscara de Noga.

– F –

Femenino: En el lenguaje de los sabios cabalistas la idea de lo femenino no se reduce a mujer o hembra, sino a la energía receptiva y a la materia que busca su forma. Todo, a su vez, en todos los planos, está conformado por su aspecto masculino y por su aspecto femenino. Lo femenino está relacionado con la Biná.

– G –

Gabriel: Una de las principales divisiones entre los campamentos de ángeles celestiales es en cuatro, encabezados por cuatro ángeles más importantes: Mijael, Gabriel, Uriel y Refael.

Gan Eden: Lit.: Jardín del Edén. Se refiere al paraíso bíblico en el que habitaban Adam y Eva, pero también al lugar celestial, espiritual, compuesto por habitaciones e hileras, una más interna que la otra, y en la más interior de las cuales se encuentra el Mesías, luego los justos, los piadosos, etc.

Gezeirá shavá: Uno de los métodos utilizados para interpretar la *Torah*, basado en palabras similares o repetidas que figuran en dos versículos distintos. En estos casos los sabios aplican leyes de un versículo respecto al otro en base a este método comparativo.

Gimel: Tercera letra del abecedario hebreo. Su valor numérico es 3.

Gog y Magog: Si bien los exegetas divergen en la identidad de este o estos pueblos, y su rey o reyes, todos están de acuerdo en que la guerra de Gog y Magog se refiere a que las naciones del mundo se enfrentarán a Israel en Jerusalén y que se trata de un hito relacionado con la llegada del Mesías y el final de los seis mil años del mundo.

Guehenóm: Lit.: Infierno. Lugar espiritual en el que se expían las transgresiones realizadas en este mundo. Todo lo descrito acerca del Infierno, tal como el fuego, los castigos, el sufrimiento, etc., se refiere a niveles espirituales de corrección, siempre con el objetivo de que el alma alcance la perfección absoluta.

Guematria: Sabiduría basada en el valor numérico de las letras hebreas, según la cual dos palabras que comparten el mismo valor numérico están conectadas de modo esencial.

Gevurá: Lit.: Juicio o Rigor. Una de las diez sefirot. Si establecemos un paralelismo con el cuerpo humano, corresponde con el brazo izquierdo y la mano.

– H –

Havdalá: Bendición que se pronuncia al finalizar el Shabat y las festividades, para indicar la separación entre la Santidad de ese día y el resto de los días de la semana. Se realiza sobre el vino, las especias aromáticas y el fuego.

Hei: Quinta letra del abecedario hebreo. Su valor numérico es 5. Los sabios cabalistas la asocian con el signo de Aries, la fuerza del habla y el mes hebreo de Nisán.

Hei Vav Iod Hei Tzevakot: Nombre divino relacionado con la sefirá de Netzaj. Es uno de los diez Nombres divinos sobre los que recae la prohibición de ser borrado.

Heijal: Generalmente traducido como Palacio. Refiere al Maljut, y sobre él se escribe en el Sefer Ietzirá «que está orientado hacia el centro» (Capítulo 4, Mishná 4). También, en el lenguaje de El Zohar, los heijalot o palacios son los pasadizos espirituales de cada mundo, por los que asciende la plegaria de los hombres en dirección a lo Alto.

Hod: Lit.: Esplendor. Una de las diez sefirot. Si establecemos un paralelismo con el cuerpo humano, corresponde a la pierna izquierda, el riñón y el testículo. Véase el Volumen I.

Holej: Uno de los signos musicales que se utilizan para leer la *Torah* y que encierra misterios muy profundos.

– I –

Iejidá: Una de las cinco partes que conforman el concepto judío del Alma. En este caso, nos referimos a la parte más elevada, la cual también, como la Jaiá, se encuentra por encima de la persona. Los sabios cabalistas la asocian también con el Keter.

Iesod: Lit.: Fundamento. Una de las diez sefirot. Si establecemos un paralelismo con el cuerpo humano, se corresponde con el órgano sexual.

Ietzer Hará: Lit.: Mal Instinto: en el lenguaje de los sabios cabalistas alude a la fuerza espiritual que intenta desviar a la persona del camino correcto. Junto con el Buen Instinto –Ietzer Hatov– son los responsables de establecer un equilibrio permanente para que el hombre pueda ejercer su libre albedrío, elegir, y recibir su recompensa o su castigo.

Ijudim: El término se relaciona en el lenguaje de los sabios cabalistas con la palabra hebrea *ejad*, uno, lo mismo que hace referencia a la unión, la asociación, y a la cercanía. En acto, significa unir, asociar y acercar algo a su fuente y raíz, con el objeto de que ambos se transformen en uno. El hombre, a través de su servicio espiritual, es capaz de generar ijudim, por ejemplo, entre dos Rostros o Partzufim y también entre dos Nombres divinos.

Ima: Uno de los cinco Rostros o Partzufim, en este caso identificado con la sefirá de Biná. Véase el Volumen I.

Iod: Décima letra del abecedario hebreo. Su valor numérico es 10. Los sabios cabalistas la asocian con el signo de Virgo, la fuerza de la acción y el mes hebreo de Elul.

Iod Hei: Nombre divino relacionado con la sefirá de Jojmá. Es uno de los diez Nombres divinos sobre los que recae la prohibición de ser borrado.

Iod Hei Vav Hei (con la vocalización de Elohim): Nombre divino relacionando con la sefirá de Biná. Es uno de los diez Nombres divinos sobre los que recae la prohibición de ser borrado.

Iom Kipur: *Véase* Día del Perdón.

Ishim: De acuerdo con Maimónides (Iesodei Hatorá 2:7) la diferencia de nombres entre los ángeles está en relación con los diferentes niveles que ocupan, y según esto se los denomina: «Jaiot Hakodesh», cuyo nivel es el superior, y «Ofanim», «Erelim», «Jashmalim», «Serafim», «Malajim», «Elohim», «Benei Elohim», «Kerubim» e «Ishim». Estos últimos son los ángeles que hablan con los profetas y que son vistos por ellos en una visión.

Itapja: Véase el Volumen I.

Itkafia: Véase el Volumen I.

– J –

Jaiá: Una de las cinco partes que conforman el concepto judío del Alma. En este caso, nos referimos a la parte asociada con las fuerzas espirituales externas y superiores a la persona. Los sabios cabalistas la asocian también con la Jojmá.

Jaiot Hakodesh: De acuerdo con Maimónides (Iesodei Hatorá 2:7) la diferencia de nombres entre los ángeles está en relación con los diferentes niveles que ocupan, y según esto se los denomina: «Jaiot Hakodesh», cuyo nivel es el superior, y «Ofanim», «Erelim», «Jashmalim», «Serafim», «Malajim», «Elohim», «Benei Elohim», «Kerubim» e «Ishim». Estos últimos son los ángeles que hablan con los profetas y que son vistos por ellos en una visión.

Jesed: Primera de las consideradas «las siete sefirot inferiores». Si establecemos un paralelismo con el cuerpo humano, se corresponde con el brazo derecho y la mano.

Jet: Octava letra del abecedario hebreo. Su valor numérico es 8. Los sabios cabalistas la asocian con el signo de Cáncer, la fuerza de la vista y el mes hebreo de Tamuz.

Jirik: Vocal relacionada por los sabios cabalistas con la sefirá de Netzaj y la letra Kaf.

Jojmá: Lit.: Sabiduría. Es una de las tres sefirot más elevadas, junto al Keter y la Biná. Si establecemos un paralelismo con el cuerpo humano, se corresponde con el cerebro y el hemisferio derecho.

Jolam: Vocal relacionada por los sabios cabalistas con la sefirá de Tiferet y la letra Dalet.

Jubileo: En hebreo: Novel. El quincuagésimo año que llega tras completar siete veces los siete años de Remisión –Shemitá–. Es un año de descanso para la tierra y de liberación de esclavos (Levítico 25).

– K –

Kadish: Plegaria que se pronuncia tanto en el rezo diario como en otras ocasiones, tales como después de estudiar la *Torah,* o para la elevación del alma de un fallecido. Existen distintos tipos de esta misma oración, tal como el kadish de los Rabinos o el kadish de duelo, todos los cuales solo pueden ser pronunciados en comunidad. El contenido de la oración está escrito en idioma arameo.

Kaf: Una de las veintidós letras del abecedario hebreo. Su valor numérico es 20.

Kal vajomer: Inferencia del más débil al más fuerte: uno de los trece métodos utilizados para interpretar la *Torah.* El mismo indica que si tenemos dos asuntos, uno grave y uno leve, y se trata el caso leve con rigor, inferimos que se aplicará rigor también al caso grave. Por ejemplo, si un acto determinado se permite en Shabat, día de máxima Santidad, seguramente estará permitido en un día festivo.

Kamatz: Uno de los signos de puntuación o vocales. Los sabios cabalistas lo asocian con el Nombre divino Alef, Hei, Iod, Hei, la sefirá de Keter, la letra Alef, y los Querubines del Tabernáculo.

Karet: Castigo que señala la desconexión del alma de su raíz espiritual superior. Según algunas opiniones, la vida de la persona castigada con *karet* es cortada y esta no alcanza su ancianidad, no logra tener descendencia y tampoco entra al Mundo Venidero.

Kasher: Cuando el término se aplica a un alimento, se refiere a uno que cumple con las normas y las leyes de la Halajá, la Ley de la *Torah*, tal como los animales puros sacrificados de acuerdo con las normas rituales, etc. Cuando el término recae sobre un individuo, significa que tal persona es idónea y apta.

Kedushá: Lit.: Santificación: Bendición de máxima Santidad perteneciente al rezo de Amidá o Shmoná Esré.

Kel: Nombre relacionado con la sefirá de Jesed. Es uno de los diez Nombres divinos sobre los que recae la prohibición de ser borrado.

Keter: Lit: Corona. Es la primera y la más elevada de todas las sefirot. Si establecemos un paralelismo con el cuerpo humano, corresponde al cráneo.

Kidush: Oración de santificación que se pronuncia sobre el vino, en el Shabat y las festividades, lo cual constituye un precepto. El vino encierra misterios muy profundos, y los mismos son sugeridos a menudo por los sabios cabalistas.

Klipot: Cáscaras espirituales. Los sabios cabalistas explican que debido a que El Eterno quiso conducir al mundo con justicia (Deuteronomio 32:4), se establecieron fuerzas malignas que determinaran un equilibrio entre el Lado del Bien y el Lado del Mal. Las fuerzas espirituales malignas que buscan castigar a los pecadores en este mundo o en el Infierno, son denominadas *Sitra Ajra* y también Klipot, ya que la Santidad, la Kedushá, es denominada «fruto», y estas fuerzas actúan como cáscaras del fruto. Los sabios determinan que hay cuatro tipos de Klipot, tres completamente malignas, y la cuarta, Noga, a veces actúa para el Bien y a veces para el Mal.

Kuf: Una de las veintidós letras del abecedario hebreo. Su valor numérico es 100. Los sabios cabalistas la asocian con el signo de Piscis, la risa y el mes hebreo de Adar.

– L –

Lamed: Una de las veintidós letras del abecedario hebreo. Su valor numérico es 30. Los sabios cabalistas la asocian con el signo de Libra, el coito y el mes hebreo de Tishrei.

Lea: Matriarca, una de las esposas de Jacob. En el lenguaje de los sabios cabalistas se refiere a una de las partes en las que se divide el Rostro femenino denominado Nukva. Corresponde a la parte que va desde el pecho hacia arriba y es considerado «el mundo oculto» o alma deitkasia.

Leviatán: Animal marítimo de grandísimas proporciones. En el lenguaje de los sabios se describe una pareja, macho y hembra, que fueron creados por El Eterno, pero se mató a la hembra para evitar su reproducción, lo cual representa un gran peligro para el mundo. Este misterio también indica que la hembra fue salada y reservada para los justos en el Mundo Venidero. También se enseña que ante la llegada del Mesías, El Creador alimentará a los justos con la carne del Leviatán y con su piel les construirá una Suká, una cabaña.

Lilit: Adán estuvo separado de su mujer, Java, por espacio de 130 años, durante los cuales se unió con espíritus femeninos, y engendró una especie mixta de humano y demonio. Algunos suponen a Lilit como la madre de buena parte de estas criaturas. Otro midrash (Otzar haMidrashim 34:4) nos cuenta que Lilit fue la primera criatura femenina humana, creada junto a Adán, pero que no lograban armonizar, disputando constantemente –en especial en lo referente a la sexualidad– en busca del poder. Hasta que ella utilizó el Nombre Inefable para evaporarse en el aire y convertirse en un ente no denso. Dios se apiadó por el sufrimiento causado por la soledad del varón, y envió tres emisarios para que hicieran entrar en razón a la rebelde Lilit. Ella se enfrentó rudamente a los mensajeros de Dios, y decidió que el objetivo de su existencia sería el de dañar a los recién nacidos descendientes de Adán. En el cuerpo humano el bazo representa a Lilit, la «esposa» de Satán, el Ángel de la Muerte. Ella es también considerada como la «madre» de la Mixtura de gente (Éxodo 12:38). Ella atrapa a la gente con la riqueza y luego la mata (Tikunei haZohar, 140a).

Límite de desplazamiento: Dos mil amot alrededor de los cuales se encuentra la persona asentada en Shabat. Está prohibido en Shabat salir fuera de la ciudad dos mil amot, en cualquier dirección.

Lulav: *Véase*: Arvat Haminim. También el nombre *lulav* suele referirse a las cuatro especies unidas.

– M –

Maasé Bereshit: Lit.: Obra de Creación. Término que los sabios utilizan para hacer referencia a la Creación del Mundo Físico, durante los primeros seis días de Creación, en oposición a Maasé Merkavá, que se refiere a los Mundos espirituales superiores.

Maasé Merkavá: Lit.: Obra del Carruaje. Se refiere a la visión del profeta Ezequiel cuando se abrieron los Cielos (Ezequiel 1; 8:3). El término «Carruaje» no aparece en el texto del profeta Ezequiel sino en el primer libro de Crónicas (28:18). Según Maimónides, este concepto se ocupa de todo lo referente a lo trascendente a la naturaleza. Algunos sabios cabalistas lo entienden como una de las ramas de estudio de la mística hebrea.

Mal Instinto: *Véase*: Ietzer Hará.

Masculino: En el lenguaje de los sabios cabalistas la idea de lo masculino no se reduce a hombre o macho, sino a la energía que influye y a la forma que busca la materia para expresarse. Todo, a su vez, en todos los planos, está conformado por su aspecto masculino y por su aspecto femenino. Lo masculino está relacionado con la Jojmá.

Makaf: Uno de los signos musicales que se utilizan para leer la *Torah* y que encierra misterios muy profundos.

Maljut: Lit.: Reinado. Una de las diez sefirot. Si establecemos un paralelismo con el cuerpo humano, corresponde a los pies y la corona del órgano sexual.

Matronita: En idioma arameo: madre. En el lenguaje de los sabios cabalistas, el Mundo de Creación –Ietzirá– es denominado Matronita por tratarse del primer mundo superior que incluye entes separados y escindidos del Creador. Este mundo es considerado femenino en relación al Mundo de Emanación –Atzilut–, y por eso, cuando Adam transgredió, se considera que la consecuencia fue que la Matronita se separó de su Esposo.

Mazal: Término que comúnmente se relaciona con la suerte o el destino de la persona, aunque en realidad, y de un modo más preciso, tal vez convendría asociarlo con las tendencias personales a determinadas acciones, o a ciertas inclinaciones de personalidad, que tienen que ver con el momento del nacimiento de una persona determinada. Los sabios enseñan, por ejemplo, que una persona que nace con un mazal que lo lleva a derramar sangre, podrá elegir a través de su libre albedrío, si ser asesino, cirujano, shojet (matarife de acuerdo con las leyes rituales de la *Torah*) o moel (encargado de realizar la circuncisión).

Mem: Una de las veintidós letras del abecedario hebreo. Su valor numérico es 40.

Merkavá: *Véase*: Maasé Merkavá.

Metatrón: Ángel principal, considerado como el Gran Sacerdote espiritual, el cual puede ingresar al Sanctasanctórum en lo Alto ante el Trono de Gloria divino. Es considerado el representante de los ángeles, y es el que reúne a las plegarias y las presenta ante la Presencia divina. También aparece asociado con el Mundo de Formación, que es el Mundo de los ángeles. El valor numérico de su nombre es similar al del Nombre divino: Shakai.

Mijael: Una de las principales divisiones entre los campamentos de ángeles celestiales es en cuatro, encabezados por los cuatro ángeles más importantes: Mijael, Gabriel, Uriel y Refael.

Modé Aní: Primera oración que pronuncia la persona al despertarse, en la que agradece al Creador que le devuelva su alma, la cual, según las enseñanzas de los sabios, asciende a los mundos superiores mientras el hombre duerme.

Mojín: Se refiere principalmente al «alma» que habita en el interior de las tres primeras sefirot, Keter, Jojmá y Biná. En algunos casos las mismas sefirot son denominadas mojín. Además, toda influencia superior es denominada mojín.

Mundo de Atzilut: Lit.: Mundo de Emanación.

Mundo de Briá: Lit.: Mundo de Creación.

Mundo de Ietzirá: Lit.: Mundo de Formación.

Mundo de Asiá: Lit.: Mundo de Acción.

Musaf: El rezo adicional, tal como su nombre indica, se agrega a los rezos diarios de shajarit en Shabat, Rosh Jodesh y las festividades. Este rezo, corresponde a las ofrendas comunitarias especiales que se ofrecían en el templo en días festivos (Números 28 y 29).

– N –

Natlá: Recipiente con el que se realiza la ablución de las manos establecida por los sabios con fines de purificación. La ablución de las manos se realiza antes de comer de modo estable, antes de rezar, tras salir del retrete, y al despertarse por la mañana.

Nefesh: Una de las cinco partes que conforman el concepto judío del Alma. En este caso, nos referimos a la parte más baja, la cual está asociada con las fuerzas vitales del cuerpo. Los sabios cabalistas la asocian también con el Maljut.

Nefilat Hapaim: Rezo conocido con el nombre de Nefilat Hapaim o Tajanun –reclinar la cabeza– y que consta del salmo 6:2-11, precedido por otros dos versículos que reflejan el mismo espíritu de contrición. La fuente bíblica de esta oración es el libro de Números 16, cuando Moisés y Aharón se postran ante Dios. Se acostumbra a pronunciar este rezo sentados con la cabeza inclinada y reposando sobre el brazo izquierdo, salvo que se lleven puestas las filacterias –tefilín–, en cuyo caso reposa la cabeza sobre el brazo derecho.

Nehar dinur: Lit.: Río de fuego. Se relaciona con la Gevurá de cada Mundo, es puramente de fuego, y también es denominado Heijal Zejut, el cual es el Infierno Superior, ya que de él fluye: de debajo del Trono de Gloria. Los ángeles que se crean cada día, de este río son creados.

Nekudot: Uno de los componentes del texto de la *Torah*, junto con los signos musicales –taamim–, las coronas –taguin–, y las letras –otiot–. En este caso, los nekudot son las vocales que esconden misterios muy profundos.

Neshamá: Una de las cinco partes que conforman el concepto judío del Alma. En este caso nos referimos a la parte asociada con las fuerzas mentales de la persona. Los sabios cabalistas la asocian también con la Biná.

Nesirá: Lit.: Corte o escisión. Refiere al corte que realizó el Creador para separar a los aspectos masculino y femenino que se encontraban apegados, espalda contra espalda, en el momento de ser creado el Hombre.

Netzaj: Lit.: Victoria. Una de las diez sefirot. Si establecemos un paralelismo con el cuerpo humano, corresponde a la pierna derecha, el riñón y el testículo.

Nidá: Mujer en estado de impureza ritual debido a su período menstrual. Existen leyes de purificación que incluyen la cuenta de días de pureza y la inmersión en el baño ritual Mikve. El Talmud reúne el análisis de estas leyes en un tratado denominado Nidá.

Nitzotz: Lit.: Chispa. Tal como las chispas que salen del fuego son denominadas así para señalar que son sólo una parte muy pequeña que se separa de la fuente principal, el fuego, de igual modo, las chispas espirituales que descendieron con las vasijas rotas, son sólo una parte de la gran Luz general del Mundo de los Puntos o Nekudim.

Noga: Los sabios cabalistas determinan que hay cuatro tipos de Klipot, tres completamente malignas, y la cuarta, Noga, a veces actúa para el bien y a veces para el mal.

Nombre de 42 letras: Véase el Apéndice del Volumen I.

Notrikón: Se refiere al método de interpretación a partir de las iniciales de una palabra determinada. Ejemplo: la palabra Elul, nombre de uno de los meses, sugiere la expresión del Cantar de los Cantares: «Yo soy de mi Amado y mi Amado es mío», ya que cada palabra del versículo comienza con una de las iniciales del nombre.

Nun: Una de las veintidós letras del abecedario hebreo. Su valor numérico es 50. Los sabios cabalistas la asocian con el signo de Escorpio, el olfato y el mes hebreo de Jeshván.

Nukva: Uno de los cinco Rostros o Partzufim, en este caso identificado con la sefirá de Maljut. Representa el aspecto netamente femenino. Véase el Volumen I.

– O –

Ofanim: De acuerdo con Maimónides (Iesodei Hatorá 2:7) la diferencia de nombres entre los ángeles está en relación con los diferentes niveles que ocupan, y según esto se los denominan: «Jaiot Hakodesh», cuyo nivel es el superior, y «Ofanim», «Erelim», «Jashmalim», «Serafim», «Malajim», «Elohim», «Benei Elohim», «Kerubim» e «Ishim». Estos últimos son los ángeles que hablan con los profetas y que son vistos por ellos en una visión.

Or Haganuz: Luz guardada y ocultada. La primera luz creada en el relato bíblico, la cual es considerada de un altísimo nivel espiritual, y que permitía al Primer Hombre «ver desde un extremo al otro del mundo». Los sabios nos enseñan que la misma fue guardada y reservada para los hombres justos, para el Mundo Venidero. La luz que nosotros conocemos es la luz creada durante el cuarto día, a diferencia del Or Haganuz.

Oraita: En idioma arameo se refiere a la *Torah*, e incluye en su raíz la palabra luz –or– lo cual señala en particular a la Luz de la divinidad oculta en ella.

– P –

Pargod: Cortina celestial que señala la separación de los mundos inferiores con los mundos superiores. En el lenguaje de los sabios cabalistas, atravesar esta cortina o escuchar lo que sucede del otro lado del Pargod, representa el poder acceder a niveles espirituales y a secretos muy elevados.

Pardés: Lit.: Prado. De acuerdo con la enseñanza de los sabios cabalistas las iniciales de esta palabra señalan cuatro niveles o perspectivas a través de las cuales comprendemos la *Torah*. La primera inicial, la letra Pei, indica el nivel de Pshat, lo simple, el relato literal de la *Torah*. La segunda inicial, la letra Reish, alude al Remez –insinuación– que le da una dimensión más profunda al relato bíblico. La tercera inicial, la letra Dalet, nos indica el Drash que proviene del verbo exigir. Esta lectura encierra una búsqueda en la cual el hombre exige el significado interior que el texto quiere transmitir. La última inicial de la palabra, la letra Samej, indica el Sod, literalmente el secreto y el misterio.

Parsá: Medida de longitud equivalente a 4,6 metros.

Partzufim: Lit.: Rostros. Se refiere a los Cinco Rostros, cada uno compuesto por diez sefirot. Véase el Volumen I.

Pataj: Uno de los signos de puntuación o vocales. Los sabios cabalistas lo asocian con el Nombre divino Iod Hei, la sefirá de Jojmá, la letra Mem, y el Kaporet del Tabernáculo.

Pei: Una de las veintidós letras del abecedario hebreo. Su valor numérico es 80.

Pesaj: Fiesta que conmemora la salida de Egipto y la liberación del pueblo de Israel. Pesaj comienza el 15 del mes de Nisán y se celebra en Israel durante siete días. El precepto principal de esta festividad consiste en no comer levadura o productos que la contengan.

Pidión Habén: Ceremonia que se realiza a los 30 días del nacimiento del hijo varón primogénito por parte de la madre. De acuerdo con la Ley de la *Torah*, en un principio el primogénito pertenecía a El Eterno, lo cual significaba que debía servir como sacerdote –kohen–, mas una vez que toda la tribu de

Leví fue consagrada a este fin, los primogénitos son rescatados del sacerdote a través de cinco monedas –selaim.

– R –

Rajel: Lit.: Raquel, la matriarca, una de las esposas de Jacob. En el lenguaje de los sabios cabalistas se refiere a una de las partes en las que se divide el Rostro femenino denominado Nukva. Se refiere a la parte que va desde el pecho hacia abajo y es considerado «el mundo revelado» o «alma deitgalia».

Refael: Una de las principales divisiones entre los campamentos de ángeles celestiales es en cuatro, encabezados por los cuatro ángeles más importantes: Mijael, Gabriel, Uriel y Refael.

Reish: Una de las veintidós letras del abecedario hebreo. Su valor numérico es 200.

Remisión: En hebreo: Shemitá. Refiere al séptimo año, en el cual no se trabaja la tierra y en el que todas las deudas quedan anuladas. Cuando transcurren siete años de Shemitá llega el año del Jubileo (*véase* Talmud, tratado de Moed Katán 2b y ss.).

Reshimo: Lit.: Marca o huella. Se refiere a la Luz divina que, tras realizarse el tzimtzum o la contracción, quedó en el jalal o espacio. En ningún caso podemos decir que este espacio quedó vacío de Luz de la divinidad, sino que a esta Luz que quedó la consideramos la marca o la huella de la anterior.

Resurrección de los muertos: Los sabios nos enseñan que existen dos etapas en la resurrección de los muertos: la primera sucederá al comienzo de la época mesiánica en la que Moisés, Aharón, sus hijos y todos los justos de Israel resucitarán para guiar al pueblo. Acerca de la segunda etapa de la resurrección, la general, existen distintas enseñanzas al respecto: hay entre los sabios quienes mantienen que sucederá al final del sexto milenio, otros cuarenta años tras la llegada del Mesías y otros setenta años tras la llegada del mismo.

Revii: Uno de los signos musicales que se utilizan para leer la *Torah* y que encierra misterios muy profundos.

Rosh Jodesh: Lit: Cabeza del mes. Día en el que comienza el mes hebreo, considerado como un día semifestivo. En la *Torah* y el Talmud es mencionado junto con las festividades y el Shabat. Antes de que se estableciera el calendario fijo, el Rosh Jodesh era establecido por el Tribunal, el Sanedrín, basándose en el testimonio de testigos que habían observado la luna nueva.

Rostro: En hebreo: Partzuf. Véase el Volumen I.

Ruaj: Una de las cinco partes que conforman el concepto judío del Alma. En este caso, nos referimos a la parte asociada con las fuerzas emocionales de la persona. Los sabios cabalistas la asocian también con las seis sefirot, desde Jesed a Iesod.

– S –

Samael: Ministro espiritual de Edom, el cual actúa igualmente como el Ministro espiritual de los otros setenta ministros. Al caer Samael, todos los demás también caen. Los sabios lo citan también como «montado sobre la Serpiente».

Samej: Una de las veintidós letras del abecedario hebreo. Su valor numérico es 60. Los sabios cabalistas la asocian con el signo de Sagitario, el poder del sueño y el mes hebreo de Kislev.

Sefirot: Véase el Volumen I.

Segol: Uno de los signos de puntuación o vocales. Los sabios cabalistas lo asocian con el Nombre divino Kel, la sefirá de Jesed, la letra Bet, y con el candelabro del Tabernáculo.

Segolta: Uno de los signos musicales que se utilizan para leer la *Torah* y que encierra misterios muy profundos.

Sela: Moneda de plata cuyo valor es equivalente a dos Shekalim o 4 Zuzim o Dinarim: 14,34 gramos.

Serafim: De acuerdo con Maimónides (Iesodei Hatorá 2:7) la diferencia de nombres entre los ángeles está en relación con los diferentes niveles que ocupan, y según esto se los denominan: «Jaiot Hakodesh», cuyo nivel es el superior, y «Ofanim», «Erelim», «Jashmalim», «Serafim», «Malajim», «Elohim», «Benei Elohim», «Kerubim» e «Ishim». Estos últimos son los ángeles que hablan con los profetas y que son vistos por ellos en una visión.

Shajarit: Uno de los tres rezos que se pronuncian a diario, el matutino. De acuerdo con la enseñanza de los sabios fue establecido por el patriarca Abraham.

Shakai: Uno de los Nombres divinos que aparece en la *Torah*, el cual está asociado con la sefirá de Iesod, Fundamento, la conducción divina que combina el Netzaj y el Hod, el órgano sexual y la letra Tav.

Shakai Kel Jai: Nombre divino relacionado con la sefirá de Iesod. Es uno de los diez Nombres divinos sobre los que recae la prohibición de ser borrado.

Shalshelet: Uno de los signos musicales que se utilizan para leer la *Torah* y que encierra misterios muy profundos.

Shavuot: Una de las tres fiestas de peregrinaje bíblicas, en la cual se celebra la recepción de la *Torah* en el Monte Sinaí. No posee una fecha propia sino que se conmemora a los 50 días de la salida de Egipto.

Shedim: Lit.: Demonios. El nombre hebreo está relacionado con el hecho de que engañan –shodedim– las mentes de los hombres o porque habitan en sitios destruidos o deshabitados –shadud. De acuerdo con los sabios sus almas fueron creadas el sexto día, antes de que entrara el Shabat, pero no alcanzó a crear sus cuerpos. Éstos habitan principalmente en sitios descampados y destruidos, y el objetivo de su creación fue generar sufrimiento y amonestar a los hombres alejados del camino de la verdad.

Shejiná: Presencia divina. La raíz hebrea de esta palabra –shin, kaf, nun– señala el acto de habitar, morar, residir. La Shejiná, de acuerdo con los actos de los hombres, se aleja del mundo o se aproxima, y el objetivo final de toda la Creación es que la Presencia divina se revele concretamente en el mundo.

Shemá Israel: Oración pronunciada dos veces cada día, por la mañana y por la noche. Está compuesta por tres secciones bíblicas: (Deuteronomio 6:4-9; 11:13-21; Números 15:37-41).

Shin: Una de las veintidós letras del abecedario hebreo. Su valor numérico es 300.

Shevarim: Tres voces entrecortadas que se soplan del shofar en Rosh Hashaná, largas, como las de un quejido, y desde el principio al fin se prolongan como las nueve teruot.

Shofar: a) Cuerno de animal, de preferencia carnero, con el que se cumple el precepto de escuchar la voz del shofar en la festividad de Rosh Hashaná. También se lo hace sonar con el fin de despertar espiritualmente a la comunidad durante el mes de Elul, mes de arrepentimiento, y al finalizar el Iom Kipur. En la *Torah* el shofar aparece relacionado con otros acontecimientos, tales como la entrega de la *Torah*, el año del Jubileo y la llegada del Mesías. b) Uno de los signos musicales que se utilizan para leer la *Torah* y que encierran profundos misterios.

Shuruk: Vocal relacionada por los sabios cabalistas con la sefirá de Hod, el muslo y pie izquierdos, y la letra Pei.

Shvá: Uno de los signos de puntuación o vocales. Los sabios cabalistas lo asocian con el Nombre divino Elohim, la sefirá de Gevurá, la letra Guimel, y la mesa del Tabernáculo.

Shvirat hakelim: Lit.: Ruptura de vasijas. Se refiere al momento del proceso de creación en que una Luz demasiado potente entró en las vasijas que simplemente no podían contenerla y se rompieron. En el ámbito de las sefirot, se considera que la ruptura afectó a las siete inferiores. De acuerdo con los sabios cabalistas la ruptura de las vasijas permite el surgimiento y la existencia del Mal. También esta ruptura es la raíz del libre albedrío. Véase el Volumen I.

***Sitra Ajra*:** En arameo: el Otro Lado. Así como El Eterno creó los Mundos de Creación, Formación y Acción, para que sirvieran de base para la realización del Bien y la Santidad, de igual modo creó el lado opuesto, es decir, los encargados del Mal. El conjunto de estas criaturas encargadas del Mal en el mundo se denomina las «fuerzas del Otro Lado». El Mal, tal como es entendido por los sabios cabalistas, es sólo un medio para lograr y generar finalmente el máximo Bien, objetivo último de la creación del mundo.

Sucot: Fiesta que conmemora la protección divina de la que goza Israel durante su paso por el desierto, al salir de Egipto. La misma comienza el 15 del mes de Tishrei y se celebra en Israel durante siete días. El precepto principal de esta festividad es habitar en la suká, una cabaña, durante toda la festividad, y balancear las cuatro especies durante el rezo matutino.

Suká: Cabaña que se construye especialmente para la fiesta de Sucot, en la que se debe habitar durante los días de la festividad tal como se habita en la casa durante el resto de los días del año.

– T –

Taamim: Uno de los componentes del texto de la *Torah*, junto con las coronas –taguin–, las letras –otiot– y las vocales –nekudot–. En este caso, los taamim son los signos musicales que esconden misterios muy profundos.

Tagin: Uno de los componentes del texto de la *Torah*, junto con los signos musicales –taamim–, las vocales –nekudot–, y las letras –otiot–. En este caso, los tagin son las coronas o dibujos lineares que aparecen por encima de algunas letras de la *Torah* y que esconden misterios muy profundos.

Talit: Prenda superior, ancha, con la que las personas solían cubrirse todo el día. Cuando reúne las condiciones de poseer cuatro esquinas, el talit llevaba los tzitzit. En la actualidad el talit es utilizado para los rezos y para asistir a la sinagoga, aunque existe también el talit pequeño, que es utilizado permanentemente.

Tav: Una de las veintidós letras del abecedario hebreo. Su valor numérico es 400.

Tefilín: Filacterias, dos cajitas de cuero negro que contienen cuatro pergaminos con pasajes de la *Torah*: (Deuteronomio 6:4-9), (Deuteronomio 11:13-21), (Éxodo 13:1-10), (Éxodo 13:11-16). Se fijan en la frente y en el brazo izquierdo mediante unas correas de cuero negro que penden de las cajitas durante la oración matutina –shajarit– de cada día, a excepción de los días festivos y el Shabat.

Teshuvá: Término que expresa el retorno a la conexión espiritual con El Creador, tras haberse alejado de Él. Su raíz incluye la acepción de regreso –lashuv– y también la misma palabra puede, de modo sugerente, ser dividida en dos: teshu-va, es decir, volver o retornar a Dios.

Tet: Novena letra del abecedario hebreo. Su valor numérico es 9. Los sabios cabalistas la asocian con el signo de Leo, la fuerza de la audición y el mes hebreo de Av.

Tetragrama: El Nombre de las cuatro letras: Iod, Hei, Vav, Hei, el cual está asociado con la sefirá de Tiferet, con la vocal jolam, el cuerpo o el torso de persona, la letra Dalet, y con el altar de oro del Tabernáculo.

Tiferet: Lit.: Belleza o Armonía. Una de las diez sefirot. Si establecemos un paralelismo con el cuerpo humano, se corresponde con el torso.

Tikún: Lit.: Rectificación. Se refiere al estadio en el que determinado ente o persona alcanza el objetivo divino y el sentido de su creación. Por ejemplo, el Mundo del Tikún es el estadio en el que la Presencia divina debe ya revelarse concretamente en la realidad, lo cual es considerado la rectificación o tikún del mundo.

***Torah*:** Pentateuco o los Cinco libros de Moisés: Génesis, Éxodo, Levítico, Números y Deuteronomio. También es considerada la sabiduría escrita o *Torah* Escrita, en oposición a lo que se denomina *Torah* Oral. Los textos cabalísticos enseñan que la *Torah* representa el plano de todo lo creado: «Dios miró la *Torah* y creó el mundo».

Tikún Jatzot: Rezo que se pronuncia a medianoche, cuando es costumbre enunciar de modo individual o en una habitación secundaria de la sinagoga, sentándose en el suelo y llorando. Como de acuerdo con los sabios cabalistas la Shejiná incluye dos aspectos, uno denominado Rajel y el otro Lea, este rezo también está compuesto por dos tikunim o rectificaciones: Tikun Rajel, en el que se llora debido al exilio de la Shejiná, y Tikun Lea, basado en el estudio de la *Torah*.

Trece medidas de misericordia: También son denominadas «atributos» de misericordia. Aparecen en dos secciones bíblicas: en el libro del Éxodo (34:6-7) y Malaquías (7:18-20). En el Talmud, tratado de Rosh Hashaná (17b) se enseña que El Eterno le reveló a Moisés esta súplica, la cual se considera que en todos los casos es respondida.

Treinta y dos senderos de sabiduría: La Jojmá –por ser el primer destello de revelación– incluye a todos los posteriores modos de conducción divina, incluyendo a los 32 senderos. Éstos son mencionados al comienzo del Sefer Ietzirá, y están conformados por las diez sefirot y las 22 letras del abecedario hebreo.

Treinta y nueve prohibiciones: Lo que la *Torah* prohibió fue la realización en Shabat de actos que impliquen una actividad creativa, actividades que surgen del precepto de construir el Tabernáculo (Mishkán) en el desierto del Sinaí (Éxodo 31:1-11), (Éxodo 35:1-3). Las actividades necesarias para la construcción del Tabernáculo eran treinta y nueve en total. Éstas se denominan Actividades Principales (Avot Melajot) que incluyen en sí mismas a todas las demás prohibiciones de Shabat que reciben el nombre de Actividades Derivadas (Toladot). Las actividades 1 al 11 están relacionadas con la preparación de los diversos tipos de alimento del ser humano: arar, plantar, cosechar, engavillar, trillar, aventar granos, seleccionar, tamizar, moler, amasar y hornear. Las actividades 12 a la 24 están ligadas con la preparación de la indumentaria del ser humano: esquilar, blanquear o lavar, cardar, teñir, hilar, introducir hilo en el ojal, actividad preparatoria para el tejido, tejer, deshebrar, anudar, desanudar, coser y desgarrar. Las actividades 25 a la 33 están relacionadas con la escritura o con la preparación de los materiales para la escritura: cazar, degollar, desollar, curtir, raspar, rayar, cortar, escribir y borrar. Las actividades 34 y 35 están ligadas con la construcción de la vivienda del ser humano, y son: construir y demoler. Las actividades 36 y 37 están ligadas al fuego, y son: encender y apagar el fuego. La actividad número 38 es la que completa una determinada actividad. La actividad número 39 es el transporte de objetos del dominio privado al público y viceversa.

Truá: Nueve voces entrecortadas que se soplan del shofar en Rosh Hashaná, cortas, como las de un hombre que solloza, y desde el principio al fin se prolongan como tres shevarim.

Tzadik: Una de las veintidós letras del abecedario hebreo. Su valor numérico es 90. Los sabios cabalistas la asocian con el signo de Acuario, el gusto y el mes hebreo de Shevat.

Tzimtzum: Lit.: Contracción. Se refiere a la contracción de la Luz inicial del Ein Sof, para dar lugar a otra existencia además de la Divinidad. La contracción también generó el Jalal y el Roshem.

– U –

Uriel: Una de las principales divisiones entre los campamentos de ángeles celestiales es en cuatro, encabezados por los cuatro ángeles más importantes: Mijael, Gabriel, Uriel y Refael.

– V –

Vav: Sexta letra del abecedario hebreo. Su valor numérico es 6. Los sabios cabalistas la asocian con el signo de Tauro, la fuerza de la meditación y el mes hebreo de Iyar.

– Z –

Zain: Séptima letra del abecedario hebreo. Su valor numérico es 7. Los sabios cabalistas la asocian con el signo de Géminis, la fuerza del movimiento y el mes hebreo de Siván.

Zarka: Uno de los signos musicales que se utilizan para leer la *Torah* y que encierran misterios muy profundos.

Zeir Anpín: Uno de los cinco Rostros o Partzufim, en este caso identificado con las sefirot de Jesed, Gevurá, Tiferet, Netzaj, Hod y Iesod.

Zun: Palabra compuesta por las iniciales de los nombres de dos Rostros –Zein Anpín y Nukva–, y que generalmente señala la relación entre ambos.

TABLA DE EQUIVALENCIAS DE LIBROS BÍBLICOS

Génesis	*Bereshit*
Éxodo	*Shemot*
Levítico	*Vaikrá*
Números	*Bamidbar*
Deuteronomio	*Devarim*
Josué	*Ieoshúa*
Jueces	*Shoftim*
Samuel	*Shmuel*
Reyes	*Melajim*
Isaías	*Ishaiahu*
Jeremías	*Irmiahu*
Ezequiel	*Iejezquel*
Oseas	*Hoshea*
Joel	*Ioel*
Amós	*Amós*
Abdías	*Ovadiá*
Jonás	*Ioná*
Miqueas	*Mijá*
Nahúm	*Najúm*
Habacuc	*Jabakuk*
Sofonías	*Tzfaniá*
Hageo	*Jagai*
Zacarías	*Zejariá*
Malaquías	*Malají*
Salmos	*Tehilim*
Proverbios	*Mishlei*
Job	*Iov*
Cantar de los Cantares	*ShirHashirim*
Rut	*Rut*
Lamentaciones	*Eijá*
Eclesiastés	*Kohelet*
Ester	*Ester*
Daniel	*Daniel*
Esdras	*Ezrá*
Nehemías	*Nejemiá*
Crónicas	*Divrei* Haiamim

ÍNDICE DE CITAS BÍBLICAS

ÍNDICE

EL ZOHAR
PLAN GENERAL DE LA OBRA

Volumen 1: Hakdamá - Sección de Bereshit (1a - 29a)
Volumen 2: Sección de Bereshit (29a - 59a)
Volumen 3: Sección de Bereshit (59b - 96b)
Volumen 4: Sección de Bereshit (97a - 130a)
Volumen 5: Sección de Bereshit (134b - 148b)
Volumen 6: Sección de Bereshit (165b - 193a)
Volumen 7: Sección de Bereshit (193a - 211b)
Volumen 8: Sección de Bereshit (211b - 251a)

Volumen 9: Sección Shamot (2a - 22a)
Volumen 10: Secciones Bo - Beshalaj
Volumen 11: Sección Itró (67a - 94a)
Volumen 12: Sección Mishpatim (94a - 126a)
Volumen 13: Sección Terumá (126b - 149b)
Volumen 14: Sección Terumá (150a - 179a)
Volumen 15: Sección Tetzavé - Ki Tisá (179b - 194b)
Volumen 16: Sección Vaiakhel (194b - 220a)
Volumen 17: Sección Pekude I (220a - 242b)
Volumen 18: Sección Pekude II (243a - 268b)

Volumen 19: Sección Vaikrá (2a - 26a)
Volumen 20: Secciones Tzav - Sheminí - Tazría - Metzorá (26a - 56a)
Volumen 21: Secciones Ajarei Mot - Kedoshim (56a - 88a)
Volumen 22: Secciones Emor - Behar - Bejukotai - Bamidbar (88a - 121a)
Volumen 23: Secciones Nasó - Idra Rabbah - Behaalotjá
Volumen 24: Secciones Schlaj Lejá - Koraj - Jukat - Balak
Volumen 25: Secciones Parashat Pinjas (1) y (2)
Volumen 26: Secciones Matot - Vaetjanan - Ekev - Shoftim - Ki Titza - Vaie-lej - Hazinu

ESTIMADO LECTOR

Dado que los volúmenes de El Zohar se publicarán de modo progresivo a lo largo de varios años, Ediciones Obelisco se compromete, para su facilidad, a comunicarle la aparición de cada nuevo volumen publicado para que usted pueda adquirirlo en cualquier librería de su país. Para ello le agradeceríamos nos enviara sus datos por e-mail o por carta a:

Ediciones Obelisco

Collita, 23-25. Pol. Ind. Molí de la Bastida
08191 Rubí - Barcelona - España
Tel. (34) 93-309-85-25
e-mail: comercial@edicionesobelisco.com